中国银行业
专利战略研究

邱洪华 ◎ 著

中国社会科学出版社

图书在版编目（CIP）数据

中国银行业专利战略研究/邱洪华著 . —北京：中国社会科
学出版社，2018. 2
ISBN 978 - 7 - 5203 - 2166 - 2

Ⅰ. ①中…　Ⅱ. ①邱…　Ⅲ. ①银行业—专利—研究—中国
Ⅳ. ①F832②F273. 1

中国版本图书馆 CIP 数据核字（2018）第 043134 号

出 版 人	赵剑英
责任编辑	王　曦
责任校对	孙洪波
责任印制	戴　宽

出　　版	中国社会科学出版社
社　　址	北京鼓楼西大街甲 158 号
邮　　编	100720
网　　址	http：//www. csspw. cn
发 行 部	010 - 84083685
门 市 部	010 - 84029450
经　　销	新华书店及其他书店

印　　刷	北京明恒达印务有限公司
装　　订	廊坊市广阳区广增装订厂
版　　次	2018 年 2 月第 1 版
印　　次	2018 年 2 月第 1 次印刷

开　　本	710×1000　1/16
印　　张	16. 25
插　　页	2
字　　数	251 千字
定　　价	76. 00 元

前　言

　　银行业是信息技术应用最早、最广泛的产业之一，从制表机开始，到数据库管理系统、ATM、电子数据交换、电子银行、网上银行再到当前的移动银行和云计算，都充分体现了信息技术的变革与创新对银行业所产业的显著影响。通过科技创新，银行可以为客户提供日新月异的金融产品，满足客户对科技应用的需求，银行则可因此获得持续的增长动力和发展红利。与此同时，银行也可以实现对业务流程的再造，从而提高银行机构的运营效率，降低经营成本，增强银行自身的风险防范与管理的能力。

　　2006年12月，为了鼓励商业银行进行金融创新，规范银行的金融创新活动，中国银行业监督管理委员会颁布《商业银行金融创新指引》，其中明确提出商业银行开展金融创新活动时应当做到"认识你的业务""认识你的风险""认识你的客户"和"认识你的交易对手"，并要求商业银行应加大对金融创新的信息科学技术投入，提升金融创新的技术含量。据统计，截至2016年，中国主要银行机构年度科技投入已经达到1135.73亿元，信息科技人员78278人。

　　专利制度是保护科技创新成果的重要手段。专利权的排他性和专利信息的公开性，使得专利指标成为当今国内外技术创新研究的重要内容和指标。在知识经济背景下，专利战略是企业经营战略的有机组织部分。为了提升我国知识产权创造、运用、保护和管理能力，建设创新型国家，国务院于2008年6月颁布实施《国家知识产权战略纲要》，其中明确提出，要运用财政、金融投资、政府采购政策和产业、能源、环境保护政策，引导和支持市场主体创造和运用知识产权，要推动企业成为知识产权创造和运用主体，促进自主创新成果的知识产权化、商品化、产业化，引导企业采取知识产权转让、许可、质押等方式实现知识产权的市场价值。

中国加入 WTO 以后，花旗银行在中国的专利布局受到了知识产权理论界和金融实务界的广泛关注。理论界关注的重点是欧美日等发达国家或地区是如何通过专利制度来保护金融商业方法的，而中国的专利制度如何保护商业方法类专利，其核心即是商业方法的可专利性问题。实务界关注的则是跨国的银行机构在全球尤其是在中国的专利布局对中国银行机构可能产生的影响，进而在探讨外国银行机构专利管理经验的基础上，研究中国银行机构专利战略的制定与实施的问题。

事实证明，银行业的知识产权问题，无论是在理论上还是实践当中，都仍有太多值得深入挖掘和研究的空间。本书在撰写和修订过程中，参考了大量的国内外专家学者的现有研究成果，虽然在研究方法、内容和结论上具有创新性，也取得了一定的研究成果，但因为个人的能力、精力和时间等各方面的限制，其中有很多问题还有待今后进一步深入和完善，而其中存在的错漏和缺陷，敬请专家学者和金融实务界人士批评指正。

2017 年 12 月 16 日星期六于慕尼黑

出版说明

　　本书的整体框架是在作者博士毕业论文的基础上进行修订而成，同时整合了作者硕士毕业论文的部分内容。

　　西北大学法学院刘蕾副教授为本书的修订出版提供了宝贵的意见。刘蕾副教授长期从事金融法领域的研究，她不仅为本书的修订提供了很多有价值的参考资料，而且还为本书撰写了第二章第一节"银行产业发展与技术创新"。特在此表示感谢。

　　本书出版得到了2016年度西北大学"繁荣发展计划"学术著作出版资助，并于笔者在马克斯·普朗克创新与竞争研究所（德国，Max Planck Institute for Innovation and Competition）公派访学期间最终完成。

　　特此说明。

2017 年 12 月 16 日星期六于慕尼黑

摘　要

　　银行业的经营状况关系到一个国家甚至全球的经济稳定与发展。在信息科技高度发达的今天，创新成为银行开展经营活动和参与市场竞争的主要动力和手段。2006 年 12 月，中国金融市场全面对外开放，中国银行业监督管理委员会同时颁布《商业银行金融创新指引》。2008 年 6 月，国务院正式发布《国家知识产权战略纲要》。正是在这样的背景下，本书利用文献研究、案例研究、比较研究和统计分析等方法，研究了中国银行业的创新活动中的专利战略问题，主要内容包括以下几个方面：

　　首先，在对银行产业与专利战略的前人研究进行综述的基础上，分析了信息化背景下中国银行业创新活动的发展现状，并利用 VAR 模型，研究了中国银行业创新绩效与专利保护两者之间的关联；其次，对美国商业方法可专利性的判例、立法和最新发展进行了分析，并从《专利法》《专利法实施细则》和《专利法审查指南》等角度，研究了中国商业方法可专利性及其专利申请审查的实践；再次，从整体趋势、内外资银行的比较和商业方法专利的角度，对中国银行产业内部创新的专利活动进行了系统的分析，从技术供应商专利活动、主要技术供应商、供应商创新智力资源、创新领域和方向及技术转移等方面研究了中国银行产业外部技术创新的专利活动，然后，利用专利信息分析指标，对中国银行业的专利保护意识和内外资银行的创新能力进行了评价；最后，利用专利组合指标，在对中国银行业专利竞争力进行评价的基础上，结合市场竞争力，利用大战略矩阵工具，探讨中国内资银行企业的专利战略及其适用问题。

　　关键词：银行业　创新活动　金融创新　专利　专利战略

Abstract

The operation status quo of the banking industry is related to the stabilization and development of economy of one country even the whole world. Today, with the advanced information technology, financial innovation has been the main impetus and means of operating activities and marketing competition of banking industry. In the December, 2006, Chinese financial market has been opening to the outside world completely, and at the same time, the Guidelines for the Financial Innovation of Commercial Banks had been released by China Banking Regulatory Commission. In June, 2008, the Outline of the National Intellectual Property Strategy was published by the State Council, P. R. China. Under the background above, by the methods of literature research, case study, comparative study and statistical analysis, the book studies the innovative activities and the patent strategies of banking industry in China, and the main contents would be described as following:

Firstly, based on the literature review on technological innovation and its patent strategies, the developing situation of technological innovation of Chinese banking industry was analyzed under the background of informatization. And then, the relationship between the innovative performance and the patent protection of Chinese banking industry is studied by the model of VAR.

Secondly, the patentability of business method in US was analyzed from the perspectives of judicial precedent, legislation and the latest development. And then, the patentability and practice of patent examination of business method in China were investigated from the perspectives of Patent Law and its Implementing Regulations as well as the Guidelines for Patent Examination.

Thirdly, the internal patent activities of Chinese banking industry were studied from the perspectives of developing trend, comparison of domestic and foreign banks, and the business method patents. And then, the external patent activities of Chinese banking industry were also investigated from the perspectives of technological vendors, including their patent activities, main assignees, inventive resources, innovative domains and the technological transfer. Besides, the awareness of patent protection and the capabilities for technological innovation between domestic banks and foreign banks were e-valuated by using the indicators of patent information analysis.

Lastly, the patent competitive capacity of Chinese banking industry is assessed by the use of Principal Component Analysis (PCA). And then, the patent strategies of domestic banks are also discussed from the perspective of Grand Strategy Matrix.

Keywords: Banking Industry; Innovative Activity; Financial Innovation; Patent; Patent Strategy

目　录

第一章　绪论

第一节　研究的背景

一　银行业发展与技术创新

银行业有着一个漫长且成功的采用技术创新的发展历程。新技术的应用和创新的速度重塑了银行业，并对银行业扩大其服务生态系统的形成和发展产生影响。较早采用新技术的银行企业将会获得明显的竞争优势。技术驱动的创新推动着银行业内部和外部的变革。为了回应客户需要和技术创新的变化，银行业也开始关注于提升自身的数字化能力，包括互联网、手机以及社会化，并将数字化与客户需求进行融合，从而实现银行内部运营和价值链的变革。

当前，银行业正面临着来自技术创新的根本性转型，银行企业可以在不同程度上应用新技术。越来越多的银行为了满足数据化时代客户的要求，而开始采用云计算等关键技术来减少网上银行和手机银行的成本。也有很多银行机构应用大数据和流程机器人（Robotic Process Automation，RPA）来加强成本控制或减少成本。其他的分布式账本技术（Distributed Ledger Technology，DLT）和物联网技术（Internet of Things）等新兴技术，使银行业进入早期的商业化阶段[①]。作为典型的金融媒介，银行可以通过技术创新提高金融系统的稳定性并进而推

[①] Ernst & Young, LLP, "The digital bank: tech innovations driving change at US banks", http://www.ey.com/us/en/industries/financial – services/banking—capital – markets/ey – the – digital – bank – tech – innovations – driving – change – at – us – banks, 2017 年 6 月 25 日。

动经济增长。而所有这些技术，都将为当前银行业的发展提供至少包括以下几个方面的机会：

（1）更好地服务客户，增加服务接入的路径。通过数据化的手段，利用手机银行、其他货币转账或金融服务渠道克服银行服务的地理限制，并通过提供更多的自助服务，提高客户服务体验的同时，增加银行服务接入的能力，与此同时，推出更多的创新金融产品。

（2）增强银行对客户服务和风险管理的认识。利用新技术，银行企业可以通过整合客户和物联网信息，分析客户和市场的趋势，从而为客户提供更具透明度银行产品或价格的信息。此外，还可以通过机器学习和先进的机器分析技术，使得银行企业可以更好地理解与重要客户和金融交易相关的风险因素，提高银行对风险的监控和转移的能力。

（3）增强银行对市场变化的反应灵敏程度。技术创新加快了银行技术和银行企业结构的变革，在现有的结构内采用或整合数字化平台，使银行能够加快资源的供应，实现规模效益的同时还保留了发展的灵活性，从而以一种可控和具有弹性的方式推动银行业务的开展，而数字化的商业模式，则更能适应客户、市场和规则的发展变化。

（4）加强银行的运营和管控能力。数字化业务变革需要重构银行的业务流程并实现业务方法的自动化。而这些变革过程中应用到重构的技术和方法，同时也加强了银行机构的运营和管控。通过设备安全技术、生物验证技术、声音识别技术和数据分析技术，减少和防止身份盗窃、伪造和计算机黑客的攻击；通过应用 RPA 等技术，既提高了银行的运营效率，也可以增加业务运营的透明度，满足银行监管的要求。

（5）变革银行机构的成本结构。成本是银行企业进行战略性决策的重要考量因素，银行可以通过技术创新来降低成本性消耗，减少非效率性机构，优化业务流程，实现战略性的成本管理。数字化技术可以帮助银行企业向更加现代化、精致化、规模化的平台发展。一方面通过简约化、现代化和自动化来减少产业的 IT 成本，另一方面，通过技术升级和提高技术能力来减少运营成本，从而提高银行企业的效率。

　　技术的不断发展及其应用的不断渗透，尤其是网络技术应用的日趋深入，银行间的业务差异在不断缩小，银行产品的可替代性在不断增大，随之而来的是银行客户的讨价还价能力不断上升。此外，信息技术弱化了传统银行规模经济的影响力和显著性，从而为中小型银行参与市场竞争提供了更多的机会。① 国有商业银行实施差别化战略的关键和基础在于技术创新。通过技术创新，国有商业银行可以提供自动化、规范化、高效率和可靠便捷的服务。② 中国银行业的创新能力还比较落后，当前的创新活动主要集中于补充和更新传统的银行业务，而在利用信息技术为客户提供高质量服务方面明显不足。银行的技术创新主要体现在产品创新、技术设备的改进和管理流程的创新等方面。在进行技术创新的同时，要加强金融风险的防范，才能更好地利用技术进步提高银行效率和竞争力。③

二　中国金融市场对外资银行的全面开放

　　中国金融市场的对外开放既包括本国银行业国际化的对内开放，也包括逐步放开针对外资银行进入中国金融市场准入条件的对外开放。④ 从历史发展的角度看，中国银行业的对外开放整体上经历了四个发展阶段。第一阶段是改革开放时的初级阶段（1978—1993），这一阶段在国家经济发展战略的背景下，我国银行业开始对外开放，而外资银行的逐渐进入为我国的银行市场提供了更多的金融资本，同时也为我国银行业的发展奠定了基本的市场环境。第二阶段是对外资银行的经营地限制逐步放宽阶段（1994—2001），这一阶段我国开始开放人民币业务，从而使得进入我国金融市场的外资银行进入规范化并

---

　　① 殷克东、丁黎黎：《基于信息技术的银行再造溢出效应研究》，《中国软科学》2003年第8期。

　　② 李克文：《我国国有商业银行应实施基于技术创新的差别化服务竞争战略》，《生产力研究》2004年第3期。

　　③ 唐齐鸣、付雯雯：《商业银行效率、风险与技术进步——基于18家国际大银行的实证分析》，《经济管理》2011年第3期。

　　④ 苑路、刘敏：《我国银行业对外开放的测度》，《山西财政税务专科学校学报》2016年第1期。

有法律保障的发展轨道。第三阶段是加入世界贸易组织（World Trade Organization，WTO）后按承诺的金融市场五年的逐步开放过渡期（2002—2006），这一阶段中国银行业采取积极主动的对外开放的战略，以适应中国经济发展和银行业的改革的需要。第四阶段是中国金融市场的全面开放阶段（2006年年底至今），在这个阶段我国金融市场通过多方面的优惠措施和巨大的市场发展潜力，吸引着越来越多的外资银行进入我国银行市场，从而进一步推动着中国银行业体系结构和市场竞争结构的变化。

1999年12月5日，中美签署了中国加入世界贸易组织（World Trade Organization，WTO）的双边协议，该协议为我国入世扫清了最大的障碍，标志着我国正逐步融入经济全球化的过程。2001年12月11日，中国正式成为WTO成员国。而WTO对成员国金融业的基本要求包括：各缔约国同意对外开放银行、保险、证券、金融信息市场，允许外国在国内建立金融服务公司并按竞争原则运行，外国公司享受同国内公司同等的进入市场的权利。

2006年12月11日，中国金融市场作为最后一个尚未开放的市场全面对外开放。在金融系统的开放过程中，银行业对外开放是受广泛关注的话题。国内金融市场完全开放后，按照世贸组织关于市场准入和国民待遇两项基本规定，在华外资银行的现有各方面的限制将逐渐取消，外资银行在人民币业务的范围和领域方面将与中资银行完全一样。之前，银行改革对战略投资者资本金的要求很高，必须是大银行才有获准进入的资格，而现在的全面开放则意味着准入门槛降低，一些中小银行也能进入中国的金融市场。而且，按照此前发布的《外资银行管理条例》及《实施细则》的规定，中国金融市场全面开放以后，中国将取消外资银行在中国境内经营人民币业务的地域和客户对象限制，在承诺和审慎监管的框架下，对外资银行实行国民待遇；外资法人银行可经营全面外汇和人民币业务，外资银行分行在现有业务的基础上，可以吸收中国境内公民每笔不少于人民币100万元的定期存款。此后，中国将迈进加入世界贸易组织的"后过渡期"，银行业也将开始向在中国注册的外资法人银行全面开放人民币业务，实施与中资银行相同的监管标准，对外资银行全面实行国民待遇。

2014 年 12 月 22 日，国务院公布《关于修改〈中华人民共和国外资银行管理条例〉的决定》（该决定于 2015 年 1 月 1 日起施行）。该决定按照扩大银行业对外开放的方针，更好地落实对外资银行的国民待遇，尤其是降低了对外资银行在华分支机构的准入门槛。具体内容包括两个方面：一是对外商独资银行、中外合资银行在中国境内设立的分行，不再规定其总行无偿拨给营运资金的最低限额。二是不再将已经在中国境内设立代表处作为外国银行（外国金融机构）在中国境内设立外商独资银行、中外合资银行，以及外国银行在中国境内初次设立分行的条件。

早在 2006 年 9 月底，向外资银行开放人民币业务的城市达到 25 个，获准经营人民币业务的外资银行机构达 111 家，在中国注册的外商独资和中外合资法人银行业机构 14 家，22 个国家和地区的 73 家外国银行在中国的 24 个城市设立 191 家分行和 61 家支行，41 个国家和地区的 183 家外国银行在中国 24 个城市设立 242 家代表处。在中国的外资银行资产总额高达 1051 亿美元，占中国银行业金融机构总资产的 1.9%。据新华社报道，截至 2006 年年底，已有汇丰银行、花旗银行、渣打银行、东亚银行、恒生银行、日本瑞穗实业银行、新加坡星展银行、荷兰银行等八家外资银行，向中国银监会提出申请，要求将它们在中国境内的分行改制为法人银行。而且根据"银联信"等机构的预测，在未来 10—15 年内，外资银行进入中国金融市场的步伐将进一步加快，其在中国市场的份额将由现在的 2% 上升到 30% 左右，这意味着外资银行对包括国有商业银行在内的同业竞争将不可避免地在全方位、全部领域展开。根据中国银行业监督管理委员会的相关统计，到了 2014 年，在华的外资银行金融机构共计 1000 家，其中包括：法人机构总行 41 家（独资银行 38 家、合资银行 2 家和财务公司 1 家），法人机构分行 299 家（独资银行 296 家和合资银行 3 家），外国银行分行 97 家，外国银行支行 563 家（外国银行 16 家、独资银行 537 家和合资银行 10 家）。2014 年，外资银行在华的总资产为 27921 亿元，同比增长 9.16%。此外，截至 2015 年 9 月底，中国共有20家内资银在全球55个国家或地区设立1200余家分支机构，总计资产达1.5万亿美元，并有多家内资银行在国外设立代表处或者分行。

在WTO规定的中国金融业开放过渡期期满后，国际金融资本大量进入中国的金融领域，这对国内金融机构而言不仅是一种挑战，更是一种竞争。外资银行在中国市场的竞争是全面性与策略性相结合的。WTO框架下外资银行的经营策略主要表现在四个方面：在战略选择上，以金融功能主义为导向，注重效益性；在竞争策略上，以参股或并购国内商业银行形式加快对中国银行市场的渗透；在业务拓展上，突出非融资业务、做强外汇业务、精心挑选人民币业务、力推核心产品；在客户选择上，以"三资"企业和中高端客户为主。

通常认为，短期内，个人理财业务可能成为中外银行竞争的焦点。考虑到外资银行在经营理念、产品、服务等方面的优势与在网点设置等方面的劣势，外资银行将与中资银行形成互补。同时，由于大多数外资银行业务门槛较高，短期内外资银行的顶端服务可能暂时难以惠及普通客户。但从长远看，中外银行将在银行业新技术、新产品、利润生成和盈利模式、管理体制、机构设立、经营理念、监管体制和监管思路等方面形成竞争格局。针对外资银行未来在中国的经营策略，国内商业银行应该在经营、创新、运作等方面采取应对措施，积极面对外资银行的挑战。

作为受政策高度保护、开放程度较低的行业，银行业将必然遭受到来自政策、制度、技术、人才和管理模式、业务结构等各个层面的冲击，有可能付出高昂的学习成本、出让部分市场份额和利益。所以，机遇在很大程度上是潜在的，挑战却是十分现实而严峻的，而且机遇来自对挑战的正确应对。中国银行业必须切实深化改革、转化机制、创新业务、完善操作、加快人才培育，不断提高和增强自身的竞争实力和盈利能力，才能将潜在的收益转变为现实的收益，在未来激烈的市场竞争中保持、巩固和扩大自己的竞争优势。

三 中国银行业推进金融创新活动的政策背景

作为服务经济和国民经济的核心，金融服务业在中国经济发展当中的重要地位日趋显现。尤其是随着中国的市场经济体制不断完善，金融服务业的发展已经成为中国经济发展的核心组成部分和先导力量。而作为金融服务体系中最重要的有机组成部分之一，银行一直以来都是经济金融发展的核心力量。

随着中国改革开放的不断深入以及市场经济的日趋成熟，中国银行业的经营与竞争也发生了深刻的变化。其一，由于社会投融资手段和方式的增加，一定程度上缩小了银行经营的空间和范围，再加上中国宏观调控对利率的调整，使得银行原来以利差为收入根本来源的经营理念受到了严重的冲击。而为了摆脱这种困境，发达国家的银行业则不断拓展和加强以信用卡、理财、结算等服务创新为主要内容的中间业务及表外业务，从而在利息相对减少的时候，服务费收入却绝对地增加。其二，随着信息技术的不断发展，计算机和网络在消费者当中的日益普及，银行的客户一方面希望自己的服务能够突破时间和地域的限制，另一方面也希望享受更快捷、简便以及成本较低的银行服务。其三，银行间的经营业务具有本身的特殊性，比如说各个银行所经营的货币商品同质性、金融工具的相似性以及经营范围的一致性；其四，随着中国金融市场的发展以及对外资银行的开放，使得中国的消费者对于银行的选择经历了从单一性到多样性、从只有内资银行的选择到既可以选择内资银行也可以选择外资银行的转变和发展。这一定程度意味着中国银行业竞争加剧，个别内资银行的竞争优势正在逐渐地被削减。正是由于以上几个方面的原因，中国银行业，尤其是内资银行有必要创新服务，而且随着中国经济的不断发展、市场机制的不断完善，金融创新的市场需求也迅猛增长。中国银行业在客观上也具备了相当的创新条件，在主观上也形成了较强烈的创新动力。

正因如此，为了鼓励、支持和指导商业银行的金融创新活动，2006 年 12 月 11 日，伴随着中国银行业对外资银行的全面开放，中国银行业监督管理委员会颁布的《商业银行金融创新指引》（以下简称《指引》）正式实施。《指引》明确提出金融创新是商业银行为适应实体经济发展的要求，通过引入新技术、采用新方法、开辟新市场、构建新组织，在战略决策、制度安排、机构设置、人员准备、管理模式、业务流程和金融产品等方面开展的各项活动，最终体现为银行风险管理能力的不断提高，以及为客户提供的服务产品和服务方式的创造与更新。

《指引》指出商业银行开展金融创新活动需要遵循一些基本原则，包括合法合规、公平竞争、知识产权保护、成本可算、风险可控、注重风险管理以及维护金融消费者和投资者利益等。《指引》积极倡导商业银行在开展金融创新时做到"认识你的业务（know your business）"、"认识你的风险（know your risk）"、"认识你的客户（know your customer）"、"认识你的交易对手（know your counterparty）"。

"认识你的业务"，要求银行从发展战略角度明确创新业务的基本特征和预期的成本收益，确保新业务的拓展符合银行总体发展的需要；"认识你的风险"，要求银行全面、及时地识别、计量、监测、控制创新活动面临的各种风险，避免银行在创新活动中遭受重大损失；"认识你的客户"，要求银行做好客户评估和识别工作，针对不同目标客户群，提供不同的金融产品和服务，使所销售的产品适合客户的真实需求，同时尽可能避免利用创新业务欺诈客户的行为发生；"认识你的交易对手"，要求银行在创新活动中涉及投资、交易类业务时，务必认真分析和研究交易对手的信用风险和市场风险，做好交易对手风险的管理。

四　国家知识产权战略的制定及实施

国务院于 2008 年 6 月发布《国家知识产权战略纲要》（以下简称《战略纲要》），明确到 2020 年把我国建设成为知识产权创造、运用、保护和管理水平较高的国家，5 年内自主知识产权水平大幅度提高，运用知识产权的效果明显增强，知识产权保护状况明显改善，全社会知识产权意识普遍提高。

《战略纲要》的重点之一就是促进知识产权的创造与运用，尤其是推动企业成为知识产权创造和运用的主体。促进自主创新成果的知识产权化、商品化、产业化，引导企业采取知识产权转让、许可、质押等方式实现知识产权的市场价值。

《战略纲要》提出了九个方面的战略措施，其中一个即是提升知识产权创造能力，即建立以企业为主体、市场为导向、产学研相结合的自主知识产权创造体系。引导企业在研究开发立项及开展经营活动前进行知识产权信息检索。支持企业通过原始创新、集成创新和引进消化吸收再创新，形成自主知识产权，提高把创新成果转变为知识产权的能力。支持企业等市场主体在境外取得知识产权。引导企业改进竞争模式，加强技术创新，提高产品质量和服务质量，支持企业打造知名品牌。

综合以上背景，在中国银行市场全面开放后的今天，作为关系到国家经济命脉的关键与核心以及中国服务业的重要组成部分，银行业有必要充分注重自己的知识产权问题，及时建立健全自身的知识产权管理各项机制，逐渐将以专利战略为核心的知识产权战略融入到自身的日常经营管理当中。充分发挥国家知识产权战略的引导作用，以保护自身的金融创新成果，维持并提高自身的核心市场竞争力。

第二节 研究目的、意义和方法

一 研究目的和意义

（一）研究目的

本书主要探讨中国银行业的创新活动及其专利保护问题，主要目的在于以下几个方面：其一，解析信息技术在银行业创新活动中的应用和演进路径，探究中国银行业信息技术应用及发展历程，探讨当下那些以信息技术为手段和基础的关键性银行业创新产品在中国的发展现状。其二，通过统计建模的方法，探讨和评价中国银行业创新绩效和专利保护活动两者之间的动态关联。其三，研究美国商业方法专利的判例、立法和最新发展，解析中国银行业创新活动专利保护的法律环境，分析商业方法专利对银行业的影响机理。其四，通过对专利文献著录项的分析，利用专利技术/功效地图，并从专利角度去研究中国银行业内部和外部的创新活动及其专利保护现状。其五，在对各银行企业的专利申请进行统计的基础上，通过聚类算法，去研究中国内外资银行的专利保护意识及其发展变化；通过层次分析法，构建中国银行业创新能力的评价模型，对内外资银行的创新能力进行比较评价。其六，通过主成分分析模型，对中国银行企业的专利竞争力进行评价；结合市场竞争力，根据大战略理论，探讨中国内资银行企业的专利战略选择问题。

（二）研究的意义

本书的意义主要体现在两个方面：其一，在理论方面，本书通过对专利信息的分析和统计，从多个角度研究银行的创新活动问题，有利于丰富创新理论的应用；同时结合创新来研究中国银行业专利保护问题，有利于专利分析理论的应用以及专利战略理论在企业管理方面的发展。其二，在实践方面，本书将从实证的角度对中国银行业的创新活动及其专利保护进行研究，从而有利于银行充分认识到自身的专利保护和创新的现状及存在问题，并进而认识到专利对于银行经营活动以及自身创新发展的重要作用，从而为内资银行面对外资银行的激烈竞争提供有益指导。

二　研究方法

本书将采用的研究方法主要有以下几种，第一，文献研究方法。通过文献计量的方法，对文献的内容、属性和特征进行定量与定性的统计分析，从而归纳各主题文献的发展脉络，发现文献之间的相互关系，并解释所发现的现象与规律。同时，全面而系统地对国内外关于银行创新活动以及专利保护的文献进行检索、分析，并形成本书的文献综述；

第二，案例研究方法。本书通过案例研究，探讨了美国银行业商业方法可专利性审查方面的最新发展；

第三，专利计量方法。本书通过对中国银行业的年度专利数量、专利类型、IPC、竞争对手、技术领域以及国别进行统计。在计量的基础上，结合定性的研究，绘制中国银行业专利管理地图和专利技术地图；

第四，统计分析方法。本书利用回归、层次分析、聚类、主成分分析等统计分析理论和方法，建立相应的数学模型对专利计量的结果进行分析，从而对中国银行业创新活动专利保护的意识、质量、创新能力、专利竞争力等问题进行定量的评价和研究。

第三节 研究范围、技术路线与创新点

一 相关概念及研究范围的界定

作为典型的服务业，银行的创新活动本质上属于服务创新的内容。许庆瑞和吕飞（2003）认为，服务创新主要是指在服务过程中应用新思想和新技术来改善和变革现有的服务流程和服务产品，提高现有的服务质量和服务效率，扩大服务范围，更新服务内容，增加新的服务项目，为顾客创造新的价值，最终形成企业的竞争优势。[①] 蔺雷等（2003）认为服务创新概念的理解要重视五个要素：创新的无形性、创新的新颖度范围、创新形式的多样性、创新的顾客导向性以及创新的实用性。[②]

在学术界，将银行服务定义为产品已经形成共识，因此，结合以上学者的观点，本书将银行创新活动界定为：商业银行在向客户提供服务过程中，运用新思维、新方式和新技术创造新的银行产品，或者对原有的服务产品或者服务流程进行改进、组合或变革等创新性的活动。其根本的目的是通过提高服务质量，满足客户的需求，改善经营管理，从而实现利润最大化。根据该定义，本书根据创新活动实现方式或途径不同，从专利的角度将银行创新活动分为"纯粹智力成果的创新活动"和"非纯粹智力成果的创新活动"两种。前者主要是那些不具有可专利性，根据中国的专利法律制度不可以获得专利保护的纯粹的智力成果型创新活动（如一米线服务、黄金客户制、首接负责制、个人顾问理财、保管箱服务等）。相反，后者是那些可以获得专利保护的创新活动，也就是具有可专利性的创新活动，比如说创新金

---

① 许庆瑞、吕飞：《服务创新初探》，《科学学与科学技术管理》2003 年第 3 期。
② 蔺雷、吴贵生：《服务创新》，清华大学出版社 2003 年版，第 34 页。

融产品及其相关设备（银行卡、验钞机、点钞机等），或者那些通过先进的信息技术而实现的创新性金融产品（网上银行、电话银行、数据传递的系统和方法等等）。正因如此，在研究其专利保护问题的同时，也会涉及相关的可专利性的法律规定的探讨及发展。而从银行金融创新的内容来看，本书所研究的是金融产品或方法的创新，而不是那些不依靠技术支持即可以实现的银行经营的理念创新、组织机构创新、制度创新或者管理体制创新。

本书所研究的银行创新活动的范围是通过可专利性的角度去界定的，正是在这样的假设前提下，本书在研究过程中，将每一件专利申请活动都定义为创新活动，根据专利的内容和性质，该创新或者是技术创新，或者是产品创新，又或者是方法创新。值得肯定的是，将专利活动看成是创新活动，具有一定的局限性，但是从专利和创新的本质上看，在逻辑和推理方面，是具有合理性和信服力的。

二 研究的技术路径

本书的技术路径及方法如图 1 - 1 所示。首先，在国家政策以及前人研究的基础上，归纳本书研究的背景、目的和意义。并对本书主题相关的基本理论和研究进行概括、综述和评论。

其次，利用统计分析方法，通过建立数学计量模型来研究中国银行业创新活动的绩效与专利保护两者之间的动态关联。

再次，分析了美国商业方法专利保护的相关判例和立法，阐述了中国《专利法》及其实施细则以及《专利审查指南》关于商业方法的具体规定，并在此基础上，对两国银行业的商业方法专利活动进行了比较研究。

最后，在专利检索基础上，利用专利文献的著录项，分别从产业内部专利活动和外部专利活动两个角度，研究中国银行业技术创新活动的主要内容、发展现状、未来趋势、涉及的技术领域和竞争态势等问题；在专利计量分析的基础上，结合统计分析方法，研究中国内外资银行企业创新活动的专利保护意识和质量及其发展变化；运用层次分析法，从专利的角度构建中国银行业创新能力评价模型，对中国内外资银行企业的创新能力进行评价和比较；归纳了专利竞争力分析的主要指标，运用主成分分析模型，研究中国银行企业专利竞争力评价模型；结合专利竞争力和市场竞争力，根据大战略理论，研究了各个内资银行企业的专利战略选择问题。

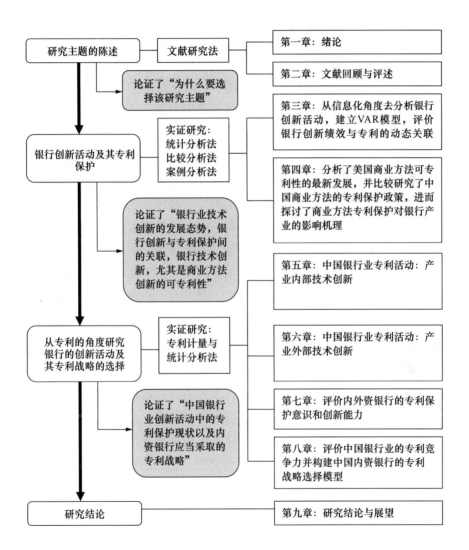

图1-1 本书的技术路径

三 研究创新点

本书的创新点可以归纳为以下四个方面：第一，通过建立 VAR

模型，对中国银行业创新活动绩效和专利保护的动态关联进行了科学评价。研究发现：中国银行业专利活动受到其自身、中国银行业创新绩效和中国银行业开放程度的影响，而中国银行业技术应用能力受到其自身开放程度的影响较大。以上所述的相互影响都是有时滞的，并不是当期就产生。而中国金融市场的开放，大量外资银行的涌入，一方面加剧了中国银行业的竞争程度，但另一方面对中国银行业的创新活动及专利保护起到了积极的推动作用。而通过 VAR 模型的格兰杰检验结果可知，中国银行业创新绩效不是中国银行业专利活动的格兰杰原因，同时，中国银行业专利活动也不是中国银行业创新绩效的格兰杰原因。因此可以认为，中国银行业创新活动的 R&D 程度不高、专利保护意识不强且其专利申请的市场应用性不强；中国银行业专利活动还处于起步阶段，只有量上的发展，却缺乏质的保证。本书针对中国银行业存在的以上问题，分别提出了发展的基本策略。

第二，通过对中国银行的整体专利活动分析，发现中国银行业的专利活动情况大致经历了两个历史时期，"入世"前中国银行业的专利活动情况处于起步期，2001 年"入世"后，中国银行业专利活动有了较为明显的变化，其中发明类专利申请量增长幅度较大，越来越多的内资银行开始注重知识产权和专利保护。与外资银行在中国的专利活动相比，中国内资银行起步晚，但是发展较快，而且专利类型和授权数量的变化反映了中国内资银行金融创新质量的不断提升，同时也直接反映了中国知识产权政策对银行业的影响。从中国银行业商业方法及其 IPC 的分布上看，中国银行业专利主要集中在发明类，其中商业方法发明专利占比超过80%。外资银行在中国的专利布局起步较早，并对内资银行的专利活动具有积极的影响。通过呈现中国银行业商业方法专利的技术/功效图可以发现，内资银行商业方法专利布局主要呈现发展较快的特点。通过专利的技术/功效图可以发现，系统优化、资金安全和交易便捷等技术是中国银行业商业方法创新活动较早涉及的领域，同时，它们与信息交互一起是最近几年中国银行业商业方法创新应用的热点。中国银行业商业方法创新应用的技术手段主要包括数据处理、通信/数据传输、监控/测试、银行系统等等。这些技术在中国建设银行、中国工商银行、中国农业银行和中国银行等银行机构均得到较为全面的应用。

本书对中国银行业技术供应商的创新活动进行了研究，发现：中国银行业技术供应商的类型以企业为主，同时也包括个人、大专院校、科研单位和机关团体等；美国的迪布尔特公司和中国国内的中国银联、深圳怡化电脑股份有限公司和深圳银信网银科技有限公司等企业比较关注银行领域的技术创新和专利保护，它们可以成为中国银行业的主要技术供应商。中国银行业技术供应商在银行技术领域的研发热点比较集中，主要涉及 G06Q20、G07F19 和 G06Q40 等领域，涉及的银行应用领域为虚拟现金系统、自动银行货币分发装置、自动交易机和金融交易终端等。

第三，通过统计专利申请量和聚类模型，研究了中国银行业专利保护意识及其特征。研究发现：中国银行业内资银行的专利申请数量以及专利申请人的数量从 20 世纪 90 年代到 2001—2008 年得到了较大程度的增加，依此可判断，中国内资银行的专利保护意识已经有较大程度的提高。在 2000 年以前，外资银行的专利质量比内资银行的高。而 2000 年以后，内资银行的专利质量得到了较大程度的提高。

通过专利信息中选取适当指标，应用层次分析法，创建了中国银行业创新能力模型。研究发现：外资银行的创新能力比内资银行更强。究其原因，主要是因为内资银行在那些对于创新能力的影响权重不大的指标具有竞争优势，而外资银行却在那些对于创新能力影响权重较大的指标具有竞争优势。因此，对于内资银行而言需要做到：其一，实现某个关键技术或银行产品的创新性突破；其二，充分利用专利优先权制度，实施走出去战略；其三，在加大创新投入的同时，提高创新效率。

第四，通过主成分分析模型，评价了中国银行企业的专利竞争力。研究发现：中国银行业当中，中国工商银行的专利竞争力最强，其次是中国建设银行，再次是日本的罗烈尔银行。此外，中国银行业专利竞争力前五名还包括美国银行和花旗银行。通过构建"专利竞争力——市场竞争力"大战略矩阵模型，研究了内资银行的专利战略。

研究结论认为，中国工商银行和中国建设银行应当实施基本专利战略、专利收买战略、专利池战略和专利先行战略；中国银行应当实施引进或收买专利战略、共同开发或获得独占许可战略、外围专利战略、绕过障碍专利战略或取消竞争对手专利权战略；中国农业银行、招商银行等其他股份银行应当实施外围专利战略、取消竞争对手专利权战略、文献公开战略、无效或失效专利战略；对于众多城市商业银行而言，重要的是在产品或技术开发外包过程中，要处理好专利等知识产权问题，在经营活动中如何避免侵犯他人的知识产权。

第二章　银行业技术创新与专利战略：文献综述

通常认为，企业都会面临着来自那些提供与自己相同或类似产品/服务的企业的竞争压力，与此同时，也会面临着来自对产品有越来越高期待的消费者的压力。所有这些压力都推动着企业改进现有产品或推出新产品。在当前高度数字化时代下，没有持续不断的技术创新，对于银行企业而言将很难保持竞争优势。①

银行产品创新体现为服务概念、内容和功能的改进，是银行业为了改进为企业与个人提供资金活动有关的服务，而银行的技术创新则可以理解为银行企业利用通信技术等手段，对银行业务相关的设备、网络、服务和业务处理系统进行的改进。无论是产品创新，还是信息技术创新，都有利于提升银行业的经营绩效。在"金融脱媒"的背景下，银行业必须利用创新资源，充分利用客户、技术供应商、金融机构和有关研究机构有效开展创新活动，增加银行产品的差异化的同时，提高同质模仿的难度。②

银行业的创新正在逐渐改变银行服务的方式。在当前高度数字化的时代，没有持续的技术创新，对于银行业而言要保持相当的竞争能力和优势是比较困难的，银行客户对技术也变得越来越精通，因此他们的需求也推动着银行业的技术创新。为此，银行需要与客户保持紧

---

① Gërguri Shqipe, Rexhepi Gadaf and Ramadani Veland, "Innovation Strategies and Competitive Advantages", https：//www. researchgate. net/publication/256065426_ Innovation_ Strategies_ and_ Competitive_ Advantages, 2017 年 9 月 12 日。

② 孙轻宇：《银行产品和信息技术开放式创新对绩效的影响机制研究》，《研究与发展管理》2015 年第 1 期。

密的协同并推出新的电子产品和服务，同时避免电子银行交易的高成本而给客户带来的费用的增长。为此，为了实现利润增长同时满足客户需求的目标，银行企业就一定要关注技术创新。[①]

技术创新和金融服务均是在经济危机背景下实现竞争优势的必要条件，事实上，技术创新不仅有利于降低成本，而且也可以为银行企业以不同方式实现更好运营提供一系列新的机会。[②③] 银行进行技术创新的驱动力包括减少成本和提高效率的竞争压力、缩短产品的生命周期、更严格的监管、产业可持续发展的需要、市场的变更，客户对于服务质量期待的不断提升、新技术可获得性的不断增强和应用新技术进行赶超的需求以及经济的不断发展。[④] 银行业应用信息技术的第一个阶段起步于通过机器将银行业务进行自动化处理的尝试，而另外一个阶段即是信息的检索和存储。如，在 20 世纪 50 年代末和 60 年代开始使用打孔机器，70 年代开始引入信息技术管理系统和决策支持系统，80 年代开始应用通信和网络技术，同时数据处理、办公信息系统和个人计算也开始兴起。[⑤]

---

① Bright Ameme, Joseph Wireko, "Impact of technological innovations on customers in the banking industry in developing countries", *The Business and Management Review*, Vol. 7, No. 3, April 2016, pp. 388 – 397.

② Pinto S., Ferreira. F., "Technological dissemination in the Portuguese payments system: An empirical analysis to the region of Santarém", *International Journal of Human Capital and Information Technology Professionals*, Vol. 1, No. 4, 2010, pp. 55 – 75.

③ Kim. S., Lee B., Park B., Oh. K., "The effect of R&D, technology commercialization capabilities and innovation performance", *Technological and Economic Development of Economy*, Vol. 17, No. 4, 2011, pp. 563 – 578.

④ Ilo, Joseph V. C., Ani Wilson U., and Chioke, Nnanyelugo Samuel, "Impact of Technological Innovation on Delivery of Banking Services in Nigeria", http://icehm.org/upload/6786ED1214048.pdf, 2017 年 9 月 23 日。

⑤ Ibikunle, F. & James, O., "Impact of Information Technology on Nigeria Banking Industry: a case Study of Skye Bank", Covenant University, Ota, Nigeria, *International Journal of Computing Academic Research (IJCAR)*, Vol. 1, No. 1, 2012, pp. 25 – 35.

第一节　银行业技术创新的发展

一　信息技术在银行业中的应用

由于金融产业经营活动中竞争激烈，因此信息技术被认为是实现经济性成本管理的必要工具。[①] 信息的拥有和管理是银行企业经营活动的主要内容之一，通过 IT 而进行的流程再造和创新对银行业造成的影响要比其他产业更大、更明显。[②] 并且，随着计算机技术和通信技术的不断向其他产业的渗透发展，作为金融技术革命新形式、新成果，网上银行业务已然成为现代金融产业参与市场竞争的主要内容之一。自从 1995 年美国安全第一网络银行（Security First Network Bank，SFNB）成立以来，全球各国的银行企业都在致力于将自己传统的银行产品推广应用到互联网上面，发达国家甚至有 85% 的银行已经或准备开通网上银行。[③]

信息化是银行业发展的重要支撑手段和趋势。银行业要改变传统的依靠资本消耗的增长模式，要在管理、产品、服务和渠道等领域实现创新和突破，从而实现竞争力的提升，就必须加强银行业务、产品与技术创新的融合。在风险管理方面，利用技术手段，对错误、缺失和不一致的数据进行有效处理，进而实现数据的细化和有效分类，与此同时，利用技术创新对银行业务全过程自动化和系统平台实现整合和改进，从而提高银行业务的数据质量，建立并实现有效的银行风险管理系统。[④] 信息技术是金融产业发展的重要支撑，在知识经济的背

---

① Oliver De Bandt, E. Philip Davis, "Competition, contestability and market structure in European banking sectors on the eve of EMU", *Journal of Banking & Finance*, Vol. 24, June 2000, pp. 1045 – 1066.

② David – west, O., "Information technology（IT）integration in banks' consolidation", *Zenith Bank Economics Quarterly*, Vol. 3, 2005, p. 161

③ 王月霞：《金融技术革命的新产物：网上银行》,《中国金融》1999 年第 12 期。

④ 倪志凌：《 "十二·五" 时期商业银行业务创新与技术创新的融合》,《上海金融》2011 年第 9 期。

景下，已经成为当代银行业核心竞争力的重要组成部分。信息技术不仅推动了金融创新，同时有利于整合原有的应用系统和客户信息，同时也有利于分析客户并为客户提供个性化的服务。① 在信息技术和网络技术快速发展的背景下，现代银行业的各个部门和业务环境都离不开信息技术，信息技术的不断创新发展，推动着商业银行经营决策的效率和综合管理水平的提高，② 并形成了"前台前移、中台上收、后台运作系统大集中"的业务流程的重新整合和再设计。③

技术不仅给了银行企业梦寐以求的发展潜力，同时也给了银行客户以更高的期待。技术变革对银行的客户和银行自身都产生了巨大的影响。先进的技术使得银行能够更快更便捷地传递金融服务。对于银行客户而言：银行企业已经意识到了客户对于新技术应用的需要。信息技术也提高了竞争的水平并同时推动银行企业为了迎合客户的需要而进行技术创新。具体至少包括以下几个方面：查询或浏览账户交易情况的自助查询终端；通过调制解调器将客户端的远程终端与银行的分支机构进行连接，从而使得客户不需要前往银行的分支行就可以查询到其他的账户，并开展网上银行业务；通过 ATM，实现取现、存款和查询等业务，从而使得金融服务不受时间和空间的限制；通过电话银行可以进行余额查询和账户交易的 24 小时不间断的服务；网上银行或电子银行，客户可以通过电脑上的图形用户界面（GUI）软件，不用亲临银行，就可获得关于金融交易、账户、现金转账和利率咨询等信息，并通过电子数据交换（electronic data interchange，EDI）在机构和个人之间传递计算机形式的业务交易信息。对银行而言：技术创新可以推动银行实现业务上的发展和追赶；自动、快速和及时地处理相关业务并进行信息传递。而对于银行职员而言，技术革新与应用可

---

① 刘以研、白璐：《信息技术条件下的手机银行安全问题研究》，《情报科学》2012 年第 4 期。
② 李欣：《商业银行信息技术创新与营销创新协同机理分析》，《生态经济》2008 年第 5 期。
③ 刘肖原，高昕：《信息技术对商业银行业务流程的影响研究》，《中央财经大学学报》2006 年第 4 期。

以协助他们精确地处理那些类似于余额和利息计算等耗时且繁重的工作；自动打印银行业务账册材料；协助进行签名印鉴管理和核实交易信息。

在 IT 变革的背景下，金融产业的本质功能，比如支付、结算、风险承担、信息产品、资金流动等，都会保持而不会发生变化，而主要的变化在于金融产品和服务的具体内容。IT 变革有利于推进新产品供应、证券化的发展、电子支付和结算手段的兴起等。因此，技术创新提高了金融产品和服务的质量，并显著地改善了资产管理者的风险管理能力。而且，互联网技术的发展使得金融服务通过新的传递渠道而提高了供给的能力。这些在金融交易领域的变化，尤其是通过证券化的形式，增加了金融市场里金融产品的多样性。另外，信息处理和传递成本的极大减少，金融市场里的交易更加活跃，并进一步推动了交易的发展。而金融市场经过这样的扩张，金融媒介从根本上改变了金融服务的内容。其中一个方向就是处理那些很难标准化以及金融市场里业务量并不多见的金融贸易的金融产品，而另外一个趋势就是将那些高级、复杂的金融产品转变为更易于客户理解的金融产品，然后将这些金融产品作为新的金融服务提供给客户。正因如此，在 IT 变革的推动下，金融产业当前正经历着面向更大规模经济的并购和联盟的浪潮。IT 变革导致了银行企业在信息产品、金融服务分类计价和互联网发展等方面的决定性比较优势，而这些也进一步加强了金融机构的专业化，尤其是面对不同产业的公司而提供的金融媒介服务的差异化。[①]

信息通信技术在银行业中的应用，即通常所说的网上银行或者电子银行，其是银行和金融服务领域的电子商务的一个产品，其也可以界定为 B2C（Business – to – Consumer）领域的余额查询、支付/转账指示、账户开立以及其他传统形式的金融服务。当客户在不同的电子

---

① Forum on the Development of Electronic Payment Technologies and Its Implications for Monetary Policy, Technological Innovation and Banking Industry/Monetary Policy, https://www.imes.boj.or.jp/english/publication/mes/2001/me19 – 3 – 1.pdf, 2017 年 10 月 6 日。

商户（e‐shops）进行购物的时候，银行企业也代表它们的客户提供支付服务。因此，银行企业通过利用信息通信技术为客户提供更高附加值的产品和服务。[①] 电子银行对银行营业额、盈利能力以及一定程度地减轻银行职员的工作强度都有积极的影响。电子银行有利于提高银行绩效，增加市场份额，扩大产品种类范围，提供让客户满意的产品并更好地回应客户的需求。[②] 在当前这个经营环境快速变化并且更加注重服务差异化的背景下，银行企业只有通过有效地利用它们的技术资源，才更有机会获得真正的竞争优势。银行的贷款以及其他资产类业务的增长在很大程度上依赖于信息技术，因此，为了提高银行的生产率，有必要提高银行在信息技术领域的投资。近年来，金融机构经历了重大的变革，其中有很多甚至是 ICT 的直接产物，而对于客户而言，最明显的影响则是可以享有比过去速度更快和效率更高的银行服务。[③]

二 国外关于银行业技术创新相关研究

Harry Scarbrough 和 Ronnie Lannon（1989）以英国的金融服务业作为实证资料，通过比较主要的创新理论模型，分析了战略性创新的条件。而苏格兰银行的"家庭—办公室"银行系统（Home and Office Banking System，HOBS）正好提供了一个非常好的案例研究，因为其可以真正提示这类创新的实际本质。而从竞争过程中所得到的重要的实践经验则可以推动将信息技术应用于战略管理的目标。[④]

Ian Alam（2003）研究了商业银行中的 138 位产品经理，从而认

---

① Ojokuku R. M. , Sajuyigbe A. S. , "The Impact of Electronic Banking on Human Resources Performance in the Nigerian Banking industry. ", *International Journal of Economic Development Research and Investment*, Vol. 3, No 2, 2012, pp. 61 – 69.

② Josiah A, Nancy, K. , "The relationship between electronic banking and financial performance among commercial banks in Kenya. ", *Journal of finance and investment analysis*, 2012, Vol. 1, No. 3, pp. 99 – 103.

③ Reis, J. , Ferreira, F. , Monteiro Barata, J. , "Technological innovation in banking services: an exploratory analysis to perceptions of the front office employee", *Problems and Perspectives in Management*, Vol. 11, Issue 1, 2013, pp. 34 – 49.

④ Harry Scarbrough, Ronnie Lannon. "The management of innovation in the financial services sector: A case study", *Journal of Marketing Management*, 1989, Vol. 5, No. 1, pp. 51 – 62.

为，银行提出新产品战略和产品发展的选择与新产品的绩效是相互关联的。他们的研究还认为，适当的创新产品比那些高级创新的产品和替代创新的产品更有可能成功。①

Gadrey 等（1995）在对保险业和银行业的服务创新的研究中总结了四种创新类型：提供新金融服务品种，这种服务品种对于客户来说是全新的，通常与新的合同相关；服务产品线结构创新，包括现有服务品种的组合或拆分；现有服务产品改进；服务生产过程与组织创新。②

Hannan 和 McDowell（1984）在商业银行服务创新动力的研究当中提出了比较有代表性的观点。他们提出的技术发展说，表明高科技在金融业的广泛运用，为金融创新提供了物质上和技术上的保证，是导致创新的主要因素。③

Drew（1995）指出，在金融服务中，创新往往是由客户驱动的，而不仅仅是为了改善内部操作。他比较全面地分析了服务创新的动力，认为在金融业服务创新中，服务创新的驱动力是新的技术、竞争的压力和顾客需求的变化。加速服务创新的关键因素包括应用新的信息技术、外部来源、团队合作和流程重组。④

Sundbo 和 Gallouj（1998）对于服务创新动力的研究最为深入。他们所参与的欧洲 SI4S 项目，在研究不同服务企业采用的具体创新模式时，总结出银行业的服务创新模式为"新工业模式"，此模式在传统工业模式上施行了某种程度的改进和演化。该模式的创新驱动力是技术轨道、服务专业轨道和顾客，其中技术轨道相对更为重要，战

---

① Ian Alam, "Innovation Strategy, Process and Performance in the Commercial Banking Industry", *Journal of Marketing Management*, Vol. 19, No. 9 – 10, 2003, pp. 973 – 999.

② Gadrey J., Gallouj F., Weinstein O, "New Modes of Innovation: How Services Benefit Industry", *International Journal of Service Industry Management*, Vol. 6, No. 3, 1995, pp. 4 – 16.

③ Hannan T. H., McDowell J. M., "Market Concentration and the Diffusion of New Technology in the Banking Industry", *Review of Economics & Statistics*, Vol. 66, No. 4, 1984, pp. 686 – 691.

④ Drew S. A. W., "Accelerating innovation in financial services", *Long Range Planning*, Vol. 28, No. 4, 1995, pp. 11 – 21.

略和管理也扮演着重要角色，R&D 部门扮演的角色相对较弱。顾客在此模式中不再作为被动的信息源和创新接受者，而是积极参与生产，并与企业各部门交互作用。[1]

三 国内关于银行业技术创新相关研究

1. 国内学者对于银行业创新活动的理论研究

孙建平（2012）通过研究中国农业银行电子银行的技术发展，认为以技术创新为支撑，以业务创新为基础，结合流程改造，可以提升银行的渠道整合与创新的能力，同时也有利于银行相关业务实现可持续发展。[2] 国丽娜和焦艳玲（2014）认为银行的金融创新解决的是信息不对称带来的风险，但并不能解决技术创新固有的风险，而科技金融因为本身的资源优势以及其中的政府背景，在技术成果的资本化和商业化的过程中，可以充当银行与企业之间的纽带，从而降低交易成本。[3] 黎曦（2012）研究认为，内资银行的金融产品大多数都是借鉴西方发达国家，使得我国的金融产品缺乏自主创新，因而影响了客户的满意度，进而认为应当加强银行产品流程和渠道领域的技术创新，同时保持技术创新的连续性，实施差异化和先发优势战略，以提升我国商业银行在金融产品领域的自主创新能力。[4]

程顺根（2003）认为，中国银行业的服务创新的制度约束主要有以下三个：其一，金融创新的主体缺位：中国的商业银行离自主经营、自负盈亏、自担风险的真正的银行机构还有很大距离，在中国银行业中占绝对主导地位的国有商业银行仍实行行政级别的制度、"官本位"激励机制，而非市场经济的"货币"激励机制。从而使得大多数中国银行机构缺乏服务创新的内在动力和外在压力，服务创新不

---

① Sundbo J. , Gallouj F. , "Innovation as a Loosely Coupled System in Services", // Innovation Systems in the Service Economy. Springer US, 2000, pp. 15 – 36.

② 孙建平：《技术创新打造一流应用体系 科技助力电子银行业务发展》，《金融电子化》2012 年第 9 期。

③ 国丽娜、焦艳玲：《银行与技术创新的关系研究综述及展望》，《科学管理研究》2014 年第 1 期。

④ 黎曦：《商业银行技术创新与客户满意度关系研究》，硕士学位论文，安徽大学，2012 年。

够积极。其二，金融创新的市场环境不佳：主要表现为四大国有商业银行占存贷款市场的 60% 以上，结算市场的 80% 以上，这种垄断的市场结构为国有商业银行带来了较多的垄断收益，但同时也严重地阻碍了银行业的服务创新。其三，金融监管体制、方式和理念，比如说"分业经营、分业管制"的管理模式，银行机构开展任何的服务创新都需要经过中国人民银行的批准，而中国人民银行的监管理念又奉行"防范风险"的原则，因此压缩了银行机构服务创新的空间。同时，程顺根也认为，推动银行的服务创新，必须树立"以市场为导向，以客户为中心"的服务创新理念，要注重对市场的研究、对客户的研究、对同业竞争的研究、对自身的研究。①

罗坤（2007）在介绍了 Bilderbeek 等人的服务创新四模型研究成果，即新服务概念、新的顾客界面、新服务传递系统以及技术选择的基础上，认为国内商业银行在进行服务创新时，首先要能识别并持续观察现有和潜在的顾客服务领域的优势；其次，银行需要与顾客保持接触、熟悉顾客的特点和要求，分析顾客的真正需要；再次，银行需要了解并改善员工所具有的能力、技能以及服务态度；最后，银行应根据自身的特点来定义各个服务创新维度以及它们之间链接关系的权重，有针对性地开展服务创新。②

宁媛媛、许永龙（2006）在简要地归纳银行业信息技术应用的发展历程的前提下，分析了 ATM 的发展历程、投入产出以及实现 ATM 价值最大化的途径，研究了中国银行业银行卡业务的发展过程，统计了银行卡的发卡量和交易量，并研究了中国银行业银行卡发展过程中需要解决的几个问题，最后还从"旅游银行""交通自动购票机和景点自动购票机"和"旅行卡"三个方面探讨了信息技术背景下的中国银行业进行服务创新的设想。③

---

① 程顺根：《WTO 与商业银行金融服务创新》，《经济界》2003 年第 3 期。

② 罗坤：《产品创新够了吗？——浅谈国内中资商业银行的服务创新》，《今日南国》2007 年第 19 期。

③ 宁媛媛、许永龙：《高科技时代的银行金融服务创新》，《广西农村金融研究》2006 年第 2 期。

刘浩（2003）认为，金融创新主要发生在金融工具和金融服务、交易技术、市场形态、组织结构、管理方式五个方面，银行业是金融创新的主体，是创新活动最有活力的部分，而基层银行是金融创新活动的参加者和实践者，并从服务理念创新（实现从银行中心主义向客户中心主义的转变、实现"客户认识"的更新、树立个人金融业务新理念），有利于服务深化的业务组织模式创新（组织结构的形式选择、设计新的业务流程），服务内容和方式的创新（增加新的服务内容及其科技含量、提高现有金融产品的服务附加值、大力发展专家理财型业务），服务文化创新（充分体现人文关怀、追求异质的服务品牌、体现CI策略的形象创新）四个方面探讨了基层银行的金融服务创新。[①]

于敏、胡诗羽（2005）研究认为，商业银行按照成本管理理论的要求，在预先计算管理成本后，设立一个统一标准对不同类型的客户进行等级划分，进而为他们提供不同的服务。差别化服务主要包括服务层次的差别化和服务程序上的差别化，从而分析了利率市场化改革与同业竞争下差别化服务创新的模式。[②]

王华（2008）认为，随着中国银行市场的全面开放和金融体制改革的稳步推进，中国金融服务创新也进入了一个多层次全方位推进阶段，其中既包括对传统体制的革新，也包括各类新型交易工具和服务产品的推出，甚至还体现在单个金融机构在组织架构、营销渠道、技术应用等方面的创新上。同时，还认为扩大市场和增加利润、金融资产的保值、适应经营环境的变化、顺应客户变化等几个方面是中国银行业进行服务创新的必要性，而且，银行通过服务创新可以实现利润的增加、推动业务综合化、加速商业银行国际化进程。并从满足客户的需求、创新经营理念、运用新技术成果和创新营销服务等四个方面提出中国银行业进行服务创新的对策。[③]

余利民（2006）在他的研究中总结了制约中小商业银行服务创新

---

① 刘浩：《基层银行的金融服务创新》，《经济师》2003 年第 7 期。

② 于敏、胡诗羽：《利率市场化改革与商业银行差别化服务创新》，《武汉金融》2005 年第 9 期。

③ 王华：《论我国商业银行金融服务创新》，《浙江金融》2008 年第 12 期。

的主要因素有：其一，服务理论陈旧，表现为服务设备同质化、服务内容简单、服务方法单一；其二，服务范围狭窄，增加市场份额进展不快，缺少开发多种渠道有特色的专业性较强的服务，在业务品种上，多局限于一般的存、贷款以及代收付费、代售国债等；其三，人员素质良莠不齐，总体偏低。并从围绕市场定位，明确服务方向、更新服务理念、构建和实施差异化服务、加强服务创新和培养高素质金融人才队伍等几个方面提出了中小银行进行服务创新的策略。①

史隽、杨琴艳（2006）认为，在信息时代，商业银行的经营理念将发生根本转变，其将从主要靠存、贷利差获取收入，转向靠为客户提供优质金融服务获取效益，商业银行将不再单纯地追求外延的扩张，而是更加重视和依靠现代的信息技术。银行业也将朝着以金融品牌为主导，以全面服务为内涵，以互联网为依托的全球化、综合化、集团化、电子化、一体化的全能服务机构方向发展。他们在分析了国外的关于金融服务利润链中的顾客忠诚和顾客满意相关研究的基础上，提出了中国商业银行应当要改善顾客满意度，深入理解顾客期望，并与顾客进行良好沟通等方面改进金融服务手段。②

万圣君、曹凌辉（2007）将中国商业银行金融服务创新中存在的问题主要归纳为以下几个方面：第一，金融服务设施利用率低下；第二，金融服务创新停留于表面工作，客户金融意识未能得到很好的培养，以至于客户的潜在的金融服务需求未得到有效开发；第三，金融服务人员业务素质良莠不齐；第四，金融服务中间业务的一些收费存在不合理的地方；第五，金融服务手续目前仍过于烦琐，效率还应有所提高。他们认为，中国的商业银行在服务创新当中应当注意以下几个方面的问题：其一，加强网络金融服务系统安全建设，提高案例性，并大力发展在线金融服务业；其二，加强员工业务技能培训及职业道德培训，切实提高服务质量和服务效率；其三，商业银行金融服务应削减不必要的手续；其四，加强大堂经理制建设，使其成为有所

---

① 余利民：《论中小商业银行的服务创新》，《特区经济》2006 年第 3 期。
② 史隽、杨琴艳：《浅析我国银行业金融服务创新》，《经济论坛》2006 年第 22 期。

作为的机构；其五，加强金融服务团队建设，尤其是客服中心建设。①

王勇（2007）认为中国金融消费领域的特征突出体现在消费正从"单一风味"转向"多种风味"，消费形式也正从单一的银行存取款向支付、理财、融资、投资一体化延伸，金融消费呈现多元化、个性化趋势。他还从开办丰富多彩的中间业务、大力发展个人理财服务、升级网上银行服务、开发潜力巨大的私人银行业务、完善集约综合的柜面业务等方面探讨了中国银行业服务创新的路径。②

苏盈循（2003）研究了移动运营商与银行合作共同研发短信银行业务的主要内容包括：通知业务：不仅可以替代过去人工通知，还可以做到实时通知，比如说向客户发送存款到期、汇款到账、贷款催收、个人账户变动等信息；查询类业务：客户可以通过短信查询个人账户余额、明细以及账户中的其他信息；转账支付业务：客户可以通过短信中心进行转账以及缴纳有关费用；发布银行信息：银行可以通过短信中心发布银行动态、宣传推广金融新产品等。并最终认为，短信业务作为一种服务创新，配合网上银行、电话银行为客户提供一种全新的服务。③

杨晏忠（2009）从产品特性、生产过程、产品质量和产品形态四个方面探讨了商业银行服务的内涵，并在此基础上分析当前商业银行服务工作中存在的几个主要问题，最后从内涵、理念、原则和内容四个方面研究了商业银行服务创新的主要内容。④

舒潆葶（2008）在分析中国商业银行进行服务创新的紧迫性的基础上，认为商业银行服务创新必须遵循客户至上、诚实守信和优质高效三个基本原则，并必须做到观念创新、组织创新、产品创新和管理创新四个方面全方位统筹兼顾。⑤

---

① 万圣君、曹凌辉：《浅议我国商业银行金融服务创新》，《湖北经济学院学报》（人文社会科学版）2007 年第 8 期。

② 王勇：《商业银行的消费金融服务创新》，《银行家》2007 年第 6 期。

③ 苏盈循：《手机短信业务与银行服务创新》，《现代金融》2003 年第 6 期。

④ 杨晏忠：《探析商业银行的服务创新》，《中国信用卡》2009 年第 4 期。

⑤ 舒潆葶：《提升商业银行竞争能力必须实现服务创新》，《科学咨询：决策管理》2008 年第 8 期。

　　晋胜（2008）在他的研究中将中国银行业进行服务创新的动因总结为如下几个方面：激烈的市场竞争是商业银行进行金融创新的外在压力，高额的利润追求是商业银行金融创新的内在动力；市场主体需求的变化为商业银行创新提供了目标市场；金融产品生命周期性客观上要求国有商业银行进行金融创新；科学技术进步为国有商业银行金融创新提供了技术支持。同时，他将中国商业银行金融创新存在的问题归纳为产品创新层次较低，趋同性严重；产品结构不合理，需要改善；产品缺乏市场调查，产品营销滞后；产品创新效益不明显。他还提出了更新观念、增强创新意识；完善机制，提高研发能力；加强金融产品创新的风险管理；以人为本、服务创新的银行创新策略。①

　　易敏、李俊（2003）认为服务质量管理的重点是对服务效率的管理，而银行服务效率管理当中存在的主要问题一是服务操作的规范化标准不高，二是服务效率的意识不强，三是大堂经理制度不到位。同时，他们还认为，服务优势的领先是服务理念和服务标准的领先，提高服务质量的核心是提高服务能力，服务创新的重点在系统再造。商业银行只有不断地创新服务的内涵，牢固树立优质服务的品牌，巩固和发展既有的服务优势，才能在激烈的金融竞争中抢得先机并长期可持续发展。②

　　郭学平（2006）将客户对银行服务的需求概括为资金安全的需求、支付结算的需求、投资的需求、资金增值的需求、融资的需求、投资的需求、避险的需求和理财需求，并提出以下的银行服务创新的思路：创新服务理念、构建有特色的服务文化；创新服务手段，打造高质量的服务网络；创新服务领域，形成全过程的服务格局；创新服务产品，建立健全需求服务机制；创新服务功能，创建全方位的服务平台。③

---

　　① 晋胜：《我国商业银行产品服务创新探析》，《金融经济》2008 年第 8 期。
　　② 易敏、李俊：《以服务创新促进和推动商业银行可持续发展》，《武汉金融》2003 年第 5 期。
　　③ 郭学平：《银行服务创新与客户需求对接探讨》，《湖北农村金融研究》2006 年第 4 期。

　　黄伟（2005）认为，在传统上遵循大量生产模式（福特制生产模式）的银行业适用于典型的 R&D 模式中的"新工业模式"，但正面临大规模信息服务业的强大竞争压力。这种模式除继续沿用服务创新过程中工艺、组织及产品创新的作用外，更多地突出银行服务创新作为服务行业客户导向的基本特征。在这种模式中，顾客不再作为被动的信息源和创新接受者，而是积极参与者，并与企业各部门发生交互作用。强调了银行等行业服务创新过程中，顾客扮演的主动信息源和创新"合作生产者"角色，及顾客在创新过程中的需求拉动效应，由此提出了在服务创新过程中与客户进行信息互动沟通的重要性。①

　　叶枫、叶春明、姚立楠（2007）认为，随着中国金融服务业的对外全面开放，外资银行将就金融业务与中资银行展开全面的争夺。受历史原因及发展条件的限制，中资银行的网络业务开展较晚，所提供服务的种类单一，普及度较差，风险监管能力薄弱，信誉度低下等，如此种种的差距，必然使中资银行在竞争中处于劣势地位。初期，客源量及利润的损失在所难免。但外资银行的全面进入将给中资银行带来新的技术与管理经验，以及成功的、极具参考价值的经营模式，为中资银行的发展注入新鲜活力。如能对之加以合理利用，必将极大地促进中资银行业务的全面提升与开展，缩短中资银行开展国际性业务的时间，提高其参与国际竞争的能力。②

　　夏凤芹（1999）从银行卡的角度去研究银行的服务创新问题，认为银行卡服务创新的内容应当包括服务创新意识的创新、服务环境的创新、服务方法的创新以及服务功能的创新，最后还探讨了改进、移植和组合三种银行卡服务创新方法。③

　　韩锡伟（2007）在分析小城镇建设金融需求和银行介入小城镇建设可能会面临的风险的基础上，探讨了小城镇银行信贷服务创新的主

---

① 黄伟：《银行业互动信息平台优化的服务创新过程模式》，《浙江金融》2005 年第 3 期。

② 叶枫、叶春明、姚立楠：《中外银行竞争中的网络服务创新——我国网络银行的发展与完善》，《云南财贸学院学报》（社会科学版）2007 年第 3 期。

③ 夏凤芹：《论银行卡服务创新》，《中国信用卡》1999 年第 1 期。

要内容，其中包括：区域评价；项目准入与项目库管理；组合项目评估；差别化信贷政策。①

张慧文、顾宝炎（2008）在评价中国商业银行核心竞争力的基础上，结合国外的"服务利润链"理论，分析了中国商业银行服务提供竞争力的机理，并从观念创新、制度创新、组织创新和技术创新几个方面探讨了中国商业银行以服务创新提升核心竞争力的策略。②

申静、张亮（2009）在对服务创新及其在国有商业银行发展中的重要作用进行论证的基础上，试图通过分析中国国有商业银行的发展特征及其服务创新的现状，构建适合中国国有商业银行的服务创新评价体系，并以中国工商银行、中国银行、中国建设银行、交通银行四家上市的中国国有商业银行及部分股份制商业银行为例，对其服务创新进行测评比较，从而对中国国有商业银行的服务创新水平做出较客观的科学评价，并提出相应的发展建议。③

2. 国内学者对于银行业创新活动的实证研究

王紫（2008）介绍了中国建设银行在国内同业中拥有的服务方面的领先创新：率先建立第一个"客户接待日"制度，建立全行各级管理人员定期接待客户的机制，优化95533客户服务系统，推出200余项创新服务功能，创新服务机制，定期通过专业调查公司收集客户的建议和意见，建立服务创新意见库。并从住房金融品牌、私人银行和创新服务支持奥运等三个方面介绍了中国建设银行服务创新内容。④

郭炎兴（2008）介绍了上海浦东发展银行的"浦发创新"品牌的创建：大胆实施扁平化矩阵式组织机构改革，打破资产、负债、中间业务的传统划分，在品牌框架下开拓企业现金管理、企业供应链融资、投行业务、资产托管、企业年金五在系统产品和服务，并提出

---

① 韩锡伟：《小城镇建设融资与银行信贷服务创新》，《中国金融》2007年第7期。
② 张慧文、顾宝炎：《基于商业银行核心竞争力评价基础上的服务创新》，《区域经济评论》2008年第10期。
③ 申静、张亮：《中国国有商业银行服务创新测评》，《技术经济》2009年第4期。
④ 王紫：《插上创新翅膀　打造一流银行——中国建设银行服务创新凸显"合力效应"》，《中国金融家》2008年第8期。

"专注客户，专业服务"的品牌服务理念。同时，在研究中还详尽研究了浦发银行结缘 PE（国内私募股权投资基金），推出综合金融服务方案的背景、内容以及所取得的市场业绩。①

李建英、冯勤（2007）基于国内外服务创新的理论成果，从外部轨道、外部行为者和内部动力三个方面对商业银行服务创新的动力因素进行分析。他们通过对 11 家商业银行的问卷调查，对取得的样本进行因子分析，将服务创新动力因素归为五类，采用多元线性回归分析，考察多因子共同作用下各因子对商业银行服务创新活动的影响，进而对关键动因进行识别。他们的研究结果显示，战略管理和组织因素对商业银行服务创新起着关键的推动作用。②

刘宏（2007）从服务文化的视角研究了人民银行的金融服务创新，其中包括明确战略方向、推行民主领域模式、注重组织授权、服务界面创新、服务产品创新以及注重人力资源的开发培训和管理等内容。③ 谢祖裕（1999）在分析了银行服务创新的内涵与特征的基础上，研究了中国工商银行在服务创新中存在的主要问题，并为中国工商银行的服务创新提出了理念共识、形式创新、内容创新、手段创新和经验借鉴等几个发展策略。④ 帅师（2002）在详尽介绍了交通银行太平洋卡的 15 项核心功能基础上，着重分析了太平洋卡创新工程为客户提供的 5 项功能。⑤ 吴浪平（2006）在分析农业银行创新个人理财服务的必要性和农业银行理财服务的现状与不足的基础上，提出了农业银行进行个人理财服务创新策略。⑥

---

① 郭炎兴：《打造现代金融企业——上海浦东发展银行融资个性化服务创新综述》，《中国金融家》2008 年第 8 期。

② 李建英、冯勤：《商业银行服务创新的动力因素——基于调查的实证分析》，《金融论坛》2007 年第 6 期。

③ 刘宏：《服务文化视角下的人民银行金融服务创新研究》，《金融与经济》2007 年第 1 期。

④ 谢祖裕：《关于工商银行的服务创新问题》，《金融论坛》1999 年第 8 期。

⑤ 帅师：《科技先进 服务创新 方便实用——交通银行上海分行重视太平洋卡功能创新》，《中国信用卡》2002 年第 7 期。

⑥ 吴浪平：《论农业银行个人理财服务创新》，《中南林业科技大学学报》（社会科学版）2006 年第 1 期。

四　银行业技术创新相关研究评述

根据中国加入 WTO 的承诺，中国金融市场已经于 2006 年年底全面向外资金融机构开放，中国银行业的经营竞争格局因此发生了深刻的变化。外资银行凭借优质的金融资产、成熟的管理和市场经验、先进的信息技术、多样化的金融产品和服务以及良好的顾客认知，与国内商业银行展开激烈的竞争。中国各内资银行企业在拥有因为入世而得到许多机会的同时，也必须面临并接受这些挑战。中国内资银行不能再仅仅凭借传统服务维持生存，而应当积极致力于服务内涵的深化、服务手段的创新、服务理念的升华和服务质量的提高。技术创新已经成为中国内资银行在新形势下应对挑战、抢占竞争先机并以此推动可持续发展的重要手段。

从现有的文献研究来看，无论是国内还是国外，对于金融领域的创新主题的研究已经是非常广泛，并具有相当的深度。在宏观方面，涉及金融创新的背景、国家或地区的创新政策以及金融监管与金融创新的关系等内容；在微观方面，涉及某国家或者地区甚至某具体的银行企业进行金融创新的行为、动因、结构和绩效等内容。而从研究的内容和方法上看，主要还是沿用熊彼特的创新理论来阐述商业银行创新的内涵、种类、动因以及作用等。

通过详细回顾国外学者关于银行创新活动的研究以及国内学者关于银行服务创新活动的理论和实证的研究可以看出，从笔者掌握的资料来看，国内研究银行创新活动的文献在数量上比国外的要多，但从时间上看，国外学者对于银行服务创新的研究要远早于国内学者，国内学者对于服务创新的研究大多数是中国加入 WTO 之后才开始的，从这个角度上也可以看出，"入世"以及外资银行涌入中国的银行市场，不仅对中国银行业的实务界有着重大的影响，同时也影响着国内学者对于研究的热点和关注的方向变化。从研究深度上看，国外学者在理论上要更加深入，也采用了较为科学的研究方法，从而得到了具有一定普遍应用性的研究结论。但国内的大多数研究都集中于对现状的总结，也有一小部分注重对国外理论和方法的阐述。因此，对于银行业创新活动的研究至少可以从以下两方面得到突破：

第一，银行业作为信息技术应用的最重要的领域之一，在信息技术、网络技术和计算机已经得到广泛普及的今天，银行业如何实现服务创新与信息技术的耦合，利用先进的信息技术全面推进银行的创新活动，对于银行创新研究来讲，应当是值得关注的方面；第二，作为创新成果的保护手段和方式之一，专利是研究创新活动的一个重要方面。但是从目前国内学者关于银行创新活动的研究文献中可以看出，从专利的角度去研究和评价银行的创新活动还是一个相对的文献空白点。在国家实施知识产权战略的今天，这方面的研究值得学者的关注。

第二节　银行业技术创新成果的专利保护

一　专利制度与银行业的发展

20 世纪 90 年代中期，美国和日本等发达国家的金融服务提供商将知识产权管理融合到它们的经营活动当中，从而使得金融服务产业面临着来自法律保护战略的机会和风险。为此，金融服务企业要采取行动和抓住机会，就不应当以一种费用支出的方式和态度来处理知识产权事宜，相反，如果要在知识产权管理当中有所作为，就需要将知识产权融入企业的可持续发展和文化因素当中。

服务产业的创新和价值创造正在发生变化。然而，对于金融服务产业而言，通过申请专利来保护创新产品的法律保护战略仍然还是一个相对较新的话题。而自从 20 世纪 90 年代以来，当 dot－com 公司获得软件和商业方法专利以来，金融产业越来越多的大公司申请了大量的专利，这些金融机构的财务状况因此对投资更具有吸引力。[①] 但即便是在欧洲专利局（EPO），在银行保险产业所申请的专利当中，有75%来自美国、加拿大和英国，而只有10%来自欧洲的金融机构。虽

---

① Cuypers, F.: *The path to knowledge is patently clear*. Swiss Reinsurance Company. Zürich, 2003.

然欧洲专利局对于商业方法采取更严格的审查标准，但也可以说明，美国的金融服务机构具有更强的专利保护意识。[①] 从整体上看，与其他正式或非正式的保护手段相比，专利对于知识密集型的服务产业所产生的作用非常有限。[②]

从产品角度看，金融产品的一个很重要的特征是较易被他人模仿，其他金融机构可以通过对现有金融产品的仿效从而获得竞争优势，这即是通常所说的"后（次）动优势"（second mover advantage），对于先动者（first - mover）而言，将一个新的产品引入市场，还必须要考虑高风险的因素，从而导致金融机构进行产品创新的动力不足或者降低了创新产品的吸引力。因此，金融产品提供商越来越意识到通过专利保护金融创新产品，进而即可以充分利用先动者优势。在知识产权领域的研发投资对于金融服务产业的企业而言，也将成为战略性的方向。随着越来越多的金融创新受到保护，模仿和"后动优势"也将逐渐减少。对于金融企业而言，法律保护的工具也将打开新的市场。

中国的商业银行在进行金融创新活动和参与金融市场竞争过程中，需要充分利用知识产权制度，保护创新成果的同时，维持竞争优势，从而实现金融创新的利益，进而提高银行企业的产品竞争力。[③] 在中国的人民币迈向国际化发展的过程中，中国的金融产业应当提高科技竞争力和自主创新的能力，而在知识经济时代，知识产权（尤其是专利）已然成为金融产业发展的重要内容，也是世界各国金融企业进行战略布局的制高点之一。因此，在加入 WTO 以后，伴随着金融市场的放开，中国金融机构的知识产权保护意识有所提高，金融科技创新的知识产权保护力度不断地加强，但仍然缺乏全局性和整体性的知识产权战略。与此同时，金融产业内部因为知识产权管理制度的不

---

① Bader M. A., "Managing intellectual property in the financial services industry sector: Learning from Swiss Re", *Technovation*, Vol. 28, No. 4, 2008, pp. 196 - 207.

② Miles I., Andersen B., Boden M., et al., "Service production and intellectual property", *International Journal of Technology Management*, Vol. 1, No. 2, 2000, pp. 37 - 57.

③ 张炜：《商业银行知识产权保护问题研究》，《金融论坛》2014 年第 3 期。

完善和自主创新能力的不足，从而导致我国金融产业知识产权管理能力还有待进一步提高。① 而且，无论是要提高中国的金融创新能力，还是要进一步促进金融科技成果的转化，都离不开知识产权的制度安排。② 尤其是要参与激烈的国际金融市场的竞争，推进金融市场和金融产品的创新，就必须充分利用知识产权制度所建立的竞争秩序和优势。为此，对中国内资银行而言，应当从经营战略的高度去认识金融创新及其知识产权保护问题，提高知识产权保护意识，设置知识产权管理机构，提高知识产权管理能力，实施知识产权海内外布局，借鉴发达国家跨国金融机构知识产权战略的有益经验，从而使得知识产权真正成为中国金融机构保护金融创新成果和参与国际竞争有力武器。③

二 国内外关于银行业技术创新成果专利保护相关研究

Lerner（2002）从实证的角度研究了美国 1971—2002 年的金融专利问题。通过研究发现，从 1998 年的 SSB 案确认了商业方法的可专利性之后，美国金融专利数量大幅度上升。同时还对申请人的分析发现，在金融专利申请人中，学术界和大学申请的金融专利非常少，主要原因是由于他们的内部人员缺乏申请金融专利的意识，而不是学术研究的不可专利性。④

Lerner（2003）通过对美国 1971—2000 年间授予的 605 件金融专利进行研究后认为：（1）对金融产品所提供的日益增加的保护与美国专利保护的整体趋势是一致的，因此对金融专利的质量问题也更加担心；（2）在许多行业专利保护的加强已经导致了各种战略反应，金融服务行业同样也会受到影响；（3）美国金融专利授权数量日益增加，大多数是授予美国金融机构，且分配很不均衡；（4）通过采访金融机构的专利律师和金融创新人员来研究新的专利制度对金融竞争环境的

① 黄焰、丁云骏、李容德：《基于银行业视角下的我国金融知识产权保护探究》，《武汉金融》2013 年第 11 期。

② 钟铭：《金融产品的知识产权保护》，硕士学位论文，山东大学，2012 年。

③ 丁堃、曲昭、张春博：《比较视角下的中美银行专利计量分析和创新对策研究》，《科研管理》2014 年第 9 期。

④ Lerner J. , "Where Does State Street Lead? A First Look at Finance Patents, 1971 to 2000", *Journal of Finance*, Vol. 57, No. 2, 2002, pp. 901 – 930.

影响。①

B. Lytle，Signore（2004）认为金融机构已经开始通过构建专利组合来维持自己的竞争优势。② Lerner 等（2006）从实证的角度研究了美国金融创新的动力来源问题。以华尔街期刊的文章作为显示指标，研究在 1990—2002 年间，哪些金融机构是主要的创新者。③

Merges（2003）认为，在金融服务业，专利对技术创新不会带来长期的损害，相反还会带来利益。Hall（2003）研究了美国商业方法专利保护对创新政策的影响。主要有两个方面：允许商业方法专利将导致更多的专利申请；大量低质量专利活动的增加导致了诉讼和交易成本的增加。④

胡平、常晓宇、苗伟和邹予婷（2014）通过对手机银行领域的专利申请进行分析发现，我国银行业在该技术领域的专利申请和专利授权都小于非银行专利申请人，进而认为，中国银行企业的科研团队技术创新能力存在不足的同时，还对专利的挖掘和识别的力度也不够，因此认为中国银行业应当加强科研团队建设，并提高专利保护意识。⑤邱洪华（2013）对内外资银行的专利信息进行分析后发现，内资银行在专利问题、发明人阵容、申请人数量、发明专利数量、授权专利数量方面占优，而外资银行的优势则在于人均专利数量、发明专利战略、重要专利、核心专利和专利技术年龄。⑥

唐恒和周吉（2013）通过对近十年国内外银行业的专利信息进行

---

① Lerner, J., "Two – edged sword: the competitive implications of financial patents", Working Pater, http://www. frbatlanta. org/news/conferen/fm2003/lerner. doc.

② B. Lytle, P. Signore, "Finance companies rush to patent business methods", http://www. oblon. com/content/uploads/2015/04/211. pdf, 2017 年 8 月 17 日。

③ Lerner, Josh, "The New New Financial Thing: The Original Of Financial Innovations.", *Journal of Financial Economics*, Vol. 79, No. 2, Feb2006, pp. 223 – 255.

④ Merges R. P., "The Uninvited Guest: Patents on Wall Street", *Economic Review*, Vol. 88, No. 1087, 2003, pp. 1 – 14.

⑤ 胡平、常晓宇、苗伟等：《手机银行领域中国发明专利申请状况分析》，《中国发明与专利》2014 年第 9 期。

⑥ 邱洪华：《比较视角下的中国内外资银行专利信息分析》，《上海金融》2013 年第 2 期。

统计分析，研究认为，从整体的专利申请数量上看，中国银行业与国外银行业仍有明显差距，因此应当重视专利保护，设立专利管理部门，统一规划银行专利战略。[①] 邱洪华（2013）在对内外资银行的专利竞争力进行评价的基础上，结合市场竞争力，探讨了内资银行企业的专利战略问题，并且认为，银行企业专利战略的制定与应用，应当随着市场竞争力和专利竞争力的变化而变化。[②]

邱洪华等（2008）在分析商业方法的可专利性的基础上，从商业方法创新和银行业商业方法及其专利保护的基本理论研究的基础上，对中国、美国、日本等国家的银行业商业方法专利进行了详尽的检索和分析。[③]

苏婷（2006）在对商业方法使行专利保护的国际发展趋势进行分析的基础上，阐述了可专利的商业方法的内涵，并在介绍和分析美国、日本、欧洲等国家或地区对商业方法专利保护的政策变化和发展趋势的基础上，通过观察比较国内外银行业在商业方法专利保护方面的现状，分析中国银行业在商业方法专利保护的现状及存在的主要问题，并为中国银行业商业方法专利保护提出发展对策。[④]

章景（2004）在对各国金融商业方法专利的现状进行调查、对金融商业方法专利技术进行深入研究、对典型商业方法专利进行具体分析的基础上，探索金融商业方法专利的技术特征及发展趋势，并为中国银行业金融商业方法专利的研发提供了一些参考的策略。[⑤]

张建深（2007）认为，中国商业银行目前在金融产品专利保护上存在的主要问题是：专利保护意识薄弱，效仿严重；专利保护数量

---

① 唐恒、周吉：《近十年国内外银行产业专利情报研究》，《图书情报研究》2013 年第 4 期。

② 邱洪华：《中国内外资银行专利竞争力评价研究》，《金融发展研究》2014 年第 1 期。

③ 邱洪华、金泳锋、余翔：《基于专利地图理论的中国银行业商业方法专利研究》，《管理学报》2008 年第 3 期。

④ 苏婷：《中国银行业商业方法专利保护研究》，硕士学位论文，华中科技大学，2006 年。

⑤ 章景：《银行业金融商业方法专利研究》，硕士学位论文，对外经济贸易大学，2005 年。

少，科技含量低；研发投入不足；管理水平较低；专利保护制度相对滞后。[①]

范明、朱振宇（2007）认为，中国银行业实施专利战略首先要实现银行专利的"二高一新"，即专利主体的层次要"高"，以金融机构和科研院所为主；专利技术的含量要"高"，以发明专利为主；专利客体的内容要"新"，以提供消费者最满意的产品和服务为主。同时认为，要加强政府调控，建立政策导向机制；整合专业队伍，实施专利战略联盟；鼓励技术创新，建立成果激励机制；有效降低成本，建立专利保护机制。[②]

任智军、朱东华、谢菲（2007）在专利文献数据分析的基础上，在专利情报分析中应用对应分析、关联分析等目前比较新型的分析方法对银行专利进行了研究，从而为银行业专利防御和技术创新提供了决策支持。[③] 杨雨、朱东华、任志军、林春燕（2006）利用高新技术监测系统对中国银行相关专利活动进行了系统监测，分析了银行专利的构成，展示了各专利申请人使用技术之间的技术关联，结合国际性银行的经验提出了基于中国银行技术创新模式的专利申请策略。[④]

张保军（2006）在归纳了金融产品专利八个方面的内容的基础上，分析了中国商业银行知识产权专利与创新现状，并从知识产权工作体系和管理制度、创新管理体系、培训宣传、建立专用基金和重视专利质量等方面提出了发展策略。[⑤]

雍海英、李学丽、蒋飞（2006）在分析了商业方法专利的内涵及其商业价值的基础上，论述了中国商业银行目前在金融产品专利保护上存在的诸多问题，并从立法和专利战略两个角度为中资银行提出了

[①] 张建深：《我国商业银行金融产品专利保护问题研究》，《西北民族大学学报》（哲学社会科学版）2007 年第 5 期。

[②] 范明、朱振宇：《我国银行专利战略实施对策》，《现代金融》2007 年第 8 期。

[③] 任智军、朱东华、谢菲：《银行产业专利情报分析研究》，《情报杂志》2007 年第 1 期。

[④] 杨雨、朱东华、任志军等：《银行科技创新的专利策略研究》，《科学学与科学技术管理》2006 年第 4 期。

[⑤] 张保军：《商业银行知识产权专利与创新策略研究》，《金融论坛》2006 年第 6 期。

商业方法专利发展战略。① 苏建琪（2003）介绍了美国的金融产品专利保护以及外资银行在中国申请的金融专利情况，着重分析了中国商业银行专利申请的状况并阐述中国商业银行应采取的专利策略。②

肖祖平（2003）从银行业专利申请的检索统计出发，探讨了银行专利战略的主要内容，包括：专利战略的前提——专利检索和开发战略；专利战略的基础——专利申请战略；专利战略的关键——专利利用战略；专利战略的保障——专利保护战略，并提出了银行专利战略实施和落实的策略。③

三 银行业技术创新成果专利保护研究评述

通过对国内外学者关于银行专利领域的研究的概览可以看出，从时间的角度看，国外的研究大部分始于美国在 1998 年的 SSB 案的判决，即承认商业方法的可专利性判例之后，而国内的研究则完全是在 2002 年之后，即花旗银行在中国申请的 19 件商业方法专利被媒体公布之后。从内容的角度看，该领域的研究主要集中于以下三个方面：

其一，从专利法律角度对美、日、欧商业方法的可专利性规定进行比较研究，从而对中国的《专利法》及《实施细则》当中的相关内容进行论述和探讨，并从理论上提出了一些立法建议。对于商业方法可专利性的研究，经过几年的论战，美、日、欧等发达国家和地区以及多数其他国家都基本上达成了方向性的一致，即承认商业方法的可专利性，其中的差异只是各国根据各自的经济和技术的发展水平，在多大范围内给予商业方法以专利的保护。因此，近几年来，学者对于商业方法的研究大多数已经从可专利性问题转向实务界的应用问题。

其二，以商业方法专利为方向，对中国（甚至美、日）的银行企业所申请的专利进行检索和分析，从而了解银行业商业方法专利的发展现状以及存在的问题进行了研究。目前的研究，大多数都停留在对

---

① 雍海英、李学丽、蒋飞：《中资银行商业方法专利战略现状及分析》，《商业研究》2006 年第 5 期。

② 苏建琪：《论商业银行的专利保护》，《上海金融》2003 年第 4 期。

③ 肖祖平：《制定银行专利战略提升金融产业档次》，《银行家》2003 年第 12 期。

银行业商业方法专利的申请量进行检索的分析，利用统计学的理论去分析银行业的专利申请，从而挖掘其中银行创新活动深层次的本质，将成为当前研究的重点。

其三，运用专利战略和专利管理相关理论，对中国银行业如何制定和实施专利战略，应对外资银行所带来的挑战进行了分析。目前的研究都集中于理论的阐述。只有少量的研究，通过对专利背后的信息和技术的研究，从而得到更有参考价值的研究结论，提出更有针对性的发展策略。而从银行业的专利应用来讲，这才更具有研究的现实意义。

综上所述，本书将通过专利计量和建立数学模型的方法去研究银行业的创新活动，从而科学评价银行业专利保护与创新绩效的关联，评价内外资银行的专利保护意识和创新能力以及两者的差异，评价中国银行业的专利竞争力以及探索中国内资银行企业的专利战略。科学分析银行业技术创新的路径，正确认识银行业的技术创新程度和技术竞争态势，而不是从检索数据直接到结论分析。所有以上这些，一方面将有利于为创新活动和专利保护的研究提供一种思路和模式，同时，也将有利于丰富银行业专利保护和管理领域的研究文献。

第三节　产业创新发展与专利战略

一　技术创新活动中的专利战略

熊彼特认为，发明（invention）和创新（innovation）两者之间差异在于，发明存在于新产品、新技术和新方法的创造，而创新则是一个发明的采用或者发明的商业化利用。本书将创新看成是技术或产品的发明或发现，而将发明看成是那些能够满足新颖性（novelty）并因此使其具有可专利性的发明创造。技术创新的评估指标通常可以分为两大类，即技术创新投入指标和技术创新产出指标。① 前者指的是技术创新过程中的投入，比如研发（R&D）支出。这类指标在过去的研究当中被广泛地应用于评估创新活动的绩效，然而这些指标与创新的产出并没有直接的关系。② 相应地，产出指标主要考虑的是创新活动的结果，比如专利和新产品，这些指标也是创新态势研究非常有价值的情报来源，尤其是专利已然受到理论界和实务界的极大关注。③ 技术创新通常可以理解为将技术或非技术的发明、理念和知识转化为新产品、服务和方法以得到经济回报的过程，而专利在这个过程当中既可以是投入，也可以是产出。

在知识经济背景下，知识产权占据了很多企业市场价值的很大一部分。有研究表明，《财富》100 强企业当中有 3/4 的总市场资本都是专利、版权和商标形式的无形资产，因此认为，知识产权管理不应当仅仅由技术管理者或法务人员决定。知识产权可以使得企业成为技术领导者、可以保护品牌名称、可以形成一个产业的标准，从而可以帮助企业获得竞争优势。④ 专利是一个国家和地区科技资产的核心和最富经济价值的部分，专利的拥有量既能反映国家和该地区对科技成果的原始创新能力，又能折射出这些成果的市场应用潜能，它是衡量一个国家和地区技术创新能力和综合实力的重要标志之一。⑤⑥ 专利战略对于一个产品线而言是一个公司利用商业、技术和法律等资源以争取在政策利用过程中没有竞争的最大支持，对于一个技术领域而言

① Dangelico R. M., Garavelli A. C., Petruzzelli A. M., "A system dynamics model to ana-lyze technology districts' evolution in a knowledge – based perspective", *Technovation*, Vol. 30, No. 2, 2010, pp. 142 – 153.

② Smith K., "Measuring Innovation in European Industry", *International Journal of the Eco-nomics of Business*, Vol. 5, No. 3, 1998, pp. 311 –333.

③ Griliches Z., "Patent Statistics as Economic Indicators: A Survey", *Journal of Economic Literature*, Vol. 28, No. 4, 1990, pp. 1661 – 1707.

④ Reitzig M., "Strategic Management of Intellectual Property", *Mit Sloan Management Re-view*, Vol. 45, No. 3, 2004, pp. 35 –40.

⑤ Pavitt K. R& D, "patenting and innovative activities: A statistical exploration", *Research Policy*, Vol. 11, No. 1, 1982, pp. 33 –51.

⑥ Scherer F. M., "The propensity to patent", *International Journal of Industrial Organiza-tion*, Vol. 1, No. 1, 1983, pp. 107 –128.

是在具备优势条件的市场里管理研发活动以应对竞争对手，而对于一个发明而言是为了击败竞争对手，获取最终胜利而进行的缜密的谋划。[①] 专利战略不仅仅基于布局的考虑，同时也要考虑个别专利和权利要求的质量以及公司在整体上所处的竞争位置（是主导引领还是追赶跟随），因此专利战略包括特设阻碍和围绕发明、战略性专利、地毯式专利布局、栅栏式专利布局、包围式专利布局和专利网。[②]

二　国外关于专利战略相关研究

Deepak Somaya（2012）从权利、许可和实施等方面研究了专利战略的类型和专利的战略管理，并强调了完全独占性战略（Overall Appropriability Strategies）和价值创造战略（Value Creation Strategies）与专利战略之间的关系。[③] Yu – HengChen 等（2011）利用专家调查和共词分析的方法探讨了燃料电池的专利战略问题，并认为燃料电池技术已经进入成熟阶段，因此应当采取的专利战略包括自由实施战略、许可战略和小发明（改进发明）战略。[④] Fang – MeiTseng 等人（2010）从技术和公司两个层面构建专利组合模型探讨非晶硅薄膜太阳能电池产业的专利战略问题，并且发现该产业已经处于技术生命周期当中的成熟阶段。[⑤] Cho，Ta – Shun 和 Shih，Hsin – Yu（2011）通过专利定量的专利引证网络分析方法，研究了中国台湾地区创新活动的核心技术和新兴技术的识别问题，并且认为台湾应当实施最优的专利

① Knight H. J. , *Patent Strategy*: *For Researchers and Research Managers*, Third Edition, Wiley, 2013, p. 80.

② Granstrand O. , "Strategic management of intellectual property", *Technovation*, Vol. 45, No. 3, 2004, pp. 35 – 40.

③ Somaya D. , "Patent Strategy and Management", *Journal of Management*, No. 38, 2012, pp. 1084 – 1114.

④ Chen Y. H. , Chen C. Y. , Lee S. C. , "Technology forecasting and patent strategy of hydrogen energy and fuel cell technologies", *International Journal of Hydrogen Energy*, Vol. 36, No. 12, 2011, pp. 6957 – 6969.

⑤ Tseng F. M. , Hsieh C. H. , Peng Y. N. , "Using patent data to analyze trends and the technological strategies of the amorphous silicon thin – film solar cell industry", *Technological Forecasting & Social Change*, Vol. 78, No. 2, 2011, pp. 332 – 345.

战略和技术政策，并对技术进行适当的管理。[①] Michele Grimaldi 等人（2015）通过专利组合的价值分析，在评价专利价值不同影响因素的基础上，结合专利数据库的情报和管理者的判断，探讨专利信息在战略性技术规划方面的实现。[②] Holger Ernst 等人（2016）研究了专利管理和公司财务指标与专利绩效之间的关系，并且发现公司的技术战略有利于调节专利保护管理和公司绩效之间的关系，但并不有利于调节专利信息管理和公司绩效之间的关系。[③] Yi – MinChen 等（2015）基于情报和竞争的理论，探讨了信息不对称、战略团队当中的竞争对手和市场位置是如何影响一个公司对于专利诉讼的反应，从而分析企业的专利诉讼战略。[④] Stuart Macdonald（2004）研究了专利战略对于创新的影响，并且认为，不管创新是源于专利所给予发明人的保护，还是源于专利所公开的技术信息，专利都不是创新活动的结束。[⑤] Kenneth G. Huang 和 Fiona E. Murray（2009）将人类基因作为实证研究的样本，通过研究企业专利战略对于公共知识的长期供应，探讨了私人知识战略对于公共知识的影响。[⑥] Elena Gilardoni（2007）研究了专利战略的类型和政策以及随着时间发展的态势，并且认为专利战略是企业创新价值的重要工具，其反映了一个企业发展、管理和利用专利以实现企业经营目标的共同努力。[⑦] Jeffrey L. Ihnen（2000）认为一个公

① Cho T. S. , Shih H. Y. , "Patent citation network analysis of core and emerging technologies in Taiwan: 1997 – 2008", *Scientometrics*, Vol. 89, No. 3, 2011, p. 795.

② Grimaldi M. , Cricelli L. , Giovanni M. D. , "The patent portfolio value analysis: A new framework to leverage patent information for strategic technology planning", *Technological Forecasting & Social Change*, Vol. 94, No. 1, 2015, pp. 286 – 302.

③ Ernst H. , Conley J. , Omland N. , "How to create commercial value from patents: the role of patent management", *R & D Management*, Vol. 46, No. S2, 2016, pp. 677 – 690.

④ Chen Y. M. , Ni Y. T. , Liu H. H. , "Information – and rivalry – based perspectives on reactive patent litigation strategy", *Journal of Business Research*, Vol. 68, No. 4, 2015, pp. 788 – 792.

⑤ Macdonald S. , "When means become ends: considering the impact of patent strategy on innovation", *Information Economics & Policy*, Vol. 16, No. 1, 2004, pp. 135 – 158.

⑥ Huang K. G. , Murray F. E. , "Does Patent Strategy Shape the Long – Run Supply of Public Knowledge?", *Academy of Management Journal*, Vol. 52, No. 6, 2009, pp. 1193 – 1221.

⑦ Elena Gilardoni, "Basic approaches to patent strategye", *International Journal of Innovation Management*, Vol. 11, No. 3, 2007, pp. 417 – 440.

司所实施的专利战略一定要反映它的商业目标和它所处的发展阶段，专利战略也不是静止的，它会随着技术和公司经营的变化而变化。①

三　国内关于专利战略相关研究

自从专利战略概念在我国被正式提出以来，越来越多的学者在该领域开展了研究，相关的成果数量增长迅速，在研究主题上不仅包括专利战略的基本理论，同时也包括专利战略的实施案例、专利战略的规划、专利战略的制定方法，甚至也有研究涉及专利战略的对策和人才培养等。② 本书将对近年来的相关文献进行简单梳理。

在专利战略基本理论方面。冯晓青（2016）认为，企业实施专利战略的能力，在相当程度上决定了企业创新驱动发展的能力。因此，在国家实施创新驱动发展的背景下，无论在理论上还是实践上，中国的企业都有必要实施专利战略。而且，专利战略具有层次性，其会随着企业技术水平的变化而变化，因此，对于企业而言，专利产业化是企业技术创新和专利战略的共同目标。③ 詹爱岚（2012）研究发现，专利战略被广泛地应用于专利权的获取、许可以及实施等三个领域，并贯串于专利的创造、保护、管理和运用等全过程。国外的学者对于专利战略的研究主要集中于管理、经济和产业组织的方面，而根据战略动机的差异，专利战略可以分为进攻、防御和组合三大类。④ 张斌（2013）认为，加入 WTO 以来，因为出口和海外专利技术之间存在的显著反差，从而导致中国越来越多的产品在出口的时候遭遇了专利侵权诉讼和索赔。因此，中国的企业要实施专利战略，需要加强专利的引进和再创新，并运用专利网战略，通过海外并购的方式快速获取专利技术，积极推动企业的专利技术上升为国际技术标准。⑤

---

① Ihnen J. L. , "A patent strategy for genomic and research tool patents: are there any differences between the USA, Europe and Japan?", *Drug Discovery Today*, Vol. 5, No. 12, 2000, p. 554.

② 马宁、唐永林：《专利战略研究的文献计量学分析》，《情报杂志》2010 年第 6 期。

③ 冯晓青：《创新驱动发展战略视野下我国企业专利战略研究》，《学术交流》2016 年第 1 期。

④ 詹爱岚：《企业专利战略理论及应用研究综述》，《情报杂志》2012 年第 5 期。

⑤ 张斌：《全球化视角下的我国企业专利战略研究》，《财政研究》2013 年第 4 期。

　　在专利战略制定方法方面。郑平安和赵铃莉（2015）认为，SWOT分析是一种系统的战略分析方法，因此从SO、ST、WO和WT等四个方面，探讨了中小制药企业的专利战略问题。① 李玉平和吴红（2010）研究认为，基于AHP的SWOT分析方法可以克服传统SWOT分析方法割裂各要素之间关联和事务整体性的缺点，从而可以实现定量分析和定性分析的有机结合，并且还有利于区别各因素相互之间的重要性差异，然后利用该方法探讨了中国现阶段的SO和WO专利战略。② 文庭孝、杨忠和刘璇（2012）利用专利申请数量、专利成长率、专利授权率、专利有效率、专利权人和IPC分析等专利计量指标，探讨了湖南省的专利战略问题。③ 王珊珊和田金信（2010）研究发现，专利地图主要应用于研发管理、技术创新管理和专利战略等领域，而R&D联盟作为参与知识产权竞争的重要形式，进而探讨如果将专利地图的分析工具应用于联盟专利战略的管理及其实现。④ 简南红（2014）研究认为，专利信息分析是揭示专利战略的重要线索，因此，可以将专利信息与市场、政策、经济以及法律等相关方面的信息进行整合，利用定性分析和定量分析相结合的方法，可以全面、系统地制定专利战略。⑤ 李钊和盛垚（2010）利用AHP构建企业技术全新能力和竞争地位的评价模型，进而结合大战略矩阵，研究了企业专利战略选择的方法。⑥

　　在专利战略的实证研究方面。赵莉晓（2012）研究认为中国的

---

① 郑平安、赵铃莉：《基于SWOT模型的中小型制药企业专利战略制定研究》，《知识产权》2015年第1期。

② 李玉平、吴红：《基于AHP–SWOT法的专利战略因素分析及构建》，《情报杂志》2010年第10期。

③ 文庭孝、杨忠、刘璇：《基于专利计量分析的湖南省专利战略研究》，《情报理论与实践》2012年第1期。

④ 王珊珊、田金信：《基于专利地图的R&D联盟专利战略制定方法研究》，《科学学研究》2010年第6期。

⑤ 简南红：《基于信息分析的企业专利战略研究——以波音公司对华专利战略为例》，《情报杂志》2014年第3期。

⑥ 李钊、盛垚：《基于层次分析法和大战略矩阵的企业专利战略研究》，《情报杂志》2010年第7期。

RFID 产业应当实施三步走的专利战略，即：第一步：成立产业技术创新联盟和知识产权联盟，实现核心技术的突破；第二步：发展外围专利、形成专利布局，增强专利竞争力；第三步：推动产业标准制定。① 刘雪凤和郑友德（2011）研究认为，中国新能源技术的专利战略包括建立强制许可制度、将环保性纳入专利审查标准、实施大规模许可和绿色技术包、构建多元化融资体系和参与生态专利技术共享。② 宋伟、金畅和盛四辈（2011）研究认为，中国的智能语音产业的专利战略应当包括构建专利联盟、制定技术标准、绘制专利地图和进行竞争监测预警。③ 周五七和聂鸣（2011）从技术起步、技术追赶、技术领先和技术维持等四个方面探讨了中国低碳技术创新企业的专利战略问题。④

四 产业技术创新活动的专利战略研究评述

通常认为，专利制度的基本特征是使得专利申请人可以对于得到授权的专利技术拥有一项法定的垄断权。专利权人因此可以在一定时期内实施、许可或者转让其拥有的专利权，从而实现专利权的市场价值。专利制度使得专利权人在创新研发活动过程中的支出得到回报的同时，推动着专利权人开展新一轮更高层次的创新活动。与此相应，作为权利行使的对价，专利制度在赋予专利权人该垄断权时，也要求专利权（申请）人向社会公众公开披露其要求专利保护的技术信息，从而推动社会进步。因此，在专利制度的基础上，为了更好地保持技术上的竞争力，适应新的技术竞争规则，国内外企业都开始将专利制度融入到企业日常的管理经营活动当中，并从战略的高度去审视专利技术的应用与发展问题。

---

① 赵莉晓：《基于专利分析的 RFID 技术预测和专利战略研究——从技术生命周期角度》，《科学学与科学技术管理》2012 年第 11 期。

② 刘雪凤、郑友德：《论我国新能源技术专利战略的构建》，《中国科技论坛》2011 年第 6 期。

③ 宋伟、金畅、盛四辈：《我国智能语音行业专利战略研究———以科大讯飞为例》，《科技进步与对策》2011 年第 21 期。

④ 周五七、聂鸣：《中国低碳技术创新企业专利战略研究》，《情报杂志》2011 年第 6 期。

国内外学者关于现有专利战略的研究表明：（1）在知识经济背景下，技术创新是产业竞争力的主要来源和表现形式。作为技术创新成果的法律保护手段，专利活动是技术创新绩效的重要的产出和表征形式。因此，专利管理是提高企业专利竞争力的重要保障，而专利战略即是实现专利有效管理的核心内容。（2）随着国内外专利战略受到实务界越来越多的应用和关注，理论界近年来也有越来越多的学者开始关注专利战略领域的研究，并在专利战略的基础理论、专利战略制定方法和专利战略的案例实证研究等方面，取得了较多且成熟的研究成果。（3）当前理论界对银行业专利战略的研究显得非常不够，有较大的研究空间，而这正是本书的研究意义所在。希望通过研究，能够为中国银行业制定和实施有效的专利战略提供参考。

第三章　中国银行业创新活动及其
　　　　绩效与专利的关联

在信息技术和知识经济时代，商业银行的经营规模已经不再是一种绝对的优势，竞争的胜负将首先取决于银行的应变能力、创新能力以及金融电子化水平的高低。创新是银行获得和保持竞争力的关键途径之一，只有利用先进的信息技术和网络技术，进行服务产品的创新，银行才可以获得不竭动力并增强市场竞争力。信息技术成为增强银行适应能力的有力工具。

金融行业是计算机应用的龙头，是最早应用信息系统的行业之一。到目前为止，金融系统的信息技术在业务处理、管理监控、电子商务等环节的应用都达到了较高水平。各大金融机构也都已利用先进的计算机技术实现综合业务系统。而且，在经济全球化的浪潮当中，依靠信息技术的快速发展，一半以上的全球性金融企业都在全球各地开展业务，各类以技术为基础的信息系统激发了传统金融行业的活力。

金融技术是商业方法技术的一种，其推动了电子商务的发展，并通常与证券、电子购物以及其他技术结合在一起。Shu – Min Chang，Shann – Bin Chang（2000）研究认为，金融技术，对于电子商务和因特网时代来讲，是非常重要的技术。拥有先进技术的金融公司，可以提高它们的竞争能力，改善它们的竞争优势。① 他们在研究当中，主

---

① Shu – Min Chang, Shann – Bin Chang, "Exploring Technolgic Characters of Finance Group in Business Methods: Using Patent Content Analysis and Citation Network", *The Business Review*, Vol. 5, No. 2, 2006, pp. 122 – 129.

要运用了专利内容分析和引证网络分析来探讨金融类专利技术的主要内容，从而发现，金融活动中所涉及的主要技术大多是与支付系统、零售业务和贸易安全有关的。这主要是因为，当金融类公司发明一个电子商务的支付或者销售的新方法的时候，其必须考虑现金流和信息流。而这些新方法对于金融类公司而言，是产生价值的重要来源。此外，在网络上，金融的核心是安全。因此，对于金融技术来讲，支付系统、零售系统和安全系统是三个主要的创新方向。

本章将在研究信息化背景下银行业创新活动演进路径的基础上，去分析和概括中国银行业的创新活动及其主要创新产品的发展现状，然后通过建立 VAR 模型去研究中国银行业创新活动的绩效和专利之间的动态关联。

第一节　信息化背景下中国银行业创新活动的发展

银行领域的信息技术应用主要体现在以下三个方面：其一，改变银行与客户之间的业务方法；其二，改变客户为了获得金融服务而进入银行系统的方法；其三，改变银行内部程序。这些改变和创新的意义在于改进了一个国家的支付系统、借贷和结算业务转账系统以及会计信息的存储和检索方式。

在研究中国银行业创新活动概况之前，本书首先归纳和分析银行业信息技术应用的早期起步、特定应用、广泛应用和技术扩散等四个历史发展阶段，在此基础上，去探讨中国银行业信息化建设和金融创新产品的发展问题。

一　信息化视角下的银行业创新活动演进路径

在分析银行业应用信息技术的演进历程的时候，本书将特别关注 OECD 内的英国和美国等发达国家的银行市场的技术创新。因为这些国家不仅有世界上最大的银行机构，并且信息技术的发展也位于世界的前列，在很多关键的技术创新应用方面，它们的银行企业引领着世界银行业的发展方向。通过他们的研究，可以清晰把握信息技术在银行业中应用的发展历程以及对银行业的影响程度。

（一）早期起步时期（1864—1945）

虽然信息传递可以通过很多途径实现，但是在金融市场当中，正式的信息传递方式的发展却来自电信技术（telecommunications）的应用。Kavesh 和 Garbade 等人（1978）研究认为，1846 年，电报的应用减少了纽约和那些地理距离遥远地区的股票市场的价格差异，1866年，跨大西洋电报的使用，减少了在纽约执行一项在伦敦已经开始的贸易业务的时间延迟，有效地将美国和英国的往来业务时间从六周减少到仅仅一天，从而使得纽约和伦敦的证券市场交易更加一体化。这即以事实证明即便是简单而有限的电信技术的应用，也在实质上减少甚至取消了不同市场之间因为地理位置而导致的外汇和证券价格的差异。[1]

他们论证认为，银行采用新电信技术的目的是为了或者部分为了减少在价格方面的差异，而且，虽然新技术应用的结果，并没有改变市场参与者之间信息不对称的事实，但是电报和电话的使用，可以确保公共价格信息的一致性以及快速地传递给证券交易者和银行的分支机构。毫无疑问，对于信息技术在银行业的早期应用来说，对于提高市场一体化的影响是最深刻的，因为电信技术的应用解决了金融信息传播当中所出现的价格异常以及一系列的信息延迟问题。

信息技术在银行业当中的早期应用，并没有改变客户与银行之间业务处理的方式。客户直接通过零售银行进入银行系统或者通过代理机构（比如说储蓄银行、抵押专家甚至零售经销店）间接进入银行系统。银行经理与客户之间的电话交流早在 19 世纪 90 年代就已经开始使用，尽管如此，该技术并没有对银行的服务产生太大的影响，而是保留了以网点为纽带的关系。

---

[1]　Kavesh R. A., Garbade K. D., Silber W. L., "Technology, Communications and the Performance of Financial Markets: 1840 – 1975", *Journal of Finance*, Vol. 33, No. 3, 1978, pp. 819 – 832.

20 世纪 30 年代末期，制表机第一次在银行中应用，以应付不断发展的交易量以及提高高级员工的工作条件和效率。① 之后，那些为了增加分支行和代理行网络的银行机构开始添加和购买越来越多的机器设备。但是，由于记录载体以及更新交易机制的原因，这些机器的潜力并没有得到充分的利用，直到 20 世纪 40 年代末期和 20 世纪 50 年代早期之后，分支行网络规模的增加以及多样化的代理机构逐渐成为一个重要的趋势。

简单地说，电信和计算机技术在银行业的早期采用对于高价值的零售银行市场有着极大的影响，其使得银行开始利用新的低成本的技术来发展零售银行服务的市场，而远离高数量、低价值的零售银行分支机构业务交易。但是这个时期对于信息技术的应用都是源于政府的资助，而不是银行主动的行为。

（二）特定应用时期（1945—1965）

银行信息技术应用的第二个阶段开始于 20 世纪 40 年代中晚期，一直延续到 20 世纪 60 年代。在这个阶段，银行使用计算机既是为了保证业务量的发展，同时更是为了解决一些在银行经营过程当中所出现的具体而特定问题，推动某些特定部门的业务自动化（Morris，1986）。而这个阶段的银行计算机应用能力依赖于诸如 IBM，Xerox 和 Burroughs（之后的 Univac 和 Unisys）等会计财务机器供应商。

银行应用信息技术的目标就是在现有资源的基础上提高它们处理更复杂更高级的服务的能力。这就导致了分支行网络很快就变成联系零售客户的纽带，同时，从银行内部来看，高级管理的目标要求及时迅速的财务信息。因此，银行的信息技术应用进入以推动过程自动化为导向的特定应用时期，其主要目的在于削减诸如劳动密集的支票清算系统当中的行政工作成本，其典型的装置就是一个中央处理器，对各个独立程序的计算机可读指令进行批处理，这也是刺激银行分支机

---

① Wardley P．，"The commercial banking industry and its part in the emergence and consolidation of the corporate economy in Britain before 1940"，*Journal of Industrial History*，Vol. 3，No. 2，2000，pp. 71 - 97.

构自动化水平以及改善银行市场的一个过程。

金融交易的日趋复杂以及数量的不断增加最终导致了数据库管理系统（Database Management Systems，DBMS）的产生。DBMS 的作用就是克服常规系统的局限，从而提供一个综合、结构化、集成的数据群，其在可控、高效以及可靠的途径中具有可读性和可更新性。1968年，DBMS 有两个关键的应用，第一个就是银行间凭证支付设施，即所谓的银行自动清算系统（the Bankers' Automated Clearing System，BACS）。① 而第二个应用就是关于 the National Girobank 的装置，通过邮局网点处理而实现的国内和国际资金转移的零售自动化。

总的来说，在特定应用期间，以计算机为基础的信息技术开始应用于银行选定部门当中，并且第一次被应用于"银行—客户"的业务交易之中。计算机应用能力的提高使得银行能够在一个集中的地点，处理日益增长的以纸张为基础的业务，而其劳动成本可以通过员工和自动化而减少。这将意味着信息技术在银行企业内应用得越多，服务于零售市场的金融中介的层次和数量也将会得到提高，并促进产品进一步分化，而成本结构则进一步减少。

（三）广泛应用时期（1965—1980）

银行信息技术应用的第三个阶段是以电信技术的飞速发展为基础而出现的。在这个阶段，银行开始将计算机应用于客户的管理和支配，其应用能力甚至超过了其他诸如商品生产和流通等领域。②

在 1965 年年底，Barclays 从美国银行（Bank of America）引进信用卡（包括计算机应用）。Barclays 早期对于 ATM 的采用并不是巧合，而是因为通过 ATM 取款是信用卡最主要的用途。实际上，ATM 的出现标志着自助服务的开始，同时也标志着之前银行所提供的服务可以在客户方便的任何时候都可以进行，而不只是在银行的工作时间。在

---

① Bátiz – Lazo B. , Wood D. , "Corporate Strategy, Centralization and Outsourcing in Banking: Case Studies on Paper Payments Processing", *International Association of Management Journal*, No. 3, 1997, pp. 35 – 57.

② Scherer F. M. , "Inter – industry technology flows in the United States", *Research Policy*, Vol. 11, No. 4, 1993, pp. 227 – 245.

1967 年，英国的 Barclays Bank 使用了世界上第一台 ATM，而 IBM 则在 1969 年使用了磁条纹信用卡，[①] 这些创新成为电子银行出现的标志。在 1968 年和 1980 年之间，银行开始广泛应用软件和硬件，因此使得业务量不断增加，而经营成本却显著减少。与特定应用时期相比，本阶段信息技术的影响是整个银行组织机构，而不只是在特定的某个部门。银行业以一种前所未有的方式，实现更高的服务质量、更低的经营成本的能力。[②] 在此期间，银行机构信息技术应用的其他明显特征包括分支行会计系统全自动化、实时经营管理以及总行对分支行的控制管理等等。在英国，Clydesdale Bank 是第一个将现金出纳业务网络化，同时保证每一笔业务都可以通过银行的网络交易来实现。可以肯定的是，在此期间，技术创新的直接结果就是客户在任何情况下都可以在银行分支行办理业务，然而，以前的客户交易则受到分支行的限制，而远程交易则需要电话的授权许可。实际上，银行的计算机可以为各个分支行提供网上服务，可以立即实现会计财务的平衡以及提供相关数据。

在广泛应用期间，管理信息系统（MIS）的使用也发生了变化。这些系统的最初目标是为了利用计算机的业务处理能力，从而得到常规的报告和业务经营活动的分析报告。而在此期间，MIS 增加监管控制和运营程序规划的功能。但也应当承认，虽然 MIS 普及到整个银行的组织机构，提高了线性管理的生产率，但是 MIS 并没有对银行经营管理者的行为本质有任何实质性的改变。

总的来说，在广泛应用期间，技术的变革普及到银行组织机构的很多内部部门，甚至渗透到"银行—客户"的关系管理当中。这些变革开始改变了客户进入银行系统的方式、时间和地点。在这个时期，通信和计算机两者一起构成了银行信息技术应用的本质，信息技术应

---

① Bátiz‐Lazo, B. and Wood, D., "Information Technology Innovations and Commercial Banking: A Review and Appraisal from a Historical Perspective", http://econwpa.repec.org/eps/eh/papers/0211/0211002.pdf, 2017 年 7 月 28 日。

② Walker, D. A., "Economies of Scale in Electronic Funds Transfer Systems", *Journal of Banking and Finance*, Vol. 2, No. 1, 1978, pp. 65–78.

用的重点从数据处理转向沟通联系以及银行的内部组织和战略的设计。

（四）技术扩散期间（1980—1995）

随着个人电脑在员工和管理当中的应用，信息技术在扩散时期开始普及到银行的内部组织结构以及市场关系等方面。在此期间，客户导向的创新得到广泛的推广，因为信息技术最终可以为客户与银行之间的联系提供支持。个人电脑为计算机提供了一个在更广范围内进行应用的途径。同时，随处可得的打包软件减少了应用系统发展对内部资源的需求。以信息技术为基础的创新逐渐成为银行长期战略的一个关键问题。

在技术扩散期间，银行零售服务的批量传递的最重要的结果就是银行有效地从分散式个人关系（Decentralized Personal Relationships）发展为集中的机构经理式的个人关系。并且，银行开始创立关系数据库（Relationship Databases）来代替已经成熟的个人客户关系。信息技术可以让员工在3—4周之内，熟练掌握之前需要5年时间才能真正掌握的技能。① 因此，信息技术的应用使得那些有能力有效利用信息变革的银行得以实现更高的组织灵活性。

在此期间，信息技术对银行经营方法的另一个影响就是分销能力。由于大多数交易都是通过分支机构的服务渠道来完成，因此，分支行网络成了整个金融服务销售的途径。而这种情况随着数字化通信技术和网络的到来才得以改变，因为这些技术的价值实现需要数据资源在所有组织机构范围内实现一体化以及更加有效的外部组织机构网络。围绕数字化网络的服务一体化（the Integration of Services Around Digital Networks，ISDN）和电子数据交换（Electronic Data Interchange，EDI）的更大范围的使用已经成为电子资金转账销售终端（Electronic Fund Transfer at Point of Sale Terminals，EFTPOS）、电话转账系统（Telephone Transfer Systems）以及智能卡（Smart Cards）等新的分销渠道的核心。在成员所属的 VISA 和 MasterCard 的国际网络下，银行

---

① Morris T., *Innovations in Banking*, London, Croom Helm, 1986.

卡技术已经能够为个人客户提供无边界服务（Border – Less Services）。

新的分销渠道使得银行可以提供更多的服务，并且对银行的成本结构有着显著的影响。因为同样的信息或者交易可以通过多种方式实现，分销渠道因此从费用支出较多的向较少的转移。廉价的途径对于减少成本结构是一个不充分的条件，只是技术为银行改善它们的成本结构开拓了一个途径，使得客户和代理机构可以依此改变它们的行为。但值得肯定的是，信息技术并不可以代替所有以分支行为基础的服务。①

在 20 世纪 80 年代期间，各类型的金融机构都大力投资于内部系统的一体化及标准化。但是，发展程度却各不相同，因为银行企业已经习惯于通过它们自身的分支行网络来运营。同时，高额的交易成本导致了支付系统无法顺利地在国际互相联通。已经建立的技术框架能很好地处理紧急的高额支付，但是在实现那些潜在的小额支付的规模经济时，仍然受到一些国家银行市场的自动清算系统、管理或者高度集权的阻碍。但不管怎么样，新技术带来了新服务，并带来了新的零售银行产品，从而使得银行的服务逐渐减少对传统分支行系统的依赖，并在销售时提供更贴近客户的服务。

简单来说，在技术扩散时期，信息技术的应用导致了各个银行在经营业务的时候，更注重客户对于服务渠道和地点的选择。结合监管的变化和信用风险详细评估的理论，技术创新主要的优势在于金融信息而不是交易过程能力。信息技术的发展成为通过开辟成员和第三方外包实现的规划效益而降低了进入银行市场门槛的工具，并通过增加替代品和减少同质性战略（me too strategy）成本，论证了金融服务和产品的可获得性。而且，信息技术应用的数字化和标准化有助于发展第二方和第三方市场。遗憾的是，由技术所带来的各个潜在机会的实现过程十分缓慢，因为虽然技术推动了新的市场进入者参与金融市

① Gerry McNamara, Philip Bromiley, "Decision Making in an Organizational Setting: Cognitive and Organizational Influences on Risk Assessment in Commercial Lending", *The Academy of Management Journal*, Vol. 40, No. 5, 1997, pp. 1063 – 1088.

场的竞争，但是，这些竞争也仅仅发生在银行市场当中最有利可图的部分业务，比如说银行卡或者无担保借款服务等等。

（五）银行业信息化创新活动的总结

表3-1对以上的研究进行了归纳，从中可以看出信息技术对于银行外部的产品和服务以及银行内部的运营功能所带来的变革性影响：首先，该信息技术的创新和应用，减少了位于不同地理位置的市场之间的价格差异；其次，信息技术在银行业的特定应用改变了之前银行机构各个相互独立的部门之间的关系；再次，信息技术的广泛应用涉及银行的内部运营以及"银行—客户"关系的整个组织机构的改变。从而可以认为，银行外部环境和信息技术发展一起影响并改变着银行的内部结构。

表3-1　商业银行信息技术创新活动的阶段和内容（1864—1995）

对于银行的影响	早期起步阶段（1864—1945）	特定应用阶段（1945—1965）	广泛应用阶段（1965—1980）	技术扩散阶段（1980—1995）
对创新活动的影响	减少市场之间的价格差异	从分支行到"银行—客户"关系的转化；自动银行结算报表；支票担保卡	跨境支付的增长；ATM技术的采用	提供像保险、抵押和退休金一样的非支付性产品
对运营功能的影响	提高总行与各分支地机构之间的协调	减少劳动密集活动的成本（比如：清算系统）	自动的分支行会计清算；实时控制技术	出现了像电话银行、EFTPOS一样的可选择性分销渠道

资料来源：Morris（1986）。①

而事实证明，信息技术的应用在整体上，尤其是在数字化方面，有利于减少价格差异和增加市场的透明度以及开拓新的客户群体。简单地说，从以分支行为中心的组织结构向虚拟银行的发展，在银行市

---

① Morris T. , *Innovations in Banking*, London, Croom Helm, 1986.

场范围内，将需要信息技术的应用、新管理实践以及新的消费模式。银行的经营者目前就应当接受挑战，设计内部的系统，增强利润控制能力，使得自身的组织能够获得最新的竞争优势。

二 中国银行业信息化的发展历程及其影响

（一）中国银行业信息化发展历程

中国银行业信息化发展历程可以归纳为以下四个阶段:[①] 第一阶段（1957—20 世纪 70 年代末）：单机批处理阶段。1957 年，中国人民银行核算工厂成立，从国外引进了电磁式分析计算机系统。这是中国银行业电子化、信息化建设的起步阶段。1974 年，中国人民银行又引进了 60/61 型电子计算机，该计算机可从事更多的联机业务处理和批处理，使全国联行业务迈上了一个新的台阶。1974 年，中国银行香港分行成立并组建了电脑中心。该电脑中心是中国把信息技术应用到银行的第一个大型计算中心。从此，中国金融业开始了 IBM 大型主机系统的使用。使用计算机系统进行单机批处理业务的成功实践，标志着中国银行业信息化开始建立。

第二个阶段（20 世纪 80 年代）：联机实时处理阶段。在这一时期，中国开始较大规模引进和推广计算机系统及技术，IBM43 系列中型机在中国银行界开始广泛使用，中小型计算机的引进成为推动银行信息化进程的有力工具，联机实时处理标志着我国银行信息化系统从初期低水平跃上了一个新台阶。该阶段主要是利用微机模拟手工操作，以实现银行业务的自动化和电子化，但整体应用水平还是分散和低层次的。

第三阶段（20 世纪 80 年代末—20 世纪 90 年代末）：联机网络阶段，即银行的网络化建设阶段。主要是开展数据集中和网络建设，由城市级网络、省域网络到全国级网络建设，同时将业务数据逐步上收和集中到各级数据中心，以推动金融服务和产品创新。这一时期，中国银行业在全国范围内建立起了网络系统，逐步实现了通存通兑等功

---

① 王珂薇：《信息技术视域下的我国银行业信息化发展》,《经营管理者》2009 年第 9 期。

能。20 世纪 90 年代初，IBM ES/9000 作为新一代成熟的计算机，被广泛应用于中国的金融界。

第四阶段（20 世纪 90 年代末到现在）：数据集中、银行创新阶段。1999 年，中国工商银行正式启动数据大集中工程，将该行的主要业务集中到北京、上海两大数据中心处理。2002 年，两大中心数据的成功连接，在中国银行业信息化发展历程中具有里程碑式的深远意义。数据大集中之后，中国银行业信息化建设的环境日趋成熟，随着计算机网络的飞速发展，金融创新力度不断加大，网上银行、在线支付等新型服务渠道不断涌现，中国银行业信息化发展步入了一个新的时代。

诺兰模型（Nolan Model）认为，信息系统的建设一般要经过 6 个循序渐进的阶段，最终走向成熟。这 6 个阶段为：初始化阶段、蔓延阶段、控制阶段、集成阶段、数据阶段和成熟阶段。中国商业银行信息化建设目前正处于信息化发展的"蔓延阶段"。

（二）信息化对中国银行业经营活动的影响

作为信息技术应用最早、最广泛的行业，IT 对于银行业经营管理活动的影响是显而易见的。信息技术不仅提高了银行的经营效率，而且为银行进行金融产品创新提供了技术支持，同时还在相当程度上改变了银行的组织机构和经营方式。而其中最直接的影响就是极大地扩展了银行业务的经营范围，尤其是在计算机网络飞速发展的背景下，信息技术极大地推动着银行业的金融产品创新，从而催生了一批全新的金融产品和业务渠道。信息技术根本性地改变了银行的支付渠道，其中最直接的表现就是银行卡业务的长足发展，并成为银行业最主要的业务利润来源之一。而 ATM 和 POS 机终端的广泛推广和应用，改变了银行业传统业务受理的方式，分流了银行柜台业务量，同时也方便了客户的业务需求，并最终提高了银行业离柜业务的交易量和营利能力。以中国工商银行为例，2006 年，中国工商银行的 ATM 数量达到 19922 台，2007 年全行 ATM 达到 23420 台，较之 1993 年的 1884 台增长了 1143%，年复合增长率为 19.7%。另外，POS 机终端建设也取得了显著成效，2006 年度，中国工商银行 POS 机办理业务笔数达到 2.69 亿笔，完成交易 2.45 亿笔，实现交易金额 5215 亿元。

此外，随着信息技术在人们日常生活中普及程度的提高，作为信息技术在银行领域应用的成果和延伸，电话银行、自助银行、网络银行、移动银行等创新性的电子银行系统在最近几年来的快速发展，已然成为各银行企业提高服务质量、进行金融产品创新以及增强竞争优势的重点领域和手段。

（三）中国银行业信息化未来发展趋势

信息技术的应用，降低了银行业交易的信息成本，突破了地域对传统银行业的限制，同时也推动了银行业的产品创新、服务创新。如何准确理解和把握信息技术革命对中国银行业所带来的机遇和挑战，对于处于全面开放的银行市场中的内资银行企业是一个必须应对的问题。

值得肯定的是，改革开放近 40 年来，中国银行业信息化建设所取得的成就是非常迅速而显著的。根据"七五"打基础，"八五"上规模，"九五"实现电子化的规划，中国银行业信息技术的应用可以说是从无到有、从单一业务向综合业务的发展，不仅建立了以计算机和互联网为基础的电子清算系统和金融管理系统，并且从根本上改变了传统金融业务的处理模式，带动现代金融服务业的整体发展。尤其是在"十五"期间，数据集中基础设施建设基本完成，满足服务社会和公众要求的现代化支付和银行信息化产品及服务体系、银行信息安全保障体系基本形成，银行业经营管理信息化体系初步建成，推动与促进了金融改革与创新，为提升我国金融业的核心竞争力作出了突出的贡献。

尽管如此，与发达国家的银行业相比，中国银行业的信息化建设仍然存在较大差距，一是 IT 治理不完善，银行高管层对信息系统建设及风险管控的重视和研究不够，决策和监督机制缺位；二是信息化战略规划不明晰，缺乏连贯性，规划布局不尽合理；三是信息化建设滞后于银行业务发展，银行信息系统平台千差万别，内部应用系统难以实现信息共享，对数据的分析和利用难以满足"以客户为中心"经营模式的需要；四是软硬件及核心技术受制于人，对系统安全造成隐患，甚至可能危及银行业的健康发展。

从美国次贷危机爆发、房地产泡沫破裂，到国际金融危机，面对金融业的寒冬，信息化将成为捍卫金融体系安全稳定的有力武器。加强信息化监管和风险控制，推动 IT 外包，加快金融信息服务普及，将业务、客户与技术有机地融为一体，在追求做大做强的同时，还要善于利用信息化把银行做活，从而推动银行从信息化战略向信息化银行转变，应当成为中国银行业信息化建设的重点。

2008 年，中国人民银行颁布了《中国银行业"十一五"信息化建设规划》。该规划为中国银行业信息化建设和发展提供了方向性的政策指引，明确指出银行业在"十一五"期间信息化建设的指导思想、建设目标和主要任务：第一，加强信息化基础设施建设和运行管理，建立可靠的生产环境；第二，建立以客户为中心的金融产品和服务渠道体系，提高银行服务水平；第三，加强信息资源开发利用，促进经营管理水平提高；第四，建立健全信息安全保障体系，为信息安全稳定运行保驾护航；第五，加强 IT 治理，提高信息化管理水平；第六，完善金融基础设施建设，提供跨行金融服务；第七，推进银行信息化标准规范建设。

经过很长一段时间的建设和发展，中国银行业已经从整体上完成了数据集中及业务应用系统的建设和升级以及更新换代，保证了银行各类创新活动和客户服务活动的开展。可以预见，在接下来的几年，中国银行业信息化建设将会有以下几个主要趋势：第一，在目前金融数据库建设的基础上，进一步深化金融数据的挖掘和分析，为银行开展经营活动提供更有科学依据的指导；第二，在注重解决和强调 IT 与银行各类业务的融合机制建设问题；第三，在高度重视信息建设的同时，也更加注重解决和防范信息化过程中所面临的风险；第四，网上银行业务相关金融产品的同质化竞争更加激烈；第五，电子银行、移动银行等依靠高科技的金融创新产品终将逐渐成为银行客户的新宠，也将成为银行利润增长的新渠道；第六，信息化"由产品发展为中心向以客户需要为中心"的经营发展理念将得到进一步深化。

三 中国银行业信息化创新产品的发展

（一）中国银行业 ATM 的创新发展

ATM（Auto Teller Machine），即通常所说的自动取款机，其是一种集光机电技术于一体的银行业自动化设备。1967 年，世界上第一台 ATM 诞生。对于金融领域来讲，ATM 可以说是 20 世纪最伟大的发明之一。中国的 ATM 是伴随着银行卡业务的成长而逐步发展起来的，为了满足持卡人在银行营业时间外也能够用卡存取款，银行投资并安装了 ATM，以此提供 24 小时自助服务。[①]

1987 年 2 月，中国第一台 ATM 在广东珠海投入使用。1993 年中国金卡工程启动后，国内银行对 ATM 的需求激增。1998 年，全国 ATM 突破 2 万台，进入 21 世纪后，ATM 的数量更是迅猛增长。2007 年年底，中国的 ATM 保有量已上升到 13.8 万台，其中银联联网 ATM 已经达到 12.3 万台，近 5 年国内 ATM 设备保有量实现了年均 20.22% 的复合增长。截至 2008 年年底，中国 ATM 保有量 19.2 万台，增长 39%，较上年约 25% 的增长率高出 14 个百分点，增速明显加快。其中，加入银联联网的 ATM 快速上升到 16.75 万台。

1996 年，中国银行上海分行在虹桥开发区开办了国内第一家自助银行，为客户提供全天候的金融服务。1998 年，随着 ATM 等自助设备在银行应用的逐渐成熟，开始出现了更多的自助银行。而 ATM（自动取款机）、CDM（自动存款机）、存折补登机、触摸式多媒体电脑等设备的出现，使得自助银行更接近于真正意义上的银行的功能。

ATM 是信息技术发展与银行金融活动相结合的产物。信息技术推动着 ATM 的产生及创新发展，其方便客户的同时，也拉近了客户与银行之间的距离，真正做到以客户为中心。同时，ATM 还在一定程度上改变了银行的组织机构和服务的格局，扩大了银行服务的时空范围，降低了银行的经营人力成本，提高了业务经营的效率和灵活性。

当前中国银行业 ATM 主要的业务功能包括查询、存款、取款、转账、打印交易流水、存折补登、代收水电费等。今后，ATM 还可以

---

① 马雪彬、林升平：《商业银行 ATM 发展策略研究》，《甘肃金融》2009 年第 9 期。

设计为客户提供理财、保险和支付等业务品种。

（二）中国银行业银行卡业务创新发展

中国的银行卡最早出现于 1979 年，当时中国银行广东省分行与香港东亚银行签订代理东美信用卡业务协议书，并开始办理此项业务。随后，中国银行于 1986 年 10 月又推出了以人民币为结算货币的信用卡（准贷记卡），并统一命名为"长城卡"。到了 1995 年，广东发展银行发行了国内第一张真正意义上的符合国际标准的人民币贷记卡和国际卡，开创了中国真正信用卡市场发展的先河。1996 年 8 月中国银行首家发行具有国际标准的人民币借记卡——长城电子借记卡。到目前为止，国内很多商业银行都推出了自己的银行卡。

进入 2000 年，银行卡业务更是迅猛发展，特别是 2004 年以来更是如此。截至 2004 年年底，中国共发行银行卡 8.15 亿张，其中信用卡 3216 万张，借记卡 7.82 亿张。发卡机构 152 家。全国银行卡交易笔数达 57.5 亿笔，总额达到 26.45 万亿元。银行卡人民币和外币存款余额分别为 15450 亿元和 42.75 亿美元。同年全国银行卡跨行交易 18.3 亿笔，交易金额 6858 亿元，分别比 2003 年增长 52.7% 和 80.2%；全国银行卡跨行交易成功率达 87.02%。

2005 年，银行卡市场进入了高速发展时期，据央行统计，截至 2005 年 9 月，中国银行卡发卡机构达 190 多家，发卡总量约 9.2 亿张；全国银行卡交易总额为 24.06 万亿元，实现跨行交易 15.4 亿笔，交易总额 7451 亿元。全国受理银行卡的特约商户约 37 万家，联网 POS 机（销售点终端）约 56 万台，各金融机构联网 ATM 约 8 万台。

2007 年，银行卡业务量进一步发展。全年人民币银行卡总交易金额达到 111 万亿元，其中跨行交易额 3.2 万亿元，2007 年的银行卡消费额占同期社会商品零售总额的比重达到 21.9%。

2008 年银行卡业务进一步发展。截至 2008 年 5 月底，中国银行卡累计发卡量超过 16 亿张，其中信用卡累计发行量达 1.1 亿余张。此外，银行卡产业发展的其他各项指标也创下新高。银联数据还显示，2008 年 1 至 5 月，中国银行卡跨行交易额达到 1.7 万亿元，比去年同期增长了 55%。随着银行卡受理终端的普及推广，截至 2008 年

5 月底，中国境内银行卡受理商户已达 88 万户、联网 POS 机 139 万台、联网 ATM14 万台。

（三）中国银行业信息化创新产品之网上银行的发展

通常认为，网上银行是指银行企业利用网络技术，通过因特网提供开/销户、查询、对账、转账、信贷申请、证券交易、理财投资等服务项目，从而使得客户可以足不出户即可以办理所需求的金融业务的一种无形的虚拟银行柜台。根据英国保诚集团旗下的网络银行总裁哈里斯的统计，网上银行的交易成本比电话银行低 75%，比普通银行低 90%。①

中国银行企业当中首先开展网上银行业务的是中国银行。1998年，中国银行和世纪互联有限公司联合首家推出了网上银行业务。之后，各家银行纷纷开发了自己的网上银行。目前，中国国有银行和股份制银行都建立了自身的网上银行。而设立银行网站的国内商业银行有 31 家，开展交易型网上银行业务的商业银行有 21 家。②

中国网上银行业务的发展主要包括 4 个阶段：第一阶段，也被称为"银行网站"阶段。2000 年以前各家银行的网上服务单一，只是通过开通自己的银行网站，为客户提供账户查询等基本的信息类服务，其操作集中在单一账户上。这一阶段的网上银行更多地被作为银行的一个宣传窗口。第二阶段，也被称为"银行上网"阶段。银行致力于将传统的柜台业务迁移到网上银行，增加了转账支付、缴费、网上支付、金融产品购买等多种交易类功能。与第一阶段相比，其特征是多账户的关联操作。第三阶段，银行的最大转变是真正以客户为中心、因需而变。各家银行纷纷推出了满足各种客户不同需求的新的网银产品。第四阶段，网上银行的未来发展阶段，将来网上银行会成为银行开展业务的主要方式。传统银行将全面融入网上银行，甚至不再单独区分网上银行，目前，我国还未出现完全依赖或主要依赖网络开展业务的纯粹的虚拟银行。③

---

① 朱军林：《金融创新——网络银行——未来银行业发展的方向》，《国际经济评论》2000 年第 3 期。

② 李维民：《我国网上银行的最新发展》，《生产力研究》2005 年第 5 期。

③ 刘颖：《我国网上银行业务发展分析》，《经济视角》2009 年第 23 期。

目前,中国银行业的网上银行可以提供以下一些主要的业务品种:账户查询、账户管理、代收代付、信息查询、网上支付、挂失、银证转账、投资理财产品(证券、国债、基金、外汇)的买卖。同时,还有一些银行针对企业集团客户还提供资金监控、指令转账、财务管理、资金划拨等金融服务,对个人客户提供网上开户、网上银行卡申请、提醒服务等业务。除此之外,还有个别银行为客户提供网上信用证、网上贷款申请等业务。[①] 根据艾瑞咨询推出的《2008—2009年中国网上银行行业发展报告》研究显示,2008年中国网上银行交易规模同比增长30.6%,达320.9万亿元。受金融危机的冲击,与2007年的高速增长相比,2008年的中国银行业网上银行的增长率回落稳定(如图3-1所示)。艾瑞判断,由于网银本身所具有的便捷性和功能性特征,再加上各大银行的大力推广,在未来3—5年内,网银的发展将会保持一个较为稳定的增长。

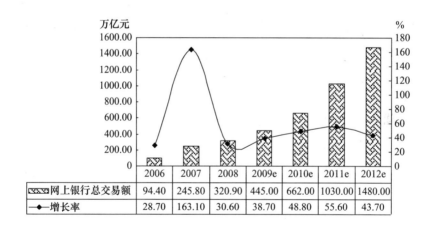

图3-1 中国银行业网上银行交易

根据《Netguide 2007 中国互联网调查报告》显示,2003—2006年,企业网上银行用户数从33万增长到84万,同期个人用户数从

---

① 古菲娅·帕拉提:《我国网上银行发展现状、问题及成因分析》,《新疆大学学报》(哲学·人文社会科学汉文版)2009年第4期。

810 万增长到 6500 万。《2008 中国网上银行调查报告》显示：中国网上银行总体发展继续保持快速增长的势头，用户量及交易量同期高速增长。全国范围内，个人网银用户比例达 19.9%，企业网银用户的比例达到 42.8%。[①]

根据中国金融认证中心（CFCA）发布的《2009 中国网上银行调查报告》，在 2009 年，尽管受到全球金融危机的冲击和影响，中国银行业个人网上银行市场逆市而上，展现了强劲的发展势头。全国城镇人口中，个人网银用户的比例为 20.9%，比 2008 年增长了 2%。其中活跃用户占 76.7%，呆滞用户占 23.3%，在未来一年，潜在的用户比例为 13.9%。在企业网上银行方面，2009 年，全国企业网银用户比例为 40.5%。同时，该调查还发现，2009 年活跃个人用户人均每月使用网银 5.6 次，2008 年为 5 次；交易用户平均每月使用次数更高，为 5.9 次。企业用户方面，月使用频率则更高。2009年，平均每家活跃用户使用网银的次数从 10.3 次增长到 11.3 次。企业网银对于柜台业务的替代比例达到了 50.7%。2009 年，使用各项网银功能的个人用户比例均比 2008 年增加，特别是网上支付、转账汇款、信用卡还款和个人贷款这四项功能，增幅非常明显。企业用户方面，账户查询、转账汇款则是它们使用比例最高的两项企业网银功能。

（四）中国银行业信息化创新产品之电话银行发展

随着信息科技的不断发展和应用，银行的服务内容和交易方式也发生了根本性的变革，而电话银行即是这样一种在电话和信息网络等通信工具的基础上，发展起来的一种交互式的银行服务系统，其是高科技与银行业务及客户的需求三位一体相结合的产物，具有高效、便捷和成本低等优势和特点。有学者通过比较美国银行业的柜台交易、ATM 和电话银行三类银行业务经营活动后发现，电话银行平均交易成本仅相当于柜台交易的 1.4%（表 3-2 所示）。

---

① 黎焱卿、刘志迎：《网上银行研究述评与展望》，《时代金融》2009 年第 10 期。

表 3 - 2 美国银行业服务方式的比较

	柜台交易	ATM	电话银行
设置成本	成本高，包括房租、装潢、设备及人力成本	成本较高，包括软/硬件、运营及维修成本	成本较低
平均交易成本	US $ 1.07	US $ 0.27	US $ 0.015
服务方式	面对面双向沟通	单向服务	随时电话服务
服务时间	一般 8 小时左右	24 小时	24 小时
收入来源	存贷利差、手续费	跨行手续费	手续费等

资料来源：姜建清：《高科技的发展及深层次影响研究》，中国金融出版社 2000 年版。

根据国家信息产业部 2007 年 10 月公布的数据显示，中国固定电话用户 3.7 亿，移动电话用户 5.3 亿，电话用户总数已达 9 亿。从普及程度分析，城市固定电话普及率 40.3 部/百人；住宅电话普及率 21.6 部/百人；移动电话普及率 39.9 部/百人。这充分说明，电话银行发展已经有雄厚的基础，谁首先抢分这片"天下"，谁就会长期分享更多信息经济增长带来的效益。目前，已经引起了国内商业银行对电话银行业务的积极投入，服务渠道、业务流程不断改善，蓄势待发的格局更加明显，竞争也越来越激烈。[1]

银行业电话银行创新发展经历了以下四个阶段：[2] 第一个阶段，即简单代客交易阶段。在该阶段电话银行主要集中于以下一些业务活动：其一，传统银行扩展类业务，包含账户查询、账户转账、账户挂失等；其二，代理业务，即代理缴费等；其三，投资理财类业务，比如说银证转账、银证通、银期转账、外汇买卖、国债、基金等；其四，客户信息类业务，含账户信息报告、金融信息发送等。第二个阶段，即被动呼入人工咨询阶段。在该阶段，客户通过拨打银行开设的电话银行专线，接受人工坐席的服务，进行银行业务咨询或投诉。第三个阶段，即主动外拨提醒业务。在该阶段，电话银行主要涉及电话

---

[1] 蔺文辉：《银行，先行者的天下——工行、招行、建行电话银行业务调查分析》，《市场研究》2008 年第 1 期。

[2] 季怡：《银行在我国的可持续发展分析》，《世界经济情况》2007 年第 7 期。

银行外拨人员通过电话主动提醒客户贷款还款期限、信用卡逾期还款等。这一服务方式还不能称为真正意义上的主动对外营销。第四个阶段，就是今后和将来，在银行总部客户关系管理系统完善的前提下，建立电话银行市场营销观念，并实现电话银行与网上银行相结合。

（五）中国银行业信息化创新产品之移动银行的发展

随着信息科技的发展进步，手机已经成为继固定电话之后快速发展应用的一种通信手段。在过去短短 20 多年的发展历程中，已经发生了重大的变革，并日益成为当代人们工作生活中不可或缺的一部分，它的功能也由最初的通话，发展到信息传递，再到音乐，再到上网，并最终与人们的金融活动相融合，成为今天的手机银行，即移动银行。目前，移动银行已经和之前的电话银行，以及最近几年得到飞速发展的网络银行、虚拟银行一起，成为银行金融市场上最关键的金融创新产品。

作为银行金融市场领域新兴的一种金融创新产品，对于移动银行的内涵和外延，学术理论界以及实务界都还没有一个非常统一的观点。而根据通常的理解，移动银行就是手机银行，是以手机为工具而实现的金融活动，其是商业银行与移动通信运营商合作，银行企业利用移动通信基础设施资源，开展的类似于网上银行的一种金融业务活动。

国际电信联盟统计的数据表明，截至 2008 年年底，全球移动电话用户数达 40 亿，普及率达 58%；全球互联网用户数超过 15 亿，普及率达 22%。目前，中国的移动用户数和互联网用户数均是世界第一，截至 2009 年 5 月底，全国移动电话用户数已达到 6.8 亿。而随着 3G 牌照的发放，意味着中国正式进入 3G 时代，因此可以肯定的是，中国的移动电话用户数将继续保持一个较快的增长。手机的普及以及相关移动技术的不断提高，再加上手机用户的技术素质的提升，从而对手机的功能提出了新的需求，手机银行则是最重要和迫切的需求之一。

张静（2009）研究了中国银行业部分商业银行所提供的移动银行业务及其主要安全措施。从中可以看出，中国银行业所提供的移动银行业务主要可以分为以下几类，其一，将传统银行业务通过手机来实现，包括：账户查询、转账汇款、信用卡还款、资产查询、账户余额和交易明细等业务；其二，通过移动银行进行理财投资业务，包括基金、证券、黄金、国债、外汇的买卖、第三方存管等；其三，通过移动银行来进行与方便生活和电子商务相关的金融业务活动，包括缴纳话费（手机费、电话费）、网上购物支付、手机捐款和支付、电子客票、水电煤气费、学费、交通罚款、车船税和保险费、彩票投注、订购报刊/杂志等。①

第二节　基于 VAR 模型的银行创新绩效与专利的关联研究

一　企业技术创新绩效和专利活动评价的学术观点

1. 银行创新能力及其绩效评价的影响因素

王海威、朱建忠、许庆瑞（2005）研究认为，企业技术创新能力的测度指标主要包括投入（R&D 等）、产出（专利、创新数目等）和环境（同其他机构的合作创新程度、绿色技术创新投入等）。② 魏江、王铜安、刘锦（2008）从微观层面构建了企业"三要素—机制"评价模型，即企业技术能力的员工要素、组织要素和物质系统要素。③ 陈劲、陈钰芬（2006）在分析当前企业技术创新绩效评价体系中存在的不足的前提下，从创新产出绩效和创新过程绩效两个维度，针对产品创新型和工艺创新型企业分别提出了不同的技术创新评价指标。④

陈劲（2008）研究认为，包括银行业在内的知识密集型服务业的创新评价指标体系应当包括：创新的投资指标（R&D 投入等）、创新

---

① 张静：《移动银行：迟迟未开的盛宴》，《互联网周刊》2009 年第 5 期。

② 王海威、朱建忠、许庆瑞：《技术创新能力及其测度指标研究综述》，《中国地质大学学报》（社会科学版）2005 年第 5 期。

③ 魏江、王铜安、刘锦：《企业技术能力的要素与评价的实证研究》，《研究与发展管理》2008 年第 3 期。

④ 陈劲、陈钰芬：《企业技术创新绩效评价指标体系研究》，《科学学与科学技术管理》2006 年第 3 期。

的能力资源指标（人力资源及其培训费用等）和创新的效果指标（顾客满意度以及专利等知识产权）。[1] 郭媛媛、林鸿（2008）通过研究发现中国银行业的金融创新绩效的评价可以从可量化的新业务增长情况、资产负债结构的变化和盈利状况的变化三个方面进行。[2] 李政（2006）从创新的角度为商业银行核心竞争力的识别提出了技术创新能力（银行业务自动化、专利、R&D 等）、管理创新能力、业务创新能力、价值创新能力、金融市场创新等评价指标。[3] 肖科、夏婷（2006）在研究中通过金融创新力水平、人均利润、人均金融资产、金融创新水平增量、金融创新力进步取得的利润、金融创新力进步对利润的作用等指标来评价国有商业银行的金融创新能力。[4] 曹蒸蒸（2009）通过金融业务创新力（信用卡发卡量、银行卡手续费收入等）、金融创新技术水平（电子银行交易额、ATM 投放数）、金融创新人力资源水平（本科学历员工占比）和金融创新风险控制力（不良贷款率和资产流动性比例）等 4 个指标对中国商业银行的金融创新力进行了评价。[5]

2. 关于专利活动的影响因素

有研究认为，推动企业开展专利申请活动最直接的理由是因为专利是企业 R&D 活动成果的主要表现形式。[6] 正因如此，在对企业的创新活动相关研究当中，学者们通常将专利作为一个重要的考量指标。[7] 张举、张展（2008）利用多元回归和主成分分析方法研究，发现中国金融业竞争程度和金融业对外开放程度所代表的需求性因素是影响金

---

[1] 陈劲：《知识密集型服务业创新的评价指标体系》，《学术月刊》2008 年第 4 期。

[2] 郭媛媛、林鸿：《中国银行业金融创新：现状、绩效与总体评价》，《开发研究》2008 年第 2 期。

[3] 李政：《基于创新的商业银行核心竞争力评价体系研究》，《金融理论与实践》2006 年第 8 期。

[4] 肖科、夏婷：《国有商业银行金融创新力的评价》，《统计与决策》2006 年第 21 期。

[5] 曹蒸蒸：《我国商业银行金融创新力评价》，《金融理论与实践》2009 年第 11 期。

[6] Scherer F. M. , "Firm Size, Market Structure, Opportunity, and the Output of Patented Inventions", *American Economic Review*, Vol. 55, No. 5, 1965, pp. 1097 – 1125.

[7] Griliches Z. , "Patent Statistics as Economic Indicators: a Survey", *Journal of Economic Literature*, No. 4, 1990, pp. 1661 – 1707.

融业专利发展的主要成因。① 杨中楷、孙玉涛（2008）通过机理和数理的分析发现，外国在中国专利局的专利申请的影响因素主要包括中国的专利保护水平、市场吸引力以及中国的总体技术水平和在华直接投资数量。② 徐明华（2008）通过对浙江企业的实证研究发现，专利保护的加强，提高了企业的专利意识，促进了企业的专利活动。同时还指出，专利产出与企业规模、产业规模呈正相关。③ 张蕾等人（2009）运用面板数据模型对中国农业专利申请的影响因素进行分析发现，各地的农林牧渔总产值、农业科研机构从事科研活动的人员数和农业科研机构获得政府资金补贴三个因素对中国农业专利的申请呈显著的正向影响。④ 郭建锋等人（2009）研究发现，影响专利活动的因素有经济发展水平、科技活动、专利制度等。⑤ 舒成利、高山行（2008）研究认为，专利申请行为的影响因素主要包括传统因素、专利制度因素、创新障碍、创新战略和企业战略导向等五个方面。⑥

在不同的时期，不同的经济发展模型，甚至不同的政策背景下，一个国家的某行业或产业的专利活动的影响因素是多样且发展变化的。从创新角度看，专利活动的影响因素包括技术创新的发展水平及先进技术的应用和普及程度、国家技术创新的政策导向、企业科技创新的投入和创新发展的意识、企业创新管理体制及激励机制，等等。而从法律角度看，产业专利活动的影响因素主要包括国家知识产权（专利）法律制度和相关政策法规的制定和执行情况及其影响范围、

---

① 张举、张展：《中国金融业专利的发展特征及影响因素分析》，《上海金融》2008 年第 6 期。

② 杨中楷、孙玉涛：《外国在华专利申请影响因素实证分析》，《科技管理研究》2008 年第 12 期。

③ 徐明华：《企业专利行为及其影响因素——基于浙江的分析》，《科学学研究》2008 年第 2 期。

④ 张蕾、陈超、赵艳艳：《我国农业专利申请的影响因素分析》，《科技管理研究》2009 年第 1 期。

⑤ 郭建锋、王健、林善浪：《影响我国专利技术发展因素的 VAR 分析》，《科技进步与对策》2009 年第 23 期。

⑥ 舒成利、高山行：《影响企业专利申请行为因素研究述评》，《情报杂志》2008 年第 4 期。

国家知识产权领域的执法和司法、企业或国民的知识产权保护（专利保护）意识、企业专利战略的制定及实施的保障措施等。

二　VAR 模型及其基本定义

如上所述，评价产业创新及其绩效和专利活动的指标很多，也就是说产业的创新绩效和专利活动受到多方面因素的影响。而在这些因素当中，它们的影响程度如何，影响的方向如何，影响的时期如何，则还需要通过建立计量经济模型来进一步研究分析。

本书根据经济理论和现有的样本数据进行回归分析，利用时间序列对样本数据进行建模研究。而由于本书所涉及的变量和所收集的数据都具有明显的增长趋势，因此，利用这些明显"非平稳"的时间序列去进行回归建模，会产生"伪回归"的问题。正是基于这样的考虑，本书将采用多变量回归的 VAR 模型（Vector Auto Regression Model)，即向量自回归模型，去研究中国银行业技术创新绩效和专利活动的动态关联。

1980 年 Sims 提出 VAR 模型。这种模型采用多方程联立的形式，它不以经济理论为基础，在模型的每一个方程中，内生变量对模型的全部内生变量的滞后值进行回归，从而估计全部内生变量的动态关系。VAR 模型是自回归模型的联立形式，所以称为向量自回归模型。

VAR 模型是自回归模型的联立形式，所以称向量自回归模型。假设 y_{1t}，y_{2t} 之间存在关系，如果分别建立两个自回归模型：$y1, t = f(y1, t-1, y1, t-2, \cdots)$；$y2, t = f(y2, t-1, y2, t-2, \cdots)$，则无法捕捉两个变量之间的关系。如果采用联立的形式，就可以建立起两个变量之间的关系。

VAR 模型的结构与两个参数有关。一个是所含变量个数 N，一个是最大滞后阶数 k。以两个变量 y_{1t}，y_{2t} 滞后 1 期的 VAR 模型为例，

$$\begin{cases} y_{1,t} = c_1 + \pi_{11.1} y_{1,t-1} + \pi_{12.1} y_{2,t-1} + u_{1t} \\ y_{2,t} = c_2 + \pi_{21.1} y_{1,t-1} + \pi_{22.1} y_{2,t-1} + u_{2t} \end{cases} \quad (3-1)$$

其中 u_{1t}，$u_{2t} \sim IID(0, \sigma2)$，$Cov(u_{1t}, u_{2t}) = 0$。写成矩阵形式是，

$$\begin{bmatrix} y_{1t} \\ y_{2t} \end{bmatrix} = \begin{bmatrix} c_1 \\ c_2 \end{bmatrix} + \begin{bmatrix} \pi_{11.1} & \pi_{12.1} \\ \pi_{21.1} & \pi_{22.1} \end{bmatrix} \begin{bmatrix} y_{1,t-1} \\ y_{2,t-1} \end{bmatrix} + \begin{bmatrix} u_{1t} \\ u_{2t} \end{bmatrix} \qquad (3-2)$$

设，$Y_t = \begin{bmatrix} y_{1t} \\ y_{2t} \end{bmatrix}$，$c = \begin{bmatrix} c_1 \\ c_2 \end{bmatrix}$，$\pi_1 = \begin{bmatrix} \pi_{11.1} & \pi_{12.1} \\ \pi_{21.1} & \pi_{22.1} \end{bmatrix}$，$u_t = \begin{bmatrix} u_{1t} \\ u_{2t} \end{bmatrix}$，则有：

$$Y_t = c + \prod_1 Y_{t-1} + u_t \qquad (3-3)$$

那么，含有 N 个变量滞后 k 期的 VAR 模型表示如下：

$$Y_t = c + \prod_1 Y_{t-1} + \prod_2 Y_{t-2} + \cdots + \prod_k Y_{t-k} + u_t, u_t \sim \mathrm{II} D(0, \Omega) \qquad (3-4)$$

其中，$Y_t = (y_{1,t} \quad y_{2,t} \cdots y_{N,t})'$

$c = (c_1 \quad c_2 \cdots c_N)'$

$$\prod_j = \begin{bmatrix} \pi_{11.j} & \pi_{12.j} & \cdots & \pi_{1N.j} \\ \pi_{21.j} & \pi_{22.j} & \cdots & \pi_{2N.j} \\ \vdots & \vdots & \vdots & \vdots \\ \pi_{N1.j} & \pi_{N2.j} & \cdots & \pi_{NN.j} \end{bmatrix}, \quad j = 1, 2, \cdots, k$$

$u_t = (u_{1,t} \quad u_{2,t} \cdots u_{N,t})'$，

Y_t 为 $N \times 1$ 阶时间序列列向量。μ 为 $N \times 1$ 阶常数项列向量。$\prod_1, \cdots,$ $\prod_k$ 均为 $N \times N$ 阶参数矩阵，$u_t \sim \mathrm{II} D(0, \Omega)$ 是 $N \times 1$ 阶随机误差列向量，其中每一个元素都是非自相关的，但这些元素，即不同方程对应的随机误差项之间可能存在相关。因 VAR 模型中每个方程的右侧只含有内生变量的滞后项，它们与 u_t 是渐近不相关的，所以可以用最小二乘法（OLS）依次估计每一个方程，得到的参数估计量都具有一致性。

VAR 模型具有以下一些基本特点：（1）其不以严格的经济理论为依据。在建模过程中只需明确两件事：共有哪些变量是相互有关系的，把有关系的变量包括在 VAR 模型中；确定滞后期 k。使模型能反映出变量间相互影响的绝大部分；（2）VAR 模型对参数不施加零约束（对无显著性的参数估计值并不从模型中剔除，不分析回归参数的经济意义）；（3）VAR 模型的解释变量中不包括任何当期变量，所有

与联立方程模型有关的问题在 VAR 模型中都不存在（主要是参数估计量的非一致性问题）；（4）VAR 模型可以做格兰杰检验、脉冲响应分析和方差分析（张晓峒，2009）。

三　模型指标选择及数据收集和处理

结合中国银行业发展实际情况及中国知识产权（专利）制度的情况，本书利用 EVIEWS5.0 研究，选取以下 3 个指标，去分析中国银行业创新绩效与专利活动的动态关联：

其一，中国银行业专利活动指标——专利申请活动（PA）。该指标反映了中国银行业的创新活动的方向和创新的程度，同时也反映了 R&D 的投入支出的成果和绩效。在信息化经营战略愈加重要的背景下，银行企业会比以往任何时候都更注重依靠先进的信息技术开展金融产品的创新和经营银行业务。而进入 21 世纪之后，以专利为核心的无形资产对银行经营战略的影响程度日趋加大，越来越多的银行企业在注重金融产品创新的同时，也开始意识到通过专利申请来保护自身的创新活动成果。在数据收集方面，本书将以三类专利（发明、实用新型和外观设计）的年度申请量作为其代理变量。

其二，中国银行业创新绩效指标——技术应用能力（TA）。该指标反映了中国银行业技术创新的市场效率和质量，同时也反映了专利技术转化为市场竞争力的可能性和潜力。从当前的情况来看，银行的技术应用能力可以通过网上银行技术、银行卡技术、电子银行技术或者电话银行、移动银行等技术来衡量。中国银行业网上银行、电子银行等技术真正开始应用于市场是 20 世纪 90 年代末期，最近几年才得到一定程度的普及，因此，考虑到数据收集的原因，本书选择银行卡技术的相关数据作为该指标的代理变量。而与此同时，衡量银行卡业务的指标也有发卡量和交易额两个方面。因为考虑到目前中国银行卡市场当中有相当一部分是冗余卡或未激活卡，因此，本书将以银行卡的交易额为该变量的代理变量。

其三，中国银行业产业环境特征指标——开放程度指标（EOU）。对一个国家产业的经济活动进行评价的时候，必须考虑其具体的特殊的经营环境和特征。改革开放以来，随着中国的改革开放程度不断加深，中国的经济制度和金融体制也不断适应市场经济体制的需求而进行变革和发展。尤其是中国加入 WTO 之后，作为加入世贸组织承诺的重要组成部分，中国金融市场对外资金融机构的开放更是成为中国金融业经营活动的根本背景和特征。这不仅影响着中国内资银行的经营观念和体制，推动着中国银行企业进行资本运营、股改上市去提高经营效率和市场竞争力，同时，还推动着中国银行业的创新活动的繁荣和专利等知识产权保护意识的提高。因此，本书在考量中国银行业的创新绩效与专利的动态关联时，也将研究中国银行业开放对于研究目标的影响。在数据收集方面，该变量将以外资银行的年度机构数量作为该变量的代理变量，反映了外资银行的涌入和中国银行业引进外资对中国银行业技术创新绩效和专利活动的影响。

在对经济活动进行评价的过程中，指标的选择和定义是非常关键的问题。本书在选取模型指标的时候，一方面，考虑了评价目的的需要，即指标的选取应当能够充分体现和说明中国银行业创新绩效和专利的动态关联，同时，在指标数量方面，只要能够充分体现评价目的即可，而不是对所有相关的指标进行考量；另一方面，考虑了数据统计模型的需要，即指标的选择定义清晰，相关数据具有收集的可能性和来源的可靠性及科学性，同时还要对于模型的执行具有可量化和可操作性。

正因如此，虽然对于评价目标来讲，除以上这些指标之外，还会有其他一些定性指标，比如说 R&D 年度支出、专利法律制度、银行企业或经营者的专利保护意识、加入世贸组织（WTO）、产业发展速度等等，但是考虑到指标选择的以上两个方面的原则，本书的指标选择和模型执行过程中暂不予以考量这些指标，但本书肯定这些指标对于产业技术创新绩效和专利活动的重要影响。

在利用表 3 - 3 的数据建立 VAR 模型之前，为了消除样本时间序列数据的异方差，避免样本数据剧烈波动的影响，需要首先对样本数据进行对数化处理。因此得到新的变量：LNPA、LNTA 和 LNEOU。

表 3 - 3　　中国银行业专利申请影响因素指标及时间序列数据

年份	PA	TA	EOU
1990	10	40	78
1991	5	60	93
1992	13	200	116
1993	11	2600	158
1994	11	5204.9	190
1995	20	9606.3	232
1996	21	10377.3	265
1997	34	12965.3	297
1998	14	13201.8	320
1999	11	24216.7	343
2000	28	45300	353
2001	9	84279.5	364
2002	18	115605	383
2003	18	179828	402
2004	66	263780	431
2005	32	470000	453
2006	98	600000	494

资料来源：SIPO 专利检索平台，检索日期：2009 年 8 月 16 日；历年《中国金融统计年鉴》。

四　模型的相关检验

（一）指标变量的 ADF 平稳性检验

将指标变量取对数后，为了使样本的时间序列数据符合 VAR 模型所要求的平稳条件，应当对变量作平稳性检验，即单位根检验（Unit Root Test）（易丹辉，2002）。本书利用 EVIEWS5.0 中的 ADF 模型（Augmented Dickey - Fuller test statistic）对以上 3 个指标变量的原始数据序列的对数值做单位根检验，检验结果见表 3 - 4 所示。ADF 模型包含截距项，最大滞后期为 2。

因为 ADF 检验的原假设是存在单位根,只有 ADF 统计值是小于 1% 水平下的数字才可以极显著地拒绝原假设,认为数据平稳。而从表 3 - 4 中可以看出,1990—2006 年中国银行业的 LNPA、LNTA、LNEOU 这 3 组数据序列的 ADF 统计值均分别为 - 0.767894、- 0.094161 和 0.859934,均分别大于各自的 1%,5% 和 10% 显著性水平下的临界值,因此认为它们的平稳性结论都是非平稳的,3 个对数序列变量均为非平稳变量,不能满足向量自回归(VAR)的要求。因此,还需要将这些指标的对数值进行一阶差分(1st - difference),再次进行单位根的 ADF 检验。

表 3 - 4　3 个指标变量对数值原始数据（Level）的 ADF 检验结果

变量名	ADF 检验统计量	判别	显著性水平	临界值 (Critical values)	平稳性结论
LNPA	- 0.767894	>	1%	- 3.959148	非平稳
		>	5%	- 3.081002	非平稳
		>	10%	- 2.68133	非平稳
LNTA	- 0.094161	>	1%	- 4.05791	非平稳
		>	5%	- 3.11991	非平稳
		>	10%	- 2.701103	非平稳
LNEOU	0.859934	>	1%	- 4.05791	非平稳
		>	5%	- 3.11991	非平稳
		>	10%	- 2.701103	非平稳

利用 EVIEWS5.0 中的序列统计（Series Statistics）对样本 LNPA、LNTA 和 LNEOU 再次进行单位根检验,结果如表 3 - 5 所示。从表中可以看出,3 个样本指标变量 LNPA、LNTA 和 LNEOU 在进行一阶差分之后,它们的 ADF 值分别为: - 7.73664、- 9.172051 和 - 5.595621,均分别小于各自在 1%、5% 和 10% 显著性水平下的临界值,因此它们经过一阶差分后是平稳时间序列,可进行 VAR 模型分析,也即 LNPA、LNTA 和 LNEOU 这三个变量是一阶单整 I（1）。

表 3 – 5　　　　　　　　5 个指标变量一阶差分 ADF 检验结果

变量名	一阶差分 ADF 检验统计量	判别	显著性水平	临界值 (Critical values)	平稳性结论
D（LNPA）	– 7. 73664	＜	1%	– 3. 959148	平稳
		＜	5%	– 3. 081002	平稳
		＜	10%	– 2. 68133	平稳
D（LNTA）	– 9. 172051	＜	1%	– 4. 05791	平稳
		＜	5%	– 3. 11991	平稳
		＜	10%	– 2. 701103	平稳
D（LNEOU）	– 5. 595621	＜	1%	– 4. 05791	平稳
		＜	5%	– 3. 11991	平稳
		＜	10%	– 2. 701103	平稳

（二）Johansen 协整分析

根据上面的 ADF 检验可知，样本变量 LNPA、LNTA 和 LNEOU 都是一阶单整，因此 3 个一阶单整变量之间可能存在长期均衡关系，即协整关系。本书采用 EVIEWS5.0 的协整检验（Cointegration Test）对以上两组变量进行 Johansen 检验，即采用 Johansen 极大似然估计法对样本变量进行协整检验，检验结果如表 3 – 6。从表中可以看出，在最大特征根（$MAX_{Eigen-value}$）为 0.733527 时，迹统计值（Trance Statistic）为 39.81550，大于显著性水平 5% 的临界值 29.79707，从而拒绝"协整关系为 None"的假设。即表明在显著性水平 5% 下，3 个变量之间存在着协整向量。说明虽然这 3 个变量都是非平稳的，但可能受某些共同因素的影响，从而使得这些变量在时间上表现出共同的趋势，即变量之间存在某种稳定的关系，变量的变化受到这种关系的制约，因此这些变量之间的某种线性组合却可以是平稳的，即非平稳变量之间存在着长期稳定的均衡关系，从而满足了建立 VAR 模型的前提。

表3-6　　　　　　　　　一阶单整变量间的 Johansen 检验

Series：LOGPA LOGTA LOGEOU

假设方程个数	特征根	迹统计值	5% 显著性水平
None*	0.733527	39.81550	29.79707
At most 1*	0.651191	19.97825	15.49471
At most 2*	0.243198	4.179805	3.841466

　　注：在5%显著水平有3个协整方程；＊在5%显著水平拒绝假设；＊＊MacKinnon – Haug – Michelis（1999）P值。

（三）滞后期的确定

　　对于 VAR 模型滞后期的确定，本书利用 EVIEWS5.0 中的滞后结构（Lag Structure）中的滞后长度判别检验（Lag Length Criteria）得到相关信息，如表3-7所示。依据赤池信息准则（AIC, Akaike information criterion）和施瓦茨准则（SC, Schwarz information criterion）信息量取值最小的准则确定模型的阶数。从表3-7中可以看出，EVIEWS 给出的三阶 AIC 和 SC 分别是 -5.721680 和 -4.352272，依此可以判断 VAR 模型的滞后阶数应当选择3阶。而且从表中可也可以看出，衡量滞后期的几个指标中，有4个指标一致认为应当建立 VAR（3）模型。因此也可以判断，模型最好取3阶滞后。

表3-7　　　　　　　　　VAR 模型滞后期确定

VAR 模型滞后阶数选择

内生变量：LOGPA LOGTA LOGEOU

样本期间：1990—2006 年

所包含的观测值：14

Lag	LogL	LR	FPE	AIC	SC	HQ
0	-27.38934	NA	0.015428	4.341335	4.478276	4.328659
1	20.38840	68.25392	6.36e-05	-1.198343	-0.650579	-1.249048
2	44.46556	24.07716*	9.45e-06	-3.352223	-2.393637	-3.440958

Lag	LogL	LR	FPE	AIC	SC	HQ
3	70. 05176	14. 62069	1. 95e – 06 *	– 5. 721680 *	– 4. 352272 *	– 5. 848444 *

* 在选定准则下的滞后阶数

LR：连续改进的 LR 检验统计量（5% 显著水平的测试）

FPE：最终预测误差

AIC：赤池信息准则

SC：施瓦茨信息准则

HQ：Hannan 和 Quinn（1979）信息准则

第三节　模型建立与结果及发展策略分析

一　模型建立与结果分析

根据以上分析，可以建立 VAR（1）模型：

$$Y_t = C + A_1 * Y_{t-1} + A_2 * Y_{t-2} + A_3 Y_{t-3} + U_t, \quad t = 1, 2, \cdots, T$$

$$(3-5)$$

其中 Y_t =（LNPA，LNTA，LNCI，LNEOU，LNDS）'，C 为常数列向量，A_1、A_2 和 A_3 为代求矩阵，U_t 为扰动项，利用 EVIEWS5.0 对 3 组非平稳变量 LNPA，LNTA 和 LNEOU 进行 VAR 分析，其估计结果显示如表 3 – 8 所示。

表 3 – 8 列出了 VAR 模型的参数估计值（第一行数据），小括号内的数据是估计系统标准差，而方括号内列出的是 t 检验统计量值。本书所建立的 VAR 有 LNPA、LNTA 和 LNEOU 三个指标变量，因此分别会有三个方程。从表 3 – 8 中 t 统计量值可以看出，每个方程的滞后项不都是显著的。在建立 VAR 模型时，一般不进行筛选，仍然保留各个滞后变量。依该表中所列出的各个参数估计值，则可以得到各个方程的矩阵。

表 3 - 8　　　　　　　　　　VAR 模型参数估计值

	LOGPA	LOGTA	LOGEOU
LOGPA（-1）	- 0.585747	0.232677	0.006056
	(0.23186)	(0.29444)	(0.01175)
	[- 2.52626]	[0.79024]	[0.51555]
LOGPA（-2）	- 0.218213	0.061605	0.022868
	(0.24658)	(0.31313)	(0.01249)
	[- 0.88494]	[0.19674]	[1.83047]
LOGPA（-3）	0.345043	0.366692	0.022136
	(0.28197)	(0.35806)	(0.01429)
	[1.22370]	[1.02410]	[1.54955]
LOGTA（-1）	1.917177	1.600851	0.055798
	(0.50329)	(0.63912)	(0.02550)
	[3.80930]	[2.50478]	[2.18832]
LOGTA（-2）	- 2.075147	- 0.463250	- 0.012370
	(0.68707)	(0.87250)	(0.03481)
	[- 3.02028]	[- 0.53095]	[- 0.35536]
LOGTA（-3）	2.147241	0.215434	0.039963
	(0.47623)	(0.60476)	(0.02413)
	[4.50881]	[0.35623]	[1.65631]
LOGEOU（-1）	- 20.51357	- 15.27821	- 0.284409
	(6.41927)	(8.15172)	(0.32522)
	[- 3.19563]	[- 1.87423]	[- 0.87451]
LOGEOU（-2）	31.61062	7.798034	0.700468
	(9.95085)	(12.6364)	(0.50414)
	[3.17668]	[0.61711]	[1.38943]
LOGEOU（-3）	- 19.98416	2.158079	- 0.172838
	(5.44731)	(6.91745)	(0.27598)
	[- 3.66863]	[0.31198]	[- 0.62627]
C	35.09738	26.70562	3.492811
	(8.29377)	(10.5321)	(0.42019)
	[4.23178]	[2.53564]	[8.31247]

而表 3 - 9 则给出了各个子方程的相关检验结果, 每一列代表一个方程的检验统计量取值。从表中所列出的模型结果可以看出, 每个方程的 R 方与调整后的 R 方都在 0.79 以上, 而且每个方程的误差平方和与 Akaike AIC 值、Schwarz SC 值也都比较小。同时, 在模型的整体的效果检验当中, 赤池信息准则值与施瓦兹准则值分别为 -5.721680 和 -4.352272, 都比较小。

表 3 - 9 　　　　　　　VAR 模型各方程检验结果和整体检验结果

R 方	0.936100	0.983272	0.999270
调整后的 R 方	0.792325	0.945633	0.997627
残差平方和	0.406126	0.654920	0.001042
标准误差方程	0.318640	0.404636	0.016143
F 统计值	6.510853	26.12419	608.2637
对数似然估计函数值	4.915910	1.570962	46.67167
赤池信息准则	0.726299	1.204148	-5.238810
施瓦兹准则	1.182768	1.660618	-4.782341
因变量均值	3.067849	10.61141	5.766322
因变量标准差	0.699210	1.735394	0.331396
残差协方差的行列式值 (净自由度调整)	3.88E-07		
残差协方差的行列式值	9.05E-09		
对数似然估计函数值	70.05176		
赤池信息准则	-5.721680		
施瓦兹准则	-4.352272		

通过建立 VAR 模型得到的方程函数中 (-1) 表示 1 阶滞后, (-2) 表示 2 阶滞后, (-3) 表示 3 阶滞后。估计参数的 t 检验值有的可以通过检验, 有的不能通过检验, VAR 模型不对通不过检验的参数估计进行处理。建立 VAR 模型之后, 结合研究主题, 本书将主要分析中国银行业专利活动和创新绩效两个相关方程:

其一, 中国银行业专利活动向量自回归方程。

从式 (3 - 6) 中可以看出, 系数较为显著的变量为常数项、LN-

PA（-1）、LNTA（-1）、LNTA（-2）、LNTA（-3）、LNEOU（-1）、LNEOU（-2）、LNEOU（-3）。一方面，这说明中国银行业专利活动受到其自身、中国银行业创新绩效和中国银行业开放程度的影响，而且，中国银行业开放程度对于中国银行业专利活动的影响最大。另一方面这也说明这些因素对于中国银行业专利申请的影响是有时滞的，并不是当期就能产生影响，其滞后期分别为 1，1，2，3，1，2，3。

从式（3-6）中还可以看出，中国银行业专利活动本身对于自身的影响是动态变化的，滞后 1 期和滞后 2 期的影响是负效应的，而到了滞后 3 期的时候，影响则转变为正效应。在其他条件不变的情况下，在滞后 1 期，PA 每增加一个单位，中国银行业的 PA 则会下降 0.59 个单位，而到了滞后 3 期，PA 每增加一个单位，中国银行业的 PA 则会增加 0.35 个单位。

而中国银行业创新绩效对于专利活动的影响也是动态变化的，滞后 1 期和滞后 3 期的影响是正效应的，而滞后 2 期的影响却是负效应的。假设其他条件不变的情况下，在滞后 2 期，TA 每增加一个单位，中国银行业的 PA 则会下降 2.08 个单位，而到了滞后 3 期，TA 每增加一个单位，中国银行业的 PA 则会增加 2.15 个单位。

中国银行业开放程度对 PA 的影响在滞后 1 期和滞后 3 期是负效应的，EOU 变动一个单位，PA 会分别降低 20.51 和 19.98 个单位。而在滞后 2 期的时候影响是正效应的，EOU 每变动一个单位，PA 则会增加 31.61 个单位。

$$
\begin{aligned}
LOGPA = &-0.5857471384 \times LOGPA(-1) - 0.2182129878 \times \\
&LOGPA(-2) + 0.3450431592 \times LOGPA(-3) + \\
&1.917177297 \times LOGTA(-1) - 2.075147029 \times LOGTA(-2) + \\
&2.147240988 \times LOGTA(-3) - 20.51356629 \times LOGEOU(-1) + \\
&31.6106202 \times LOGEOU(-2) - 19.98416091 \times LOGEOU(-3) + \\
&35.09738333
\end{aligned}
$$

$$(3-6)$$

此式表明，以银行卡年度交易额为代理变量的中国银行业创新绩效对中国银行业专利活动有着积极的影响。银行卡的交易额，一方面体现了中国银行业金融创新的能力，另一方面也体现了中国银行业创新产品的市场应用能力，同时还体现了顾客对于银行创新产品的满意度。因此，银行卡年度交易额对于专利活动的动态影响直接说明了银行业创新活动及其创新产品经营绩效和技术创新的市场应用能在相当程度上影响银行企业的专利活动。

在以金融创新产品为市场竞争、客户分流主要手段和特征的今天，银行的创新活动影响着银行的市场竞争地位和经营业绩，而作为创新产品的保护手段的专利申请活动，则同样体现着银行企业的市场竞争地位和经营业绩。从这个角度即可以认为，银行的经营业绩对专利申请有着促进的作用，银行的经营业绩越好，则会推动着银行企业的各项金融产品的发展与创新，从而对专利申请提出更多的需求，促使更多的创新产品，尤其是科技的创新成果通过申请专利得到保护，同时形成更强的市场竞争力。因此，银行创新产品的经营业绩有利于银行的创新活动发展，并推动银行专利活动。

同时，随着中国银行业对外开放程度的加深，外资银行的不断涌入，中国银行业的专利活动将受到较大的影响。因此可以肯定的是，中国加入 WTO 之后，中国金融市场的放开，以及中国经济发展对世界经济的影响程度的加深，必然会有越来越多的外资跨国银行进入中国金融市场，将会进一步影响中国银行业的专利活动。

其二，中国银行业创新绩效向量自回归方程。

从式（3-7）中可以看出，系数较为显著的变量为常数项、LN-TA（-1）、LNEOU（-1）、LNEOU（-2）和 LNEOU（-3）。这说明中国银行业技术应用能力受到其自身、中国银行业开放程度的影响较大；另一方面也说明这些因素对于中国银行业创新绩效的影响是有时滞的，并不是当期就能产生影响，其滞后期分别为 1，1，2，3。

从式（3-7）中还可以看出，中国银行业专利活动对于创新绩效的影响不大，但是，其影响方向都是正效应的。在滞后 1 期、滞后 2 期和滞后 3 期，PA 每增加一个单位，中国银行业的 TA 就会分别增加 0.23、0.06 和 0.37 个单位。

中国银行业创新绩效对于自身的影响在滞后 1 期和滞后 3 期都是

正效应的，每增加一个单位，TA 就会分别增加 1.60 和 0.22 个单位，而在滞后 2 期的影响却是负效应的，每增加一个单位，T 就会相应减少 0.46 个单位。

　　而中国银行业开放程度指标对于中国银行业创新绩效的影响是最大的。在滞后 1 期，EOU 对于 TA 的影响是负的，每增加一个单位，EOU 就会减少 15.28 个单位。而在滞后 2 期和滞后 3 期，EOU 对于 TA 的影响都是正效应的，每增加一个单位，TA 则会分别增加 7.80 和 2.16 个单位。

$$
\begin{aligned}
LOGTA = {} & 0.2326769 \times LOGPA(-1) + 0.06160502872 \times LOGPA(-2) \\
& + 0.3666923715 \times LOGPA(-3) + 1.600850625 \times LOGTA(-1) \\
& - 0.4632504465 \times LOGTA(-2) + 0.2154340436 \times LOGTA(-3) \\
& - 15.27821447 \times LOGEOU(-1) + 7.798033503 \times LOGEOU(-2) \\
& + 2.158078623 \times LOGEOU(-3) + 26.70561645 \quad (3-7)
\end{aligned}
$$

　　式（3-7）表明，外资银行的大量涌入对于中国银行业的创新绩效和技术应用能力的影响较大。这反映了，外资银行涌入加剧了中国银行业的竞争程度，其中利用信息技术开展和经营金融产品则是其中的表现之一。从整体上看，与内资银行相比，外资银行的信息技术应用水平和利用信息技术进行业务经营的能力起步更早、发展更快、技术更先进。因此，这些银行进入中国金融市场，在加剧竞争的同时，也推动着中国的内资银行提高自身金融产品的技术含量和经营能力，进行有市场竞争力和市场应用空间的金融产品创新，才能在与外资银行的激烈竞争当中获得、维持并增强自身的竞争优势。

　　二　格兰杰因果检验

　　变量间的长期均衡关系是否具有因果性，可以通过格兰杰因果关系检验来进一步验证。由于 LNPA，LNTA 和 LNEOU 这三个变量均为一阶单整且具有协整关系，因此可以对这三个变量进行格兰杰因果关系的检验。

　　格兰杰因果检验在考察序列 X 是否是序列 Y 产生的原因时采用这样的方法：先估计当前 Y 值被其自身滞后期取值所能解释的程度，然后验证通过引入序列 X 的滞后值是否可以提高 Y 的被解释程度，如果是，则称序列 X 是 Y 的格兰杰成因（Granger Cause），此时 X 的滞后期系统具有统计显著性。一般地还应当考虑问题的另外一方面，即序列 Y 是否是 X 的格兰杰成因。本书利用 EVIEWS5.0 来计算用于检验的 F 统计量及相伴概率，结果如表 3 - 10 所示。

表 3 - 10 格兰杰因果关系检验结果

原假设	F 统计量	相伴概率	结论
创新绩效不是专利活动的格兰杰成因	0.57632	0.64869	接受
专利活动不是创新绩效的格兰杰成因	0.35397	0.78805	接受
开放程度不是专利活动的格兰杰成因	0.34486	0.79418	接受
专利活动不是开放程度的格兰杰成因	0.66796	0.59800	接受
开放程度不是创新绩效的格兰杰成因	4.09609	0.05674	拒绝
创新绩效不是开放程度的格兰杰成因	9.76301	0.00676	拒绝

从表 3 - 10 中可以看出，中国银行业创新绩效、专利活动和开放程度三者之间的关系如下：

其一，中国银行业创新绩效与中国银行业专利活动相互之间的格兰杰关系。中国银行业创新绩效不是中国银行业专利活动的格兰杰成因，同时，中国银行业专利活动也不是中国银行业创新绩效的格兰杰成因。

其二，中国银行业开放程度对于中国银行业专利活动和中国银行业创新绩效的格兰杰关系：①中国银行业开放程度不是中国银行业专利活动的格兰杰成因，而中国银行业专利活动也不是中国银行业开放程度的格兰杰成因；②在 10% 显著性水平上，中国银行业开放程度是中国银行业创新绩效的格兰杰成因，同时，在 1% 显著性水平上，中国银行业创新绩效也是中国银行业开放程度的格兰杰成因。

三　问题及策略分析

通过以上 VAR 模型所得到的函数分析可以得到以下基本结论：中国银行业专利申请活动受到其自身、中国银行业创新绩效和中国银行业开放程度的影响；中国银行业创新绩效受到其自身、中国银行业开放程度的影响。从这些研究结论可以看出，其一，中国银行业的开放程度，即大量涌入中国金融市场的外资银行，对中国银行业的专利活动、银行产品技术创新和金融产品市场推广和应用效率、R&D 支出和经营业绩都产生了积极的影响；其二，中国银行业创新绩效对中国银行业的专利活动、技术应用效率都有着积极的影响。

通过格兰杰因果关系检验可以发现，创新绩效和专利活动之间本来应当存在的互动影响关系，在中国银行业中没有得到体现。这说明，中国银行业创新活动和专利管理存在以下问题：

第一，从专利角度看银行业创新活动存在的问题。

中国银行业 R&D 支出没有对专利活动产生其本来应有的影响，即中国银行业投入了研发费用，进行金融创新活动，但是其相关成果在专利保护的角度却没有得到相应的体现。作为创新的保护手段和 R&D 支出的成果表现形式之一，专利保护状况是衡量产业研发质量和效率的指标之一。这些情况说明中国银行业的金融创新活动和 R&D 活动可能存在以下问题：①R&D 成果的创新程度不高，一些可专利性的金融创新成果，因为无法满足专利制度的"新颖性、创新性和实用性"要求而无法得到专利保护；或者②专利保护意识不强。虽然研发得到了一批具有创新性的金融产品，但是由于受到"被动专利保护"的传统观念的影响，以及过分追求市场经营业绩，而不注重专利等"软竞争力"的经营管理战略，从而使得专利在银行业创新活动及其绩效中应有的价值没有得到体现。

对此，中国银行企业应当在加强 R&D 投入的同时，提高研发的创新程度。详细研究中国的专利政策，对于可获得专利保护的 R&D 成果，要及时申请专利保护。从宏观角度看，银行企业的经营管理者应当结合自身实际，制定符合自身经营的专利战略，并将其融入到企业的整体发展战略当中，真正发挥专利战略对银行日常经营活动的作用；从微观角度看，银行企业在引进创新型人才的同时，应当加强和提高研发人员的专利保护意识，制定合理的专利活动奖励机制，激发员工尤其是研发人员开展金融产品、技术创新以及专利保护的热情。

第二，从创新绩效角度看中国银行业专利活动存在的问题。

　　中国银行业专利活动并没有对中国银行业技术或产品创新的市场经营业绩产生影响。有研究表明，银行卡类的专利是中国银行业专利活动的主要组成部分，[1] 但是研究结果却表明，这些专利申请对于银行卡交易额没有产生积极的影响。这反映了中国银行业专利申请可能存在以下问题：①专利申请的市场应用性不强；②中国银行业专利活动还处于起步阶段，只有量上的发展，却缺乏质的保证。

　　对此，中国银行企业应当提高自身对于经营专利产品的技能，对自身拥有的专利进行有效的管理，通过专利的实施、许可、转让、质押等方式，真正发挥自身拥有的核心专利产品的市场价值。与此同时，银行企业在进行专利产品的研发过程中，在利用先进技术、提高创新性的同时，应当充分将银行顾客或市场的需求真正融入到专利产品的研发当中，真正做到以创新技术为核心，以市场和客户为导向的专利产品开发战略，以提高专利产品的应用性，并真正实现专利对产品的市场经营和推广的价值。

第四节　本章小结

　　本章主要研究两个问题：其一，信息化背景下的银行业创新活动；其二，中国银行业创新绩效与专利保护的动态关联。旨在通过这两个方面研究，发现中国银行业创新活动和专利保护过程中存在的问题，并提出发展策略。

　　研究了信息技术在银行业中应用的"早期起步、特定应用、广泛应用和技术扩散"四个发展阶段及其对银行创新经营活动的影响，在此基础上，中国银行业信息化建设发展的几个主要阶段，并着重归纳了中国银行业网上银行、电话银行、移动银行、ATM 和银行卡等创新产品的发展概况。

---

　　① 温英杰、邱洪华、余翔：《中国银行业商业方法专利发展态势及对策研究》，《知识产权》2007 年第 5 期。

以银行卡年度交易额作为中国银行业创新绩效的代理变量，以中国银行业三类专利年度申请量为专利活动的代理变量，考虑到加入WTO后，中国银行业开放的经营背景，加入中国银行业开放程度变量，并以外资银行进入中国金融市场的机构数为其代理变量，对以上变量进行定义和数据收集后，建立VAR模型，并得到了中国银行业专利活动的向量自回归方程和中国银行业创新绩效的向量自回归方程，通过回归方程可以看出：中国银行业专利活动受到其自身、中国银行业创新绩效和中国银行业开放程度的影响，而且，中国银行业开放程度对于中国银行业专利活动的影响最大。一方面说明这些因素对于中国银行业专利申请的影响是有时滞的，并不是当期就能产生影响；另一方面说明这些因素对于中国银行业创新绩效的影响是有时滞的，并不是当期就能产生影响。因此可以看出，加入WTO，中国金融市场的开放，大量外资银行的涌进，在加剧中国银行业的市场竞争的同时，也会积极地影响着中国银行业开展创新活动和专利保护。

通过VAR模型进行格兰杰因果检验可以看出，中国银行业创新绩效不是中国银行业专利活动的格兰杰成因，同时，中国银行业专利活动也不是中国银行业创新绩效的格兰杰成因。因此，本书认为，从专利角度看，中国银行业创新活动存在以下问题：R&D创新程度不高、专利保护意识不强。为此，本书提出了以下发展策略：第一，提高研发的创新程度；第二，制定符合自身经营的专利战略；第三，加强和提高研发人员的专利保护意识，制定合理的专利活动奖励机制。

而从创新绩效角度看，中国银行业专利活动存在以下问题：专利申请的市场应用性不强；中国银行业专利活动还处于起步阶段，只有量上的发展，却缺乏质的保证。为此，本书提出了以下的发展策略：第一，提高自身对于经营专利产品的技能，对自身拥有的专利进行有效的管理；第二，在进行专利产品的研发过程中，应当充分将顾客或市场的需求真正融入到专利产品的研发当中，真正做到以创新技术为核心、以市场和客户为导向的专利产品开发战略。

第四章　商业方法可专利性及其对银行业的影响

　　在知识经济和信息科技以及网络技术高度发达和普及的21世纪，作为信息技术应用最早、最广泛的领域，银行业服务创新的发展同样体现着专利制度的价值。专利制度在保护银行创新活动成果的同时，更刺激着银行企业进行创新活动。在知识经济时代，以专利为核心组成部分之一的知识产权发挥着越来越大作用。一个公司的账面资产已经不仅仅是指其有形资产和金融资产，[①] 而且还包括其知识产权。[②] 对一个企业来说，通过申请专利来保护自身的创新成果是非常重要的，因为拥有专利权一方面可以遏制他人侵犯自身的创新技术成果行为的发生，或者在他人侵犯自身专利技术的时候依法得到合理的补偿，另一方面可以通过实施、许可转让，以提高或实现创新产品的商业价值。

　　通常认为，专利制度有利于推动创新活动的发展进步。因为专利制度可以使得发明者在时间和费用方面的研发投资通过一个法定的垄断权得到补偿，从而进一步通过本技术领域或者行业的专利信息，了解技术创新发展的现状，同时激发创新者开展技术创新的热情并为其提供创新思想和理念的知识支持。

　　本章将从商业方法可专利性的历史发展出发，探讨美国和中国的

---

①　Grindley P. C. , Teece D. J. , "Managing Intellectual Capital: Licensing and Cross – Licensing in Semiconductors and Electronics", *California Management Review*, Vol. 39, No. 2, 1997, pp. 8 – 41.

②　Rabino S. , Enayati E. , "Intellectual property: The double – edged sword", *Long Range Planning*, Vol. 28, No. 5, 1995, pp. 22 – 31.

商业方法可专利性相关法律环境和经典案例，进而深入探讨银行业申请专利保护商业方法的动因及商业方法专利保护对银行业的影响和经济意义。

第一节　商业方法可专利性的历史发展

一　商业方法与银行业商业方法的内涵界定

USPTO 于 2000 年 7 月 27 日公布的《商业方法专利白皮书》（*Business method patent white paper*）将商业方法定义为：用于商业运作、行政、企业管理或财务数据处理，以执行数据处理操作的装置及对应的方法，其能使数据或者执行计算的操作在经过处理后有显著的改变。美国国会的《2000 年商业方法专利改进法案》（*Business Method Patent Improvement Act of* 2000），该法案将商业方法定义为：（1）一种经营、管理或其他操作某一企业或组织，包括运用于完成或处理业务的技术方法，或者一种处理财务数据的方法；（2）任何应用于竞技、指导或个人技能的技术方法；（3）上述（1）和（2）中所描述的由计算机辅助实施的技术或方法。欧洲专利局（European Patent Office，以下简称 EPO）则认为商业方法是涉及人、社会与金融之间关系的任何主题，具体可以包括以下内容：调查用户习惯的方法；市场营销方法；引导用户消费方法；商品及服务的方法；记账方法；开发新市场和新交易的方法；产品及服务的分配方法；产品与制作方法的利用；在金融服务和与互联网有关的电子商务活动中有更多的商业方法的专利。

从表现形式和内容上看，商业方法可以分为传统意义上的商业方法和现代意义上的商业方法。前者是指那些一直以来被大多数国家的专利法以"智力活动的规则和方法"原则排除在专利法客体之外而不予以专利保护的商业方法，即商业经营活动的和管理规则的一系列的方法的总和，或者说是"经商，交易，做生意的策略"。这种商业方法由于其只是纯粹的商业经营的方法或者理念，与运算法则一样，属于抽象思维，与技术领域无关，其没有技术性特征、不利用技术性手段、不产生技术性效果，因此这些商业方法不具备可专利性的条件。而后者是指在信息科技、互联网和电子商务的背景下，将计算机硬/软件和商业方法有机结合在一起而形成的新的商业方法。这实际上是由于科技发展进步所赋予商业方法的新的内涵和表现形式，其产生和发展都离不开计算机科学和网络技术，具有明显的技术性的特征，因此其具有可专利的可能性。因此，本书所探讨的商业方法是指狭义的商业方法，即现代意义上的商业方法，也就是将融入了先进科技的商业方法，其具有可专利性，如果其符合"三性"审查标准，就可以得到专利的保护。

根据美国学者 Lerner 的研究，美国专利法中金融业商业方法专利主要包括：（1）融资方法，例如基于计算机处理的信贷展期、基金运用规划和证券分解办法；（2）资产组合选择、规则和分析方法；（3）金融资产交易、匹配和投标竞价的方法；（4）信贷处理程序或处理方法；（5）与保险相关的方法，例如保险单的计算机处理方法、保险理赔的处理程序、年金的计算、保险公司资产的运用、风险管理方法等。

而本书则根据以上对商业方法内涵的界定，将银行业商业方法理解为：在金融电子化的背景环境下，银行企业将其经营、管理活动与信息科技、网络技术以及计算机相结合而形成的一种新的发展业务的方式和领域。根据银行业商业方法的背景和内容，可以归纳出其具有以下几个方面的特征：（1）从本质上看，其还是银行企业进行经营管理的一种手段；（2）从形式上看，其主要是通过信息科技表现出来的一种电子金融活动；（3）从价值上看，其作为无形资产之一，与其他有形资产一起，构成银行企业的资产组成部分；（4）从效果上看，其不仅改变了传统银行业务经营的时间性、地域性的限制，而且还有利于银行业务的自动化和网络化，从而提高业务效率、增加收益，有利于依靠先进的科技手段，培养、形成和保持自身的竞争优势。①

二 商业方法可专利性的起源及其"例外"制度

最早出现的商业方法专利可追溯至 1799 年 3 月 19 日。美国专利

---

① 余翔、邱洪华：《基于判例和立法的美国商业方法专利研究》，《科技进步与对策》2007 年第 3 期。

局授予 Jacob Perkins 一项关于"检测伪造票据"（Detecting Counterfeit Notes）的专利，但该专利资料在 1836 年的一场大火中遗失。而现今尚有书面记载的最早的商业方法专利是由 John Kness 于 1815 年取得的一种关于"防伪模式"（A Mode of Preventing Counterfeiting）的专利。依据统计，在 1790 年至 1840 年间，美国专利局共授予了 40 件关于财务的商业方法专利。[①]

1908 年，Hotel Security Checking Co. v. Lorraine Co.。两公司对"现金记录与账户检查方法和措施是不是应当受到专利法的保护"这一问题发生争议，上诉法院在审理时认为发生争议的系统不具有"新颖性"而不予以专利保护。第二巡回法院在该案的附带意见中指出："该现金记录与账户检查方法"仅仅是一个抽象的概念，交易系统与该系统的执行方法没有必然的联系。法院只会在有一物理性结构能够表明该系统与实际的文字材料具有功能性联系的时候才会有可能同意该主题具有可专利性。[②]

该案的判决虽然没有做出诸如"商业方法不具有可专利性或不属于可专利主题"等的明确的判断，却用判例确立了一个"商业方法除外原则"（business methods exception）。对于美国这样一个典型的判例法国家来说，法官不仅可以援用成文法，而且还可以援用已有的判例来审判案件，也就是说，法官不仅可以适用法律，而且还可以在一定的范围之内创造法律，因此，"法官造法"的适用使此后法院的很多法官和律师都会依此认为商业方法不具有可专利性的主题（patentable subjectmatter）。

三　商业方法专利保护的发展

State Street Bank and Trust v. Signature Financial Group，Inc 一案

---

① M. J. Meurer，"Business Method Patents and Patent Floods"，http：//heinonline. org/ HOL/Page? handle = hein. journals/wajlp8&div =14&g_ sent = 1&casa_ token = &collection = jour-nals，2017 年 10 月 26 日。

② K. M. Baird，"Business Method Patents：Chaos at the USPTO or Business as Usual"，ht-tp：//heinonline. org/HOL/Page? handle = hein. journals/jltp2001&div = 20&g_ sent = 1&casa_ token = &collection = journals，2017 年 10 月 28 日。

（以下简称 SSB 案）争议标的是一项由 Signature 公司于1993 年获得专利授权的用来管理金融服务信息的数据处理系统（Data Processing System for Hub and Financial Services Configuration）。① 美国麻省联邦地方法院根据"数学算法除外原则"和"商业方法除外原则"作出简易判决：该专利申请实质上是包含商业方法的专利，不具有可专利性，不属于专利保护的"法定主题"，因此认定专利无效。州法院支持和肯定了 StateStreet Bank 的诉讼请求。

但是，根据美国专利商标局（Uniter State Patent and Trademark Office，以下简称 USPTO）于 1996 年颁布的新《审查指南》解释及其法律精神，作为专利案件集中上诉的法院，美国联邦巡回法院（the Court of Appeals for the Federal Circuit，以下简称 CAFC）在受理专利权人 Signature Financial Group，Inc 上诉时，明确否定了 Freeman - Walter - Abelt 测试法在判断一个计算机相关发明的可专利性标准过程中的适用性，同时还认为："对将通过数学运算计算出的分散金额数据表示变换为最终分配价格的变换形式提出权利要求的装置，是一种数学算法/公式和计算机的实际应用。因为其产生了有用、具体和有形的结果（useful，concrete and tangible result）而应能得到专利的保护。"

根据 CAFC 的判决，关于商业方法的专利申请，是一项与计算机相关的发明在具体专利技术领域中的实际应用。不可因其本身属于商业方法而将其排除于可专利范围之内。当然，如同其他的过程或方法权利要求一样，商业方法的权利要求是否最终授予专利，还必须判断该权利要求是否满足法定专利的其他审查要件，即专利法所规定的实用性（utility）、新颖性（novelty）和非显而易见性（non - obviousness）的要求。1999 年 1 月，美国最高法院（supreme court）拒绝了 State Street Bank 要求对 CAFC 的上诉判决进行再审的请求。通过 SSB 案，美国的法院在判例实践上，肯定了商业方法的可专利性。从而从

---

① S. L. Friedman, T. S. Biemer, C. M. Callahan, "State Street Bank and Trust Company v. Signature Financial Group Inc. - At the Intersection of Technology, Commerce and the Law", http：//heinonline. org/HOL/Page？ handle = hein. journals/iprolane17&div = 21&g_ sent = 1&casa _ token = &collection = journals, 2017 年 11 月 3 日。

根本上改变了一直以来否定商业方法可专利性的态度。

　　美国的实务界也因此兴起了一股商业方法专利申请的热潮。虽然在事实上,以往的美国专利商标局确实驳回了太多的商业方法类专利申请,但通过对相关案件的研究和挖掘可以发现,这些专利被驳回的理由只是因为缺乏新颖性(novelty)或者缺乏创造性(unobviousness),而不是可专利性(patentability)。而这却让一直以来的专利申请人、律师甚至是有些法官对商业方法类专利申请形成了一个观念上的偏差,将是否可获得专利权的问题与是否具备可专利性问题,也就是是否属于专利保护范围的问题混为一谈。这种混淆最终在专利法领域形成了"商业方法除外"的原则,从而在面对相关专利申请时,就立即否定了它的可专利性,也就否定了其获得专利保护的可能性。所以,当SSB案清楚明白地表明了立场以后,才会在美国引起轩然大波。SSB案重申了一个原则:专利就是专利,只要它符合专利法的授权条件,就可以授权,至于它是否用于商业,则在所不问。

　　而对于商业方法专利,其可专利性问题从20世纪90年代末美国的SSB案到最近这几年,一直是专利领域争论和研究的焦点问题之一。外国一些学者对于商业方法创新成果能够授予专利并且带来竞争优势持肯定态度,认为只要具备授予专利权所要求的条件,商业方法就应该获得专利保护。[①]为此,银行在进行商业方法创新的时候,通常会迅速地申请专利。[②]但也有学者认为,鉴于商业方法创新本身的特殊性和不确定性,应该执行更加严格的专利审查授权标准,[③]进一步完善专利审查制度,提高商业方法专利的授权质量。[④]

---

　　① Zekos Gi, "Developments on business method patents", *The Journal of World Intellectual Property*, Vol. 7, No. 5, 2004, pp. 693 – 709.

　　② Hunt R. M., "Business Method Patents and U. S. Financial Services", http://www.philadelphiafed.org/files/wps/2008/wp08 – 10.pdf.

　　③ Leo J. Raskind, "The State Street Bank Decision: the Bad Business of Unlimited Patent Protection for Methods of Doing Business", *Fordham Intellectual Property*, *Media and Entertainment Law Journal*, Vol. 10, No. 1, 1999, pp. 60 – 64.

　　④ 贺正楚、朱莎、杨博文:《我国银行业商业方法专利分析》,《情报杂志》2014年第5期。

有研究认为，近十年以来，银行企业申请的专利大部分都是商业
方法专利①。而且经过数年的发展，中国内资银行的专利数量已经取
得巨大进步，但是专利质量在某些指标上依然落后于外资银行；② 内
资银行应充分利用现有的商业方法专利创新成果，积极开拓国际专利
战略市场，取得国际竞争优势。③ 美国是世界上最早承认银行商业方
法可专利性的国家，因此本章首先将从中美两国关于商业方法可专利
性的法律性规定出发，并在此基础上，简要分析商业方法专利保护对
于银行业的影响，并进行利用专利技术/功效分析工具，对中国银行
业商业方法技术创新及其专利活动进行深入的研究。

第二节　美国商业方法可专利性
规定及其最新发展

一　美国商业方法可专利性的相关判例和立法

伴随着计算机科学、电子商务和互联网技术的迅猛发展和普及，
在知识产权的专利领域兴起的商业方法专利，近几年备受实业界和学
术界的关注。美国是世界上信息科技最发达的国家，因此，其对于商
业方法的专利保护是最迫切的，也是走得最早，走得最快、最远的。
本节试图着重通过对美国商业方法专利的判例和立法的研究，对商业
方法在美国发展的历史轨迹及其可专利性的背景和条件，有一个更加
透彻的理解和认识。

（一）美国商业方法可专利性在判例实践上的突破和发展

1. "太阳底下任何人造的东西" 的可专利性原则

在 Diamond V. Chalrabarty 一案中，美国最高法院将可专利主题概

___

① 邱洪华、金泳锋、余翔：《基于专利地图理论的中国银行商业方法专利研究》，《管
理学报》2008 年第 5 期。

② 邱洪华：《比较视角下的中国内外资银行专利信息分析》，《上海金融》2013 年第 2
期。

③ 章晓仁、丁玲、陈向东：《基于专利地图理论的我国商业银行专利比较研究》，《情
报杂志》2011 年第 6 期。

括表述为"太阳底下任何人造的东西"。根据该表述我们可以推知，包括商业方法在内的任何发明，只要是人造的并符合"新颖性、有用性以及非显而易见性"的具体发明专利要求的，都有得到专利保护的可能，即具有可专利性。

2. 计算机程序的可专利性的确立

按照各国传统的知识产权制度，计算机软件因为属于不反映自然规律的"数学公式"而被直接否定了其可专利性，从而排除了通过专利来保护的可能性。直到 1981 年，美国联邦最高法院在 Diamond V. Dieher 案的判决中，第一次准许了关于数学算法的权利要求，第一次把计算机程序当作《专利法》第 101 款（35 U.S.C.）保护客体，并明确声明：该案中主张权利的发明并不是为了独占一个数学算法。当包含一个数学公式的一项权利要求，作为"整体"的计算机程序，在一个结构或程序里执行或运用、执行一项功能时，该权利要求即符合了美国《专利法》第 101 款中所要求的条件而有可能获得专利保护。法院将该主张权利的发明看作是一个方法，而不是一个数学算法。虽然法院最后还是重申了数学算法本身不具有可专利性，但法院还是认为："一个体现其他方面法定的主题的权利要求不会仅仅因为其使用了数学公式、计算机程序或数字化计算机而变成为非法定主题。"

3. "两步测试法"适用的弱化

Dieher 案判决之后，美国联邦巡回法院（the Court of Appeals for the Federal Circuit，以下简称 CAFC）的前身，海关和专利上诉法院（the Court of Customs and Patent Appeals，简称 CCPA）提出了一个"两步测试法"（a Two – Step Test），也就是被大家所熟知的 Freeman – Walter – Abelt 测试法。CAFC 运用这个测试法来审查一些包含数学算法的发明是否具有可专利性。然而，1994 年，CAFC 在 In Re Alappat 一案中又恢复了原来的审查方法，而放弃了该测试法的使用。CAFC 认为可专利主题的判断应该遵守原来权威的审查方法，也就是第 101 款中的规定和最高法院在 Benson，Flook 和 Dieher 这 3 个案件中所作的判决。认为包含数学公式或者算法的发明可以作为可专利主题的一部分。另外，CAFC 进一步认为："一旦依照计算机软件的指令，计算机程序就是为了执行特定功能时，一台普通用途的计算机在效果上就成为一台特殊用途的计算机。"从此以后，计算机软件开始逐渐地在司法实践中被纳入专利法的保护范围，成为可专利的主题之一，并为作为计算机相关发明之一的商业方法得到专利法保护，准备了必要的前提和基础。

4. State Street Bank and Trust v. Signature Financial Group，Inc. 一案和商业方法可专利性的确定

SSB 案争议标的，是一项由 Signature 公司于 1993 年获得专利授权的用来管理金融服务信息的数据处理系统。美国马萨诸塞联邦地区法院根据"数学算法除外原则"和"商业方法除外原则"作出简易判决：该专利申请实质上是包含商业方法的专利，不具有可专利性，不属于专利保护的"法定主题"，因此认定专利无效。州法院支持和肯定了 State Street Bank and Trust 的诉讼请求。但是，根据 USPTO 于 1996 年颁布的新《审查指南》解释及其法律精神，作为专利案件集中上诉的法院，CAFC 在受理专利权人 Signature Financial Group，Inc. 上诉时，在明确地否定了 Freeman - Walter - Abelt 测试法在判断一个计算机相关发明的可专利性标准过程中的适用，同时还认为："对将通过数学运算计算出的分散金额数据表示，变换为最终分配价格的变换形式提出权利要求的装置，是一种数学算法/公式和计算机的实际应用。因为其产生了有用、具体和有形的结果（useful，concrete and tangible result）而应能得到专利保护。"根据 CAFC 的判决，关于商业方法的专利申请，是一项与计算机相关的发明在具体专利技术领域中的实际应用。不可因其本身属于商业方法而将其排除于可专利范围之外。当然，如同其他的过程或方法权利要求一样，商业方法的权利要求是否最终授予专利，还必须判断该权利要求是否满足法定专利的其他审查要件，即专利法所规定的实用性、新颖性和非显而易见性的要求。1999 年 1 月，美国最高法院拒绝了 State Street Bank and Trust 要求对 CAFC 的上诉判决进行再审的请求。通过 SSB 案，美国的法院在判例实践上，肯定了商业方法的可专利性。从而，从根本上改变了一直以来否定商业方法可专利性的态度。美国的实务界也因此兴

起了一股商业方法专利申请的热潮。

5. "有用、具体和有形的结果"专利审查原则在判例实践中的深化适用

1999 年，在 At&t Corp. v. Excel Communications，Inc. 关于电话通话信息记录系统一案中（以下简称 AT&T Corp. 案）CAFC 一方面认为，"物理转换（physical transformation）不是一个永远不变的必要条件，但只是一个数学算法怎样产生有益应用的一个例子"。另一方面，再次肯定了商业方法专利审查的"有用、具体和有形的结果"原则。不管申请专利的权利要求属于哪个种类，不管是器械或者方法，对于适用第 101 款的审查标准应当一致。如果数学算法从事了实际的应用，并产生了实用的结果，则表明该包含数学算法的权利要求具有可专利性。事实上，SSB 案以后，CAFC 对于一项专利申请的权利要求，把更多的注意力放到其本身所具有的功能方面，特别是权利要求的实用性（practical utility）方面，而不再只是注重权利要求属于哪一种类的形式。至此，根据 SSB 案和 At&t Corp. 案这两个判例，一方面，计算机软件相关的发明专利申请已不再限于机器、装置或方法，而将公司的经营策略、管理方针和投资模式等原本属于"抽象概念"或"智力活动规则"等与"机器结合"（计算机）的方式表现出来，只要它们可以产生有用、具体和有形的结果，即可以得到专利法的保护。另一方面，确定了商业方法专利审查的重点从技术性转向了实用性。综合 CAFC 在以上几个典型的判例中所作的判决，可以得知：（1）USPTO 如果要否定一项专利申请，主要或更倾向于根据第 102 款、第 103 款和第 112 款，而不是第 101 款；（2）USPTO 规定了专利审查员即使认为专利申请不符合第 101 款规定，也应当按照第 102 款、第 103 款和第 112 款来进行审查；（3）在决定一项权利要求的法定主题问题上，更注重于该权利要求的功能（functional）和实际效用（practical usefulness）；（4）一项发明分类的使用，更大程度上是为了一项发明的新颖性和显而易见性的审查，而不是法定主题的审查，即使一些权利要求被归类为商业方法。

（二）美国商业方法可专利性在立法和相关政策上的突破和发展

1. 美国宪法中关于可得到专利法保护的客体的规定

美国宪法明确规定：国会有权通过保障作者和发明人对其作品和发明的有期限的排他权，促进科学和实用技术的进步。根据宪法这一原则性的规定，包括商业方法专利在内的任何发明都应该得到建立在宪法保障之下的专利法的保护。

2. 美国专利法有关"法定主题"（statutory subject）的有关规定

按照美国专利法第 101 款"任何人的发明或者发现，任何具有新颖性和有用性的工序、机械、制成品，或者合成物质，或者上述各项任何新颖的有用的改进措施都可以因此获得专利授权"。依此我们可以推断，美国的专利法，并没有在法律上直接地规定商业方法不能得到专利的保护。同时，美国专利法又规定了以下 3 种不具有可专利性的主题，即：（1）自然规律（lawof nature）；（2）自然现象（natural phenomena）；（3）抽象概念（abstract ideas）。按照传统对可专利主题的理解，一项关于商业方法的专利申请，就像数学算法一样，被作为"抽象的概念"，不具有专利的适格性（eligible），而不能得到专利法的保护。换句话说，商业方法要获得专利的保护就不能表述，或仅仅被表述成一个抽象概念。

3. USPTO《审查指南》的修改

长期以来，美国对于商业方法的可专利性曾经也是模糊不清的。按照 1996 年以前 USPTO 的《专利审查指南》，从事商业经营的方法属于工序或是方法的专利范围之内，但是它并不属于法定的可专利主题。1996 年，USPTO 颁布《计算机相关发明的审查指南》。按照该指南，一项发明没有必要显示技术性贡献的实际存在，而只需要在具体专业技术领域能够实际应用，就可被认定为可专利主题。同时该指南还规定了，在审查计算机相关的发明时应当与其他发明同等对待。该指南为计算机软件的专利保护敞开大门的同时，也为与计算机软件紧密相关的商业方法得到专利保护铺平了道路。

4. 第 705 类新设专利分类码

为了适应形势发展和实际需要，USPTO 于 1997 年创造了第 705

类新的专利分类，即"数据处理：金融、商业实践、管理、成本/价格确定"的分类。这项分类为处理商业方法发明相关的专利申请提供了法律上的依据。在 SSB 案以后，USPTO 正式将商业方法发明专利划入这个分类，据此受理、审查申请人的专利申请并授予相关专利。

5. 1999 年的《美国发明人保护法案》

该法案是国会针对因商业方法专利而引起的关于专利授权和在先技术（the prior art）之间的冲突的问题而通过的法案。该法案改进了 35 U. S. C. 第 273 款所谓保护"先发明原则"（first to invent）规定，如果一个公司能够证明在一项商业方法专利获得授权（filing）之前一年，其已经在使用该商业方法发明，则该公司将可以在被指控侵犯他人的商业方法专利中免责。这个规定一方面为很好地解决商业方法授予专利所带来的问题提出了意见并制定了改善条款。另一方面，对于那些依靠商业秘密来保护它们的商业方法的公司来说也是非常重要的，因为这样它们就不会因为专利保护客体的扩大而使自己的权利受到破坏或者被指控侵权。而且，从另外一个角度看，因为相关权利主体可以知道哪些商业方法专利已经被他人申请或得到专利授权，从而避免不必要的投资及支付研究和发展的高额费用。

6. USPTO 颁布《商业方法行动规划》

面对来自网络相关企业、实体关于商业方法专利的消极批判，USPTO 相应地也采取了几项改革措施，改进其授予商业方法专利申请的方法。其中主要包括：（1）加强技术培训。USPTO 将推进相关领域的培训，为审查员增加技术交流，继续保持目前与工业协会和不同个体企业业主之间的培训成果与合作。（2）加强目前的专利检索工作：对属于第 705 类的专利申请，一方面，要在美国的专利文献和外国专利文献、非专利文本（NPL）范围内进行强制检索；另一方面，增加一个新的"二道审查程序"（second – level review），扩大检索取样的范围（expand sampling size），以保证专利审查的质量。（3）以 SSB 案和 AT&T 案为参考，修订目前计算机相关发明的审查指南等等。

7. 2000 年《美国商业方法白皮书》

该白皮书揭示了商业方法可专利性的历史变革，反映了 USPTO 对商业方法专利可能采取的策略。USPTO 在该白皮书中，一方面在再次确认商业方法的可专利性的同时，认为商业方法的实际应用，就是能够产生"有用的、具体的和有形的结果"，由此将发明的技术性要求向实用性转化；另一方面，将商业方法专利正式列入《专利法》第 705 类专利，对如何提高第 705 类专利审查的质量，如何解决此类专利审查中存在的问题提出了指导性的意见。

二 美国商业方法可专利性的最新发展

（一）美国商业方法可专利性的关键判例

表 4 - 1 说明了 Dieher 案、Beauregard 案和 SSB 案这三个美国商业方法可专利性判断代表性判例。① 从图 4 - 1 中可以更清晰地看出，USPTO 已经从商业方法到计算机程序等方面扩大了可专利的主题。而关于发明的技术性特征，自从 SSB 案以后，USPTO 所接受的发明几乎包括了纯粹的商业方法。

表 4 - 1 三个关键判例的主要内容

判例	申请专利的发明	法院判决的主要观点	可专利性判断
Diamond v. Dieher, 450 U.S. 175, 209 USPQ 1 (1981)	为了控制橡胶的晒干时间而通过使用 Arrhenius 平衡来操作一个橡胶铸模印压的方法。	一项权利要求在法定主题的判断方面不会仅仅因为其使用了一个数学公式、计算机程序或者数字计算机，而成为非法定主题；一个关于大家都熟知的构造或方法的自然法则或数学公式的专利申请，有充分理由的可以得到专利保护；在判断一项要求专利保护的发明是否具有可专利性时，应当将该专利申请作为一个整体来进行审查。	是

---

① 温英杰：《银行业商业方法创新的专利保护与运用研究》，博士学位论文，华中科技大学，2008 年。

续表

判例	申请专利的发明	法院判决的主要观点	可专利性判断
Beauregard，32F. 3d at 1583，32 USPQ 2d at 1034（1996）	一个为了运行一个算法而由诸如软盘或 CD - ROM 等存储设备组成，用机器可读的软件代码予以编码的产品。	印刷制品与一项以信息通过计算机等机器存储于可程序化的存储器里而不是存储于人脑里为权利要求的发明是没有关联的。	是
State Street，State St. Bank and Trust Co. V. Signature Finance Group, Inc.，149 F. 3d 1368（Fed. Cir. 1998）	辐射式金融信息配置处理系统。	数学算法除外原则不具有可适用性并且商业方法除外原则不能被运用于第 101 款的判断；一项权利要求是否属于法定主题的问题，不在于权利要求的种类，而是在于权利要求是否具有实际效用；如果一项发明能够产生有用的、具体的和有形的结果，则该发明就具有可专利性。	是

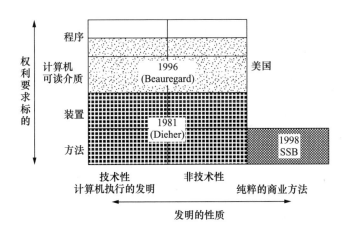

图 4 - 1　美国商业方法发明的司法实践

1998 年 CAFC 在 SSB 案作出了与之前各个国家的专利法规定完全相悖的判决之后，商业方法专利成为美国知识产权理论界和实务界争议的焦点和热点问题。美国也因此成为世界上最早从判例和立法两方面承认商业方法的可专利性的国家之一。

USPTO 放宽了专利适格性判断的标准和范围，承认了软件和商业方法的可专利性，推动了理论界对于可专利性主题和专利审查的研究，同时也在专利实务界兴起了一股商业方法专利申请的热潮。十多年以来，USPTO 收到了成千上万的商业方法专利申请，美国专利制度的批评者在谴责专利局执行过于宽松的专利审查标准，使得商业方法太容易获得专利保护，他们还认为，美国专利制度已经失控，机会主义者开始在专利领域抢夺法定垄断权，从而增加了商业经营的实际成本和诉讼或者侵权的不确定性。

（二）Bilski 案与美国商业方法可专利性判断标准的最新发展

1. Bilski 案中涉案专利的主要内容

Bilski 案中的专利申请是一项商业方法专利。从本质上看，该项专利申请的技术意图是一项用于管理在商品出售当中的风险的专利。该专利通过使用一个媒介，致力于在商品供给者和消费者之间建立一系列的步骤方法，此媒介可以以一个固定的价格进行商品买卖，其结果就是使得最终的商品生产商和消费者可以脱离市场风险。

2. Bilski 案的法院审理及相关主张

USPTO 认为，一项商业方法专利需要包含一些形式的器具或机械装置或者该方法将特定的物品转换成其他的状态形式。在本案的审理过程中，USPTO 认为，Bilski 的权利要求的主题过于抽象，专利所体现的方法仅仅是抽象理念和数学计算问题。因此，USPTO 没有比照任何在先技术就驳回了该权利要求。Bilski 向 USPTO 的专利上诉和争议委员会（BPAI，Board of Patent Appleals and Interferences）提出上诉，并认为一项商业方法专利要具有可专利性并不要求一个具体的器具或者机械装置。然而，该专利依然因为过于抽象并且不能产生"有用、具体和有形的结果"（useful，concrete and tangible result）而被驳回。BPAI 在 Bilski 案的审理过程中，主要关注商业方法的专利适格性判断方面，即一项商业方法要成为可专利性主题，是否需要与一个具体的机械装置或者器具捆绑起来或者专利主题是否需要被以从一种状态形式转换成另外一种不同的状态形式的问题，专利法当中通常将该测试称为"机械装置或状态形式测试法"（the machine or transformation test）。如果没有物理形式的物体或者物质，也没有代表任何物理形式的实体或者物质的电子信号，法院就会坚持认为没有状态形式的转换，反而更坚定地认为属于那些抽象的概念，像法律义务、商业风险这些抽象概念一样，不能满足状态形式测试法的要求。在 Bilski 案中，BPAI 认为，严格来讲，涉案专利只是一个不涉及机械装置或者设备，甚至不涉及计算机的智力活动。因为该专利既没有状态形式的转换，也没有使用机械装置。正因此，BPAI 因此驳回了 Bilski 的上诉，并维持了 USPTO 最初的驳回决定。

3. Machine – or – Transformation Test 及法院的判决推论

法院拒绝认为商业方法或者任何其他的创新（包括软件）属于美国专利法所规定的保护例外的一类，也拒绝推翻其在 SSB 案和 AT&T Corp. v. Excel Communications, Inc. 案中所作出的判决。而且，法院还拒绝接受"技术性"的判断标准，认为其过于模糊并且总处于发展变化之中，也拒绝一项权利要求必须包含物理步骤的意见。法院裁决认为，根据美国最高法院在 Dieher 一案中的判决，一项商业方法权利要求具有可专利性就必须满足"机械装置捆绑或者状态形式转换"测试法，即：（Ⅰ）与一个特定具体的机械装置或者器具捆绑在一起；或者（Ⅱ）将一个物品从一种状态形式转换成另外一种状态形式（软件类的权利要求通常可以通过一台计算机或者其他硬件来满足该测试的第一项要求）。联邦法院（the Federal Circuit Court）补充认为，一项权利要求的新颖性或者非显而易见性是与第 101 款的可专利性分析相关的，而可专利性的分析应当是基于将权利要求作为一个整体的分析，而不是对所选择的局部的专利适格性分析。Bilski 专利的权利要求所涉及的只是潜在的交易，并没有与机械装置捆绑在一起，也没有将任何物品的状态形式进行转换，法院因此认为其不具有可专利性。这样的审理结果在很大程度上是在预期之下的，并且与法院在 2007 年的 Comiskey 案判决相一致（在该案中，法院驳回了法律仲裁方法的权利要求）。

为了给今后的相关案件给予明确的政策导向，法院详细阐述了自己的主张，对"机械装置或者状态形式的转换"的判断标准作了两个方面的推论：（Ⅰ）纯粹的领域内使用的局限从整体上看是不够的，会导致方法权利要求在其他形式方面的不适格性；（Ⅱ）不具有显著性，而只是为了一种目的的快速实现的技术方法，比如说数据收集等等，不会将一个不具有可专利性的方法转换成一个可专利性的方法。而 Bilski 的发明中没有反映法院所作的以上推论，正因如此，他们的专利受到法院推论的限制影响到底有多大，法院无法给出任何有意义的指导。而实际上，对于软件相关的发明，第二个方面的推论是非常重要的。因此法院详述其第二个推论，并认为：方法权利要求的机械装置或者状态形式的转换必须对权利要求范围的限制施加有意义的影响才能使其具有专利适格性，或者状态形式的转换必须是方法权利要求的核心目的。从这个角度看，Bilski 发明的权利要求并没有体现这样的推论，法院因此也没有作相应的讨论。然而，评述认为，这方面的要求将有可能影响今后的一些软件专利。

4. 法院最终判决

BPAI 驳回了 Bilski 的上诉之后，Bilski 再向受理所有专利上诉的 CAFC 提起上诉。起初，该案由一般的三名法官组成的审判庭审理，但受理后不久，法院即声明该争议将会以满席审理（en banc）的方式重新审理该案以阐明与商业方法专利相关的一些法律。2008 年 5 月，满席审理的审判庭要求当事人和其他人士根据美国专利法案第 101 款（Section 101 of U. S. Patent Act）提出针对商业方法和软件的专利适格性标准，并听取了各方的意见。2008 年 10 月 30 日，CAFC 以满席审理的方式对 Bilski 案作出判决，而 9 比 3 的绝对多数比例宣告了 Bilski 的商业方法不能够得到专利保护。在该判决中，上诉法院试图限制商业方法类专利主题的专利适格性（patent eligibility），尤其是那些与软件以及所谓的商业方法相关的方法专利。法院最终判决的作出，是通过坚持"机械装置捆绑或者状态形式转换"测试法来决定一项权利要求是否是适格性主题（patent - eligible subject matter）。

在进行可专利性判断时，法院认为，商业方法专利领域著名的

SSB 案的判决所确定的"有用、具体和有形的结果"的商业方法可专利性测试方法对于判断专利适格性主题来讲是足够的，因而认为，应该不再仅仅依靠这种测试方法来判断商业方法的专利适格性。而正是因为法院目前的主张和它以前的态度两者之间完全不同，才导致本案当事人对法院的判决一直持有不同的意见。在 2009 年 6 月 1 日，美国最高法院签发了 Bilski v. Doll 案［08 - 964］的调卷令（certiorari)①，针对 CAFC 前期在 Bilski 案中的判决进行再审，从而可能对商业方法相关专利申请的非显而易见性标准、专利适格性标准等问题给出更具体的标准和意见。

（三）Bilski 案的影响和启示

1. Bilski 案的影响

社会各界对于 Bilski 案判决的反应是非常迅速和广泛的。该判决一经作出，业界立即依此认为大部分商业方法专利将会因为不涉及物理实体或者机械装置而被认为无效。现存的商业方法专利有可能依然有效，虽然它们很有可能接受质疑，而新的商业方法专利申请将会因此而接受更加严格的审查。

自从 Bilski 案判决作出之后，BPAI 驳回了大量的商业方法专利。在 2009 年 3 月，BPAI 开始探讨，依据 Bilski 案判决所确定的标准，普通用途的计算机是否是一个"机械装置"的问题。BPAI 因此认为，一项专利申请需要和一个"特定的计算机"捆绑在一起，而不仅仅是一台普通用途的计算机。对于商业方法专利的审查，一台"特定的计算机"可以提供"有意义的限制"，然而，一台普通用途的计算机，并不能起到这样的作用。而从最近越来越多的类似判决中可以发现，涉及信息处理的商业方法并不能满足 Bilski 案判决中所确定的"物理实体或者物质"的标准的判断。由此可以看出，美国的专利制度对于商业方法可专利性的审查和判断处于一个不稳定的状态。无论是最高法院还是美国的国会，都已经开始再次表达自己的权威意见。

---

① 所谓调卷令（certiorari），在美国是指上诉法院签发给下级法院要求将某一案件的诉讼记录移交给其审查的一种特别令状。联邦最高法院将调卷令用作其选择复审案件的工具。

2. Bilski 案对新兴技术领域专利申请的启示

数码和数字信息已经成为当今社会经济发展的基本特征，方法专利的概念非常盛行，而其中的形式之一就是目前备受争议的商业方法专利。通常认为，商业方法专利是商业、金融、数据处理以及其他信息产业组合的一部分，其集中于那些为了实现一个特定的商业目标或者目的的一系列方法，而这些商业目标并不必然是像加工橡胶那样，有一个有形的目标或者结果。

最高法院的主张在表明其将致力于界定可专利性主题的范围的同时，也非常明确地重申，商业方法并不是被排除可专利性的某一范畴的主题。Bilski 案决不标志着软件或者商业方法专利的终结。其他的商业方法专利案件也有可能会被 CAFC 提出在 Bilski 案中的同样问题，因此，他们该如何回答这些问题比长期等待 Bilski 案判决结果本身显得更为重要。实际上，在 Bilski 案判决中，似乎可以认为，真正的赢家是那些在将来要挑战法律规定的专利律师，而不是在软件和商业投机中寻找更大确信性保护的投资者。

总的来说，无论是对于理论学术界还是专利实务界，Bilski 案都是非常值得深入思考的一个判例，尤其是在美国这样一个实行判例法的国家，最近大量的案例都将影响到商业方法专利的使用方式和效果。该案必将对今后的商业方法专利的相关案件的审理产生影响。而随着信息科技的发展，软件和商业方法等专利客体的保护范围及相关审查标准的确定，也将继续成为知识产权领域研究的一个热点和焦点问题。

第三节　中国关于商业方法可专利性的法律规定

一　《专利法》关于专利授权条件的相关规定

通常认为，一项发明创造要最终得到专利法的保护，享有专利权，必须满足两个基本的条件，或者说通过两个门槛。其一是专利保护客体条件，即发明创造必须属于专利法保护的主题，也就是说具有可专利性，不属于专利法的排除领域。其二是专利保护审查条件，即发明创造必须能够满足专利审查的相关要求，最重要的就是"新颖性、创造性和实用性"等"三性"条件。

（一）专利保护客体条件

根据当前中国正在实施的《中华人民共和国专利法》（简称《专利法》）（2008）第二条的规定，属于专利保护客体的发明创造的类型包括发明、实用新型和外观设计等三类。其中，发明是指对产品、方法或者其改进所提出的新的技术方案，实用新型是指对产品的形状、构造或者其结合所提出的适于实用的新的技术方案，外观设计是指对产品的形状、图案或者其结合以及色彩与形状、图案的结合所作出的富有美感并适于工业应用的新设计。而对于哪些客体具有可专利性，与其他国家类似，中国的《专利法》并不是直接列举，而采取"排除法"去具体规定发明创造的可专利性。也即是说，在判断一个发明创造是否属于专利保护主题，是否具有可专利性的时候，只需要判断该发明创造是否属于专利法所规定的"排除领域"：如果是，则不具有可专利性，不可以获得专利的保护；相反，如果不是，则具有可专利性，然后再对该发明创造的"三性"进行审查，如果还满足"三性"要求，即可以获得专利授权，得到专利的保护。中国当前的《专利法》关于专利保护客体的排除领域，主要规定在第五条和第二十五条当中。相关内容简述如下三个方面：

（1）根据专利法的立法目的，对发明创造给予专利权保护的根本目的是促进科技的发展和技术的创新，以适用我国社会主义现代化建设的需要。因此，对于那些违反国家法律、社会公德和妨害公共利益的发明创造，专利法当然不给予保护，也当然不会被授予专利权。事实上，世界各国的专利制度或相关国际公约都有类似规定，因为这些发明创造违背了专利制度的初衷，不利于经济社会的发展。

（2）中国《专利法》（2008）还对第五条进行了修订，增加了关于"对违反法律、行政法规的规定获取或者利用遗传资源，并依赖该遗传资源完成的发明创造，不授予专利权"的规定，以规范依赖遗传资源进行发明创造的行为，维护国家利益。根据这项新增加的法律规定，依赖遗传资源而完成的发明创造，其遗传资源的获得和利用必须符合中国相关的法律和行政法规的规定。随着近年来全球生物技术的飞速发展，遗传资源在我国的重要性日益增强。如果缺乏有效的监管制度，发达国家凭借其具有明显优势的技术创新能力，可以随意获取和利用发展中国家的遗传资源，从而使得发展中国家自身利益受到威胁。中国是一个遗传资源丰富的国家，随着中国改革开放的纵深发展，遗传资源面临流失的风险和困境。因此，《专利法》通过增加此项规定，以维护中国在遗传资源领域的正当利益。

（3）中国《专利法》（2008）第二十五条，通过列举的方式，具体规定了不属于《专利法》保护主题的相关发明创造，具体包括：第二十五条对下列各项，不授予专利权：科学发现、智力活动的规则和方法、疾病的诊断和治疗方法、动物和植物品种、用原子核变换方法获得的物质和对平面印刷品的图案、色彩或者二者的结合作出的主要起标识作用的设计。

（二）专利保护审查条件

一件发明创造，如果不属于《专利法》第五条或第二十五条，则可以说明该发明创造属于专利保护的客体，具有可专利性，但也只是通过了第一道门槛，而要得到最终的专利保护，享有专利权，还要经过专利审查程序，即第二道门槛。根据中国《专利法》（2008）第二十二条的规定，授予专利权的发明和实用新型，应当具备新颖性、创造性和实用性。其中，新颖性，是指该发明或者实用新型不属于现有技术；也没有任何单位或者个人就同样的发明或者实用新型在申请日以前向国务院专利行政部门提出过申请，并记载在申请日以后公布的专利申请文件或者公告的专利文件中。创造性，是指与现有技术相比，该发明具有突出的实质性特点和显著的进步，该实用新型具有实质性特点和进步。实用性，是指该发明或者实用新型能够制造或者使用，并且能够产生积极效果。

为了保证公平，保护专利申请人以外的社会公众的利益，专利制度通常对专利申请人在进行专利申请过程中的专利文件的修改进行严格的规定。中国《专利法》（2008）第三十三条规定，申请人可以对其专利申请文件进行修改，但是，对发明和实用新型专利申请文件的修改不得超出原说明书和权利要求书记载的范围，对外观设计专利申请文件的修改不得超出原图片或者照片表示的范围。

二　《专利法实施细则》关于专利授权条件的相关规定

为了更好地实施《专利法》，国务院制定并颁布《专利法实施细则》。中国《专利法实施细则》（2010）第五十三条规定，涉及以下情形的专利申请将会被驳回，即不可以获得专利的保护。具体内容为：依照《专利法》第三十八条的规定（发明专利申请经申请人陈述意见或者进行修改后，国务院专利行政部门仍然认为不符合本法规定的，应当予以驳回），发明专利申请经实质审查应当予以驳回的情形是指：

其一，申请属于《专利法》第五条、第二十五条规定的情形，或者依照《专利法》第九条规定不能取得专利权的。其二，申请不符合《专利法》第二条第二款（专利权客体类型）、第二十条第一款（保密审查）、第二十二条（专利"三性"）、第二十六条第三款（说明书应当对发明或者实用新型作出清楚、完整的说明，以所属技术领域的技术人员能够实现为准；必要的时候，应当有附图。摘要应当简要说明发明或者实用新型的技术要点）、第四款（权利要求书应当以说明书为依据，清楚、简要地限定要求专利保护的范围）、第五款（依赖遗传资源完成的发明创造，申请人应当在专利申请文件中说明该遗传资源的直接来源和原始来源；申请人无法说明原始来源的，应当陈述理由）、第三十一条第一款（一件发明或者实用新型专利申请应当限于一项发明或者实用新型。属于一个总的发明构思的两项以上的发明或者实用新型，可以作为一件申请提出）或者本细则第二十条第二款规定的。其三，申请的修改不符合《专利法》第三十三条规定，或者分案的申请不符合本细则第四十三条第一款的规定的。

三　《专利审查指南》关于商业方法类发明专利审查的相关规定

（一）《专利审查指南》（2017）关于智力活动的规则和方法相关规定

为了客观、公正、准确、及时地依法处理有关专利申请和请求，国家知识产权局制定颁布《专利审查指南》，其是《专利法》及其实施细则的具体化，是专利局和专利复审委员会依法行政的依据和标准，也是当事人应当遵守的行政规章。本书将与商业方法有关的专利审查规定。《专利审查指南》关于《专利法》第二十五条不属于专利保护主题情形之"智力活动的规则和方法"作出了详细的规定。主要内容如下：

（1）界定了智力活动的内涵，即：智力活动，是指人的思维运动，它源于人的思维，经过推理、分析和判断产生出抽象的结果，或者必须经过人的思维运动作为媒介，间接地作用于自然产生结果。智力活动的规则和方法是指导人们进行思维、表述、判断和记忆的规则和方法。

（2）阐述了智力活动的规则和方法不属于专利保护主题的根本原因。即：由于其没有采用技术手段或者利用自然规律，也未解决技术问题和产生技术效果，因而不构成技术方案。因此，指导人们进行这类活动的规则和方法不能被授予专利权。

（3）给出了一些适用于判断发明创造是否属于智力活动的规则和方法的原则。在判断涉及智力活动的规则和方法的专利申请要求保护的主题是否属于可授予专利权的客体时，应当遵循以下原则：（1）如果一项权利要求仅仅涉及智力活动的规则和方法，则不应当被授予专利权。如果一项权利要求，除其主题名称以外，对其进行限定的全部内容均为智力活动的规则和方法，则该权利要求实质上仅仅涉及智力活动的规则和方法，也不应当被授予专利权。（2）除了上述（1）所描述的情形之外，如果一项权利要求在对其进行限定的全部内容中既包含智力活动的规则和方法的内容，又包含技术特征，则该权利要求就整体而言并不是一种智力活动的规则和方法，不应当依据《专利法》第二十五条排除其获得专利权的可能性。例如，涉及商业模式的权利要求，如果既包含商业规则和方法的内容，又包含技术特征，则不应当依据《专利法》第二十五条排除其获得专利权的可能性。

（二）《专利审查指南》（2017）关于计算机软件发明的专利审查相关规定

（1）计算机程序的内涵界定。《专利审查指南》第二部分第九章

"关于涉及计算机程序的发明专利申请审查的若干规定"明确规定：计算机程序本身是指为了能够得到某种结果而可以由计算机等具有信息处理能力的装置执行的代码化指令序列，或者可被自动转换成代码化指令序列的符号化指令序列或者符号化语句序列。计算机程序本身包括源程序和目标程序。其中，涉及计算机程序的发明是指为解决发明提出的问题，全部或部分以计算机程序处理流程为基础，通过计算机执行按上述流程编制的计算机程序，对计算机外部对象或者内部对象进行控制或处理的解决方案。

（2）计算机程序相关发明的专利审查基准。《专利审查指南》给出了关于计算机程序的发明专利审查的基准，即：根据《专利法》第二十五条第一款第（二）项的规定，对智力活动的规则和方法不授予专利权。涉及计算机程序的发明专利申请的审查原则为：

1）如果一项权利要求仅仅涉及一种算法或数学计算规则，或者计算机程序本身或仅仅记录在载体（例如磁带、磁盘、光盘、磁光盘、ROM、PROM、VCD、DVD或者其他的计算机可读介质）上的计算机程序本身，或者游戏的规则和方法等，则该权利要求属于智力活动的规则和方法，不属于专利保护的客体。如果一项权利要求除其主题名称之外，对其进行限定的全部内容仅仅涉及一种算法或者数学计算规则，或者程序本身，或者游戏的规则和方法等，则该权利要求实质上仅仅涉及智力活动的规则和方法，不属于专利保护的客体。

2）除了上述（1）所述的情形之外，如果一项权利要求在对其进行限定的全部内容中既包含智力活动的规则和方法的内容，又包含技术特征，例如在对上述游戏装置等限定的内容中既包括游戏规则，又包括技术特征，则该权利要求就整体而言并不是一种智力活动的规则和方法，不应当依据《专利法》第二十五条排除其获得专利权的可能性。

根据《专利法》第二条第二款的规定，《专利法》所称的发明是指对产品、方法或者其改进所提出的新的技术方案。涉及计算机程序的发明专利申请只有构成技术方案才是专利保护的客体。如果涉及计算机程序的发明专利申请的解决方案执行计算机程序的目的是解决技

术问题，在计算机上运行计算机程序从而对外部或内部对象进行控制
或处理所反映的是遵循自然规律的技术手段，并且由此获得符合自然
规律的技术效果，则这种解决方案属于《专利法》第二条第二款所说
的技术方案，属于专利保护的客体。如果涉及计算机程序的发明专利
申请的解决方案执行计算机程序的目的不是解决技术问题，或者在计
算机上运行计算机程序从而对外部或内部对象进行控制或处理所反映
的不是利用自然规律的技术手段，或者获得的不是受自然规律约束的
效果，则这种解决方案不属于《专利法》第二条第二款所说的技术方
案，不属于专利保护的客体。

如果涉及计算机程序的发明专利申请的解决方案执行计算机程序
的目的是处理一种外部技术数据，通过计算机执行一种技术数据处理
程序，按照自然规律完成对该技术数据实施的一系列技术处理，从而
获得符合自然规律的技术数据处理效果，则这种解决方案属于《专利
法》第二条第二款所说的技术方案，属于专利保护的客体。如果涉及
计算机程序的发明专利申请的解决方案执行计算机程序的目的是改善
计算机系统内部性能，通过计算机执行一种系统内部性能改进程序，
按照自然规律完成对该计算机系统各组成部分实施的一系列设置或调
整，从而获得符合自然规律的计算机系统内部性能改进效果，则这种
解决方案属于《专利法》第二条第二款所说的技术方案，属于专利保
护的客体。

四 中国商业方法专利保护法律制度的实践

中国《专利法》（2008）界定了发明专利的内涵，规定了发明专
利授权的"新颖性、创造性和实用性"的"三性"标准，概括了不
授权专利权的基本原则和具体情形。中国《专利法实施细则》规定了
发明专利初步审查的基本内容，列举了发明专利申请在实质性审查当
中将会被驳回的几种情形。中国《专利审查指南》界定了智力活动的
规则和方法的内涵及其可专利性的判断标准，还规定了计算机相关发
明的审查基准，提出了"技术性三要素"（解决技术性问题、运用技
术性手段、获得技术性效果）的可专利性判断，具体列举了具有可专
利性的三种情形。

由此可以看出，中国专利法律规范没有对商业方法和商业方法专利进行专门或具体的规定，但是也没有明确认为，商业方法相关发明专利不具有可专利性。相反，根据中国《专利审查指南》（2006）中关于计算机相关发明的规定，如果商业方法发明专利能够满足"技术性三要素"，则其即具有了可专利性，属于专利保护的客体。在此前提下，如果其能够通过发明专利授权的"三性"标准审查，该商业方法即可以得到专利保护。在中国专利局的专利审查实践当中，在 2002 年年底和 2003 年年初，美国花旗银行有两件商业方法发明专利申请得到了核准授权（一项为"电子货币系统"，专利申请号是 92113147. X；另一项是"数据管理的计算机系统和操作该系统的方法"，专利申请号是 96191072. 0），从而打开了中国专利局授予商业方法专利保护的先河。

但需要强调的是，一方面，中国并非是实行"判例法"的国家，因此，对于一项商业方法发明专利的授权，并不必然对其他的该类专利有实质性的指导或影响；另一方面，即使中国专利局的审查员对商业方法发明专利进行了"三性"审查，并不意味着该发明申请已经属于专利保护的客体。因为社会公众有可能通过专利无效程序，去主张"该所要求保护的发明不属于专利保护客体"而请求该专利无效。

第四节 商业方法专利对银行业的影响机理

一 商业方法可专利性对银行专利活动的影响

在先进科技的支撑下，金融创新开始向多元化、综合性的方向发展，网络银行、电子货币的快速发展开始从根本上改变金融活动的运作方式和金融组织的分工方式，金融商业方法的创新逐渐成为金融创新的主流。[①] 但是金融创新尤其是金融产品，由于其自身的特性很容

---

① 张玉蓉：《我国金融企业商业方法专利竞争战略研究》，《情报杂志》2013 年第 4 期。

易被模仿,同质化的产品通常会在一段时间充斥于银行业务中。根据美国学者 Tufano 的实证研究发现,美国 1974—1986 年的 58 项金融创新产品当中,有 35 项产品创新在 1 年内就被他人模仿,其他 23 项在稍长时间里也陆续被模仿。[①] 因此,利用专利制度对银行的金融创新进行保护就显得十分必要。

以商业方法创新为代表的金融创新是国内银行应对愈发激烈的竞争压力与掌握核心竞争力的有力武器。而商业方法专利保护是金融创新活动和知识产权制度的重要结合。[②] 商业方法一般是指为处理或者解决商业经济活动或者相关事务而由人类智力创造的规则或者方法。对于银行业而言,其商业方法基本上都是基于计算机或者网络辅助技术实现金融产品创新或者业务流程运作的商业方法,主要涉及利用计算机软件或者与计算机相关的网络技术所实现的金融商业方面的安全技术、派生金融工具的开发、金融相关操作技术、金融交易技术及资产管理技术等。[③] 实践证明,发达国家一些具备较强金融创新能力的银行企业早在本世纪前后就已经开始在包括中国在内的全球范围内着手商业方法专利的战略布局。[④]

虽然目前没有足够的证据认为,商业方法等专利法律制度和政策是合理或者适合经济社会发展需要的,但是可以肯定的是,银行等金融相关行业在该特定领域的研发投入一直以来都保持着一个较为稳定的增长态势,而这种态势在那些著名的法院判决作出之前就已经体现出来,也就是说,金融产业中商业方法可专利性基本观念改变之前,金融业已经开始注重商业方法领域的研发投入,而不是在法院对商业方法专利作出判决之后,金融业才开始意识到研发的意义。

SSB 案和 AT&T 案判决之后的十年,客观地说,美国的金融服务

---

① 雍海英:《中资银行商业方法专利现状分析》,《商业研究》2006 年第 5 期。
② 袁永静:《论金融机构商业方法专利的保护》,《上海金融》2009 年第 4 期。
③ 陈晓、倪颂军:《商业银行专利保护现状分析与策略研究》,《时代法学》2005 年第 2 期。
④ 邱洪华、余翔:《中国银行业商业方法创新的专利保护》,《金融论坛》2007 年第 12 期。

业正式进入了申请和应用商业方法专利的高峰期。很多金融服务企业添加了自身的专利法律顾问，改进和推广那些能够体现自身创新活动的内部方法，并有意识地去申请专利保护。同时重新调整劳动合同，以确保知识产权成为金融企业财产的一部分。此外，很多金融企业开始制定并落实研发人员的奖励办法，以提高他们进行金融创新的热情。除此以外，通常认为是金融业以外的一些公司，也非常积极地维护它们的专利权，其中就有一些公司因此而成功地从银行企业当中得到了专利许可收入。专利审查表明，商业方法专利大多数都是由技术供应商拥有。尽管如此，很多大金融机构，包括商业银行、投资银行、保险公司和金融交易机构也开始布局自己的专利组合。SSB 案判决作出之前，金融机构的商业方法专利组合由当初的几项专利变为后来的几十项专利。因此可以看出，金融领域的专利组合在数量上的提高和发展是毫无疑问的。

二　商业方法专利保护的动因

商业方法类专利是近几年各主要国家专利领域争论和发展的热点之一。而以计算机和网络技术作为业务基本支撑架构的现代金融活动，使得金融电子化、业务信息化、市场一体化和规则国际化成为现代金融业的基本特点。这些特点也决定了金融业尤其是银行业必将成为商业方法专利发展最快、覆盖面最广的行业之一。而实践和事实也恰恰证明了商业方法专利最先得到专利保护以及商业方法专利最活跃的领域就是银行业，商业方法专利的发展已经成为现代银行机构进行金融创新、参与市场竞争的一个最重要的表现形式和关键手段。因此，在几年前，发达国家的一些注重金融创新能力的银行企业已经在世界范围内开始实施商业方法专利发展战略。因此，银行业对商业方法进行专利保护的动因可以归纳为以下几个方面：

（一）银行业商业方法创新赋予了银行经营活动全新的内容

从我国目前的银行业商业方法专利来看，银行业商业方法创新不仅涉及信贷业务、个人金融业务、中间业务（包括银行卡）和银行支付业务等银行经营活动中的业务范围的各个方面，而且还涉及银行防伪与安全、电子流动车、数字认证、存储器、事务支持和专用锁码盒等银行经营活动中非业务范围的各个方面。银行机构依靠先进的信息科技手段，通过这些商业方法的创新，赋予各项经营活动全新的发展活力，并挖掘出提高银行企业竞争力的新领域和新手段。

（二）银行业商业方法创新为提高银行机构的营利能力提供了可能

与传统的银行机构经营活动相比，诸如网上银行等创新的银行商业方法具有领域扩张性、使用方便、成本相对较低而效率相对较高等多方面的优势。因此，这些商业方法的创新使用推广，不仅满足了各种类型银行客户对金融产品和金融服务的多样化需求，而且还有利于增加银行机构的业务种类，拓宽银行机构的经营范围和发展空间，从而为增加银行机构的营利能力提供了可能。同时，使用各种创新的商业方法使银行机构组织和运营资金的能力大大提高，从而促进资产总额的增长。

（三）银行业商业方法创新提高了银行机构的发展能力

如前所述，作为现代金融创新的最重要的表现形式和内容之一，银行业商业方法创新带动了银行业金融产品的不断升级，推出了功能各异的金融产品，扩大了消费者的选择。同时还把银行的科技水平不断地推向更高的层次，从而成为现代银行机构发展的强大力量和支撑。

（四）银行业商业方法创新可通过申请专利获得合法的垄断权

在信息科技高度发达的今天，专利发展作为市场竞争手段和特征以及企业经营战略的基本内容，企业没有专利就意味着没有发言权，没有竞争力，银行业同样如此。商业方法创新作为现代银行机构进行金融创新最重要也是最关键领域之一，也因此使得商业方法专利备受银行业界的关注。众所周知，银行业的金融产品具有相当程度上的趋同性和可模仿性。因此，以专利权为导向，进行商业方法的创新，才能真正实现创新的原始价值，也只有如此，才能使银行机构在取得法律上的垄断权的同时，形成和保持自身的核心竞争力。

三 商业方法专利的经济意义分析

如何去评价商业方法专利对于银行服务的影响是一个非常困难的

问题，因为银行这样以服务为基本特征的金融行业，其在研究领域的投入和产出是很难加以统计和衡量的。虽然说相对来讲，目前的情况比以前有相当大的改观，但是现在大多数的评价方法都显得有点粗糙并且还不足以分析前因后果之间的关系。但即便如此，值得肯定的是，专利对于保护银行的创新活动成果来讲是非常重要的。[1] 与经济活动当中其他产业的市场相比，银行业市场可以提供金融服务，因此本书将从金融交易的角度去分析商业方法专利对于银行业的经济意义。

金融交易是银行市场领域能够展现强大网络影响的一项银行活动。金融交易已经成为新金融工具中的一个非常重要的资源，尤其是在金融衍生产品领域。[2] 金融交易相关机构在改进技术交易的投资当中也作出了大量的投资。当然，除此之外，在过去的20年，其他公司也已经采用了自动交易平台，并且在一些市场当中占据一个很大的交易份额。[3] 这些就是通常所说的电子通信网络（electronic communication networks，ECNs）。

Tufano（1989）研究认为，新金融工具的应用当中，首动优势（first mover advantages）对于产生和维持利润收入起到了重要作用。[4] Harris（1986）认为，防止竞争公司模仿的规章制度，加强了首动优势的同时，增加了与金融创新有关的租金收入。[5] 如果一家银行能够使用知识产权来获取强大的网络外部性所产生的经济价值的话，协同效应并不是不可能的。例如，一家银行的专利在一个金融交易当中被

---

① Robert M. Hunt, "Business method patents and u. s. financial services", *Contemporary Economic Policy*, Vol. 28, No. 3, 2010, pp. 322 – 352.

② Caskey, John, "The Evolution of the Philadelphia Stock Exchange: 1964 – 2002", *Business Review*, No. Q2, 2003, pp. 18 – 29.

③ McAndrews, James, Stefanadis, Christodoulos, "The Emergence of Electronic Communications Networks in the U. S. Equity Markets", *Current Issues in Economics and Finance*, Vol. 6, No. 12, 2000, pp. 1 – 6.

④ Tufano P. , "Financial innovation and first – mover advantages", *Journal of Financial Economics*, Vol. 25, No. 2, 1989, pp. 213 – 240.

⑤ Anderson R. W. , Harris C J, "A Model of Innovation with Application to New Financial Products", *Oxford Economic Papers*, Vol. 38, Suppl, Nov1986, pp. 203 – 218.

所有其他银行侵权，这个时候在许可谈判当中，就会产生一个尤为强大的讨价还价的地位。所有侵犯他人专利权的银行为了避免失去它们在技术方面已经投入的固定投资的利益而愿意选择许可。① 假设一家银行在一个应用非常普遍的金融工具上拥有一项专利权，其将有可能在随后的许可谈判当中得到与该项专利变现能力相关的价值。从这个意义上看，专利对于银行来讲，有着非常重大的影响。尤其是当法院发现对于一个金融产品或者服务的价值认定，很难区分到底是受侵权专利所增加的作用还是网络效应等其他方面所增加的作用的时候，专利将会产生很重要的作用。

Boscaljon，Filbeck 和 Smaby（2006）的研究发现，在金融领域的公司之间，宣布成功起诉商业方法专利的消息会对股票价格产生积极影响。我们无法从这样的分析当中判断为什么这些公司的价值会增长，但是这样一个价值增长可能会推动金融企业申请专利，而不必进行太多的研发。不管如何，可以肯定的是，美国金融业在将来会更注重创新，其创新能力也将进一步提高。②

第五节　本章小结

事实证明，专利制度与国家利益紧密相连。一个国家制定和实施怎样的专利制度，对什么样的发明予以专利保护归根结底取决于一个国家的经济利益和科技发展水平。美国对商业方法从不给予专利保护到给予专利保护，从根本上说同样体现了其现代科技的发展水平及对国家利益的追求。而且，经过近几年的判例实践和立法发展的不断磨合和改善，商业方法的专利申请，在美国也从最初简单而宽松的审查逐渐向成熟和更加合理迈进，并因此对包括中国、日本和欧洲在内的

---

① Carl Shapiro，"Injunctions，Hold – Up，and Patent Royalties"，*American Law and Economics Review*，Vol. 12，No. 2，2010，pp. 280 – 318.

② Brian B.，Greg F.，Tim S.，"Information Content of Business Methods Patents"，*Financial Review*，Vol. 41，No. 3，2006，pp. 387 – 404.

世界其他国家或地区的专利制度产生深远的影响。

在信息技术和网络技术应用不断普及和深化的背景下，商业方法创新及其专利保护已经成为国内外银行业关注的热点领域之一。美国是世界上最早向商业方法类创新打开专利保护大门的国家。本章首先通过 Bilski 案，去研究美国关于商业方法可专利性方面的最新发展，并总结和归纳了中国对商业方法专利保护的法律和政策规定，最终在此基础上，研究了商业方法可专利性对于中美银行业的影响，即中美银行业的商业方法专利活动。通过以上研究可以得到以下结论：

在 Bilski 案中，法院认为，在进行可专利性判断时，SSB 案判决所确定的"有用、具体和有形的结果"的商业方法可专利性测试方法对于判断专利适格性主题来讲是不够的，因而认为，应该不再仅仅依靠这种测试方法来判断商业方法的专利适格性，而坚持以"机械装置捆绑或者状态形式转换"测试法来决定一项权利要求是否是适格性主题。由此可以看出，虽然早已于 20 世纪末已经承认了商业方法的可专利性，但是美国的专利制度对于商业方法可专利性的审查和判断处于一个不稳定的状态。尽管如此，值得肯定的是，商业方法和软件的可专利性不会从根本上被法律否定。

通过对中国的专利法律和相关制度进行研究后可以看出，中国专利法律规范没有对商业方法和商业方法专利进行专门或具体的规定，但是也没有明确认为，商业方法相关发明专利不具有可专利性。相反，根据中国《专利审查指南》（2017）中关于智力活动的规则和方法以及计算机程序相关发明创造的审查的规定，如果商业方法发明专利能够满足"技术性三要素"，则其即具有了可专利性，属于专利保护的客体。在此前提下，如果该专利申请能够通过专利的"三性"审查，其即可以得到专利保护。

研究表明，技术的发展变化和现实的需求在推动银行业商业方法创新的同时，也对世界各国的专利制度产生积极的影响。银行业对商业方法进行专利保护的动因包括：赋予了银行经营活动全新的内容、为提高银行机构的营利能力提供了可能、提高了银行机构的发展能力和通过申请专利获得合法的垄断权等等。

第五章　中国银行业专利活动：
产业内部技术创新

　　在信息科技高度发达的今天，各国的专利文献电子化程度日益加强，从而使专利信息已经成为一特定技术领域的竞争者发现新技术和监控竞争对手的主要信息来源之一。专利信息在创新分析中的作用显得越来越重要，准确地预测一个国家或企业的专利申请数量对评价创新能力及知识存量具有极其重要的意义。① 专利客观的授权标准以及该标准在相当长的一段时间可以维持本质上的延续性，再加上在信息技术日益发达和普及的形势下，大多数专利数据都可以通过互联网免费获取，从而使得专利成为衡量创新活动的相当可靠的指标。而且事实也证明，自从 20 世纪 70 年代以来，专利作为衡量创新产出水平指标得到了广泛应用。② 专利信息分析一直以来都被视为是评估技术发展变化的重要方法。专利信息在创新研究中的优势包括：其一，其包含了所有创新公司相关的信息；其二，其具有可获取性并且还得以按照统一的标准进行归类；其三，其在相当长的一段时间得以保存，并持续更新；其四，其是一种标准化的信息。③

　　现有研究表明，对特定技术领域或者行业的专利信息进行分析，

　　① Arundel A., "The relative effectiveness of patents and secrecy for appropriation", *Research Policy*, Vol. 30, No. 4, 2001, pp. 611 – 624.

　　② Acs Z. J., Anselin L., Varga A., "Patents and innovation counts as measures of regional production of new knowledge", *Research Policy*, Vol. 31, No. 7, 2002, pp. 1069 – 1085.

　　③ Griliches Z., "Patent Statistics as Economic Indicators: A Survey", *Nber Working Papers*, Vol. 28, No. 4, 1990, pp. 1661 – 1707.

挖掘专利信息背后所蕴含的创新活动内容，可以了解该技术领域的技术发展动态和趋势，识别技术领域内可能的合作伙伴和发现可能的竞争对手及其技术发展方向，并因此可以缩减从研发到创新的周期，为创新产品的市场推广和应用赢得更多的时间，也可以瞄准有利的投资方面，避免投资的浪费和重复，从根本上减轻企业的研发成本投入。有统计表明，80%的科研开发成果可以通过专利保护，而专利信息商德温特公司认为，有70%—90%的专利文献从未在其他刊物上发表过。Caterina Camus 和 Riccardo Brancaleon（2003）研究认为，在科研创新活动当中，利用专利文献可以节约40%的科研经费和60%的研发时间。① 因此，本书将在对中国银行业专利活动整体情况进行分析的基础上，通过对内外资银行的比较，结合代表性银行企业的专利活动分析，探讨中国银行业专利布局和发展，进而探究中国银行业内部的技术创新发展现状。

在专利信息检索文献方面，本书利用 incoPat 科技创新情报平台对中国银行业专利文献执行检索。② 检索表达式为：申请人（专利权人）设定为"银行"；地区设定为"中国"。该检索表达式的含义是指各银行在中国大陆申请的包含商业方法专利在内的所有专利，共计获得 2265 条相关专利申请信息。在数据清洗方面：第一，通过对专利申请人信息梳理，去除非银行企业所申请的所有专利信息;③ 第二，通过逐一标引，去除银行业所申请的非银行领域的专利申请。④

---

① Camus C., Brancaleon R., "Intellectual assets management: from patents to knowledge", *World Patent Information*, Vol. 25, No. 2, 2003, pp. 155 – 159.

② 检索平台：http://www.incopat.com/，检索日期：2016 年 11 月 3 日。

③ 如：银行保险箱公司、罗烈尔银行机器股份有限公司、裕一银行安全系统公司、埃斯特韦实验室有限公司、银行家信托公司、埃德文蒂夫 IP 银行、细胞银行株式会社、浙江威特银行设备有限公司等。

④ 如：**桥翻转方法、废气流中所含二氧化碳的处理方法、磨料颗粒、抛光浆料和使用**其的半导体装置的制造方法、与醇类燃料配合使用的润滑剂添加剂、废水和/或废气中的毒性有机物的分解方法等。

第一节　中国银行业专利活动整体趋势

一　中国银行业专利申请类型分布

根据中国的《专利法》（2008）第二条，中国的专利可以分为发明、实用新型和外观设计三种类型。其中发明是指对产品、方法或者其改进所提出的新的技术方案。实用新型是指对产品的形状、构造或者其结合所提出的适于实用的新的技术方案。外观设计，是指对产品的形状、图案或者其结合以及色彩与形状、图案的结合所作出的富有美感并适于工业应用的新设计。不同的专利类型，一方面意味着审查的标准、保护的条件和期限的差异，另一方面更意味着技术创新程度的差异以及创新投入及产出方面所存在的不同。与实用新型和外观专利相比，发明专利不仅意味着更大的市场价值和更长的保护期限，而且还意味着更严格的审批条件和与此相应的更高创新程度。

截至 2016 年，中国银行业专利申请总量有 2931 件，其中：发明有 2175 件，实用新型有 410 件，外观设计有 346 件。总体来看，实用新型和外观设计类专利只占专利申请总量的 26%。因此，专利申请的类型分布图说明了当前中国银行业的创新活动从整体上看具有较高的创新位阶，比较注重发明专利领域的申请，同时也大致可以认为，中国银行业的 R&D 支出也比较倾向于投入发明专利领域的创新活动。

通过对中国银行业发明专利的内容分析可以看出，其中大量的专利申请都属于商业方法专利，这也印证了信息技术对于中国银行业创新活动的影响及其应用能力的提高。同时可以认为，中国银行业发明专利年度趋势，实际上也反映了中国银行业商业方法专利的年度趋势。而通过对实用新型专利的内容进行归纳分析可以发现，中国银行业申请的该类专利主要涉及 ATM 与银行卡、银行数据文件处理与网上银行、印鉴与钞票、点钞机与捆钞机、防伪与安全、账单与账户等业务领域；同时对外观设计的内容进行归纳分析可以发现，中国银行业申请的外观设计专利当中，大部分都与银行卡相关，其中主要涉及储蓄卡、金卡、银卡、信用卡、借记卡、磁卡。此外，还有一部分数量外观设计与点钞机有关。

二　中国银行业专利申请年度趋势

通过统计一个时期内特定产业的专利申请量年度趋势（包括发明、实用新型、外观设计），可以在一定程度上判断该产业的技术创新活动发展态势。图 5 – 1 反映的是 1985—2016 年中国银行业三类专利申请量年度趋势。总体上看，中国银行业的专利申请呈现明显的上升趋势，这一方面反映了中国银行业技术创新能力的提升，取得了越来越多的技术创新成果，另一方面也体现了中国银行业知识产权保护意识，意识到通过专利等知识产权的手段保护自身技术创新程度、维护自身技术竞争力以及实现垄断市场价值的重要性。

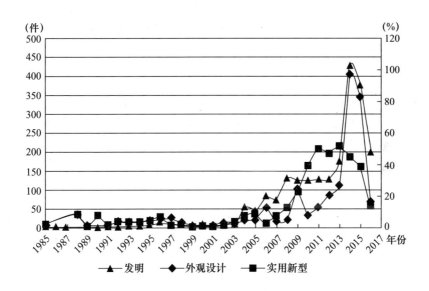

图 5 – 1　中国银行业三类专利年度申请趋势

从整体上看，中国银行业专利活动可以归纳为以下三个主要发展阶段：第一个阶段（1985—1994 年），这个阶段专利申请量总体上并不多，每年都在 10 件之内。这一阶段，中国银行业的经营活动基本体现着计划经济时代的体制，传统的存贷业务是商业银行的主轴。因此，无论是金融创新的意识、投入、科技应用能力都表现出非常的不足，更不说专利保护。

第二阶段（1995—2003 年），这个阶段专利申请量有一定数量的增长，基本每年都有 10 件（或以上）到 20 多件的专利申请。但是通过对专利申请的分析可以得知，这个阶段专利数量的增长，主要是因为外资银行在中国的专利申请量的增长，内资银行的专利增长数量并不明显。而通过对外资银行的专利内容分析可知，外资银行这一阶段专利申请当中，有相当一部分是商业方法专利。因此，这一阶段的主要特点是伴随着外资银行专利申请量，尤其是商业方法专利申请的增长，中国银行业专利申请也呈现增长的态势。

第三阶段（2004 年至今），这个阶段专利申请量快速增长，每年都有 60 件或者更多，2006 年有 100 件，2008 年达到 130 件。通过对专利申请的分析可以得知，这个阶段专利数量的增长与第二阶段相比，除了外资银行专利申请的平衡发展之外，最为明显的是内资银行的专利申请大幅度增长。自 2006 年央行颁布《商业银行金融创新指引》以及实施知识产权战略后，国内每年的专利申请量都保持在 100 件以上，2014 年更是达到 427 件，通过深入分析可知该阶段专利绝大部分来自内资银行。对于实用新型与外观设计类专利，都在 2008 年以后开始发展，其申请起步较晚，发展趋势较为平缓。实用新型 2010 年以后趋于稳定，每年申请量在 50 件左右，外观设计自 2013 年有大幅度上升，2014 年申请量达到历史高峰，共 97 件。综合这一阶段中国银行业的经营环境，可以将其专利申请量增长的原因归纳为以下三个方面：

第一，加入 WTO，中国金融市场逐步开放，外资银行的大量涌入。它们不仅有着雄厚的资本，而且还有着成熟的市场经营理念和可靠的风险控制能力以及先进的信息技术应用能力；它们不仅善于进行金融创新，而且还注重利用专利制度来保护自身的创新成果。有不少的外资银行的专利活动都体现了"产品未到，专利先行"的策略，在其金融产品进入中国市场之前，首先在中国申请专利，保护其创新的银行产品。而随着外资银行专利申请量的增加，中国越来越多的银行企业也开始注重知识产权保护问题，并积极开展专利申请活动，从而推动着内资银行专利申请的增加。

第二，随着金融市场的不断对外开放和中国市场经济的不断成熟以及中国银行业的改革向纵深发展，中国银行业进行产品创新的动机和环境有相当程度的提高，银行企业也开始根据市场和客户的需求进行金融产品的研发和创新，加强研发投入，与此同时，也开始逐步地利用知识产权等制度来保护自身的创新成果。

第三，以计算机应用为核心的信息技术在中国应用的不断普及和深化，在此背景下，中国银行业信息技术的应用能力有了快速的提高，与此相适应的技术研发和创新能力也有相当程度的增强，并且借助信息技术产品，银行市场也实现了创新性的突破。不仅仅表现为银行服务终端、银行卡、ATM、银行业务流程管理等方面实现信息化，更为重要的是网上银行、手机银行、电子银行等新型银行产品的涌现和普及。因此，体现"利用技术性手段、解决技术性问题、实现技术性效果"，将计算机硬件和软件相结合，去解决银行经营中的实际问题或开拓新市场的商业方法专利，成为此阶段专利申请的主流。

第二节　中国内外资银行专利活动比较分析

一　中国内外资银行专利申请总量和年度发展趋势

截至 2016 年年底，内外资银行专利申请量分别是 221 件和 2732 件，分别占申请总量的 7% 和 93%。虽然从申请量来看，外资银行申请量远低于内资银行，但通过深入的数据分析可知：（1）从发明专利占比指标来看，外资银行发明专利共申请 218 件，占其申请总量的 98%，而内资银行发明专利共申请 1958 件，占其申请总量的 72%；（2）从专利授权量来看，外资银行的专利授权量远比内资银行高。依此可以看出，从技术创新效率角度看，外资银行比内资银行具有更高的专利质量，或者可以认为，外资银行在银行技术创新领域具有更强大竞争实力和创新能力。

　　通过专利申请年度趋势的比较，可以更加直观地看出中国内外资银行业创新能力的发展变化及其差异，如图 5 – 2 所示。从图中可以看出，从总体上看，在加入 WTO 前，中国内资银行金融创新能力以及知识产权（专利）保护意识都处于起步阶段，每年申请量不超过10 件，因此，这一阶段中国银行业的专利申请主要以外资银行为主。2001 年中国加入 WTO 后，尤其是随着花旗银行在中国申请的专利被披露以后，中国内资银行的专利活动进入一个快速发展的阶段，年度专利申请数量相较之前有了较为明显的上升，而外资银行在中国的专利申请在这一阶段则一直保持一个较为平稳的发展态势，尤其是在近几年金融危机的影响下，外资银行在中国的专利申请量有所下降。2006 年，中国的金融市场全面对外资银行开放，银行业的市场竞争更为激烈。2008 年中国颁布《国家知识产权战略纲要》后，内资银行在国家知识产权政策的推动下，年度专利申请数量得到进一步的发展，到 2014 年专利申请总量达到 566 件。

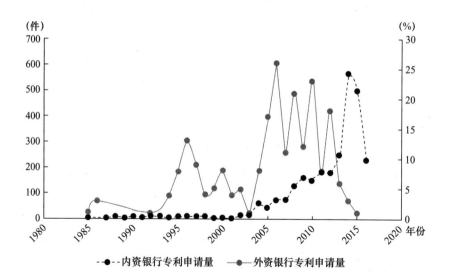

图 5 – 2　中国内外资银行专利申请年度趋势

二 中国内外资银行专利申请主要申请人

通过统计特定产业的专利申请人，可以了解该产业技术创新的竞争现状。专利申请人数即是有专利申请活动的主体个数，而通过统计某产业专利申请人数，即可以大体上看出该产业专利申请的活跃程度或者关注该产业专利活动的人数的多寡，也可以依此判断专利制度对于该产业的影响程度或者重要性程度以及产业内各个体的专利保护意识的强弱。

表 5－1 所示为 1985—2016 年中国内外资银行专利申请主要申请人及其专利活动。由表中数据可以看出，中国银行业专利主要集中在几家大型国有银行中，其中中国建设银行共申请专利 861 件，中国工商银行 745 件，中国农业银行 374 件，中国银行 166 件，中国人民银行 138 件。据统计，1985 年至 2016 年内资银行共申请 2284 件专利，仅中国建设银行就快占据国内银行专利的半壁江山，而四大国有银行和中国人民银行的专利申请量高达内资银行申请总量的 83.6%。由此可见，国有银行充分展现了其强大的知识信息管理能力和科技创新能力。但值得注意的是近几年非国有银行在技术创新和产品研发的投入渐渐增多，并且取得一定成效，截至 2016 年中国民生银行共申请专利 72 件，招商银行申请专利 67 件。

表 5－1　　　　中国内外资银行三类专利申请的主要申请人　　　单位：件

内资银行	发明	实用新型	外观设计	外资银行	发明	实用新型	外观设计
中国建设银行	731	16	114	美国银行	69	0	0
中国工商银行	479	253	13	花旗银行	26	0	1
中国农业银行	229	71	74	瑞士银行	21	0	0
中国银行	141	10	15	JP 摩根大通银行	12	0	0
中国人民银行	117	17	4	加拿大银行	4	0	0
中国民生银行	65	4	3	德意志联邦银行	4	0	0
招商银行	39	11	17	韩国国民银行	4	0	0
交通银行	49	4	3	国民西敏寺银行	3	0	0
华夏银行	19	1	1	澳大利亚储备银行	2	0	0
兴业银行	5	1	0				

特定产业的技术竞争力和创新能力可以从其专利申请量分析当中进行判断，而且主要体现在发明类专利的数量和比例上。如表 5 – 1 所示，中国内资银行发明类专利主要集中于四大国有银行以及中国人民银行。从发明类专利申请量所占其总申请量的比例来看，中国建设银行占 85%，中国工商银行占 64%，中国农业银行占 61%，中国银行占 85%，中国人民银行占 84.7%。而通过年度趋势的深入分析可以发现，自 2003 年起，中国工商银行的申请总量一直维持在较高水平，建设银行紧随其后，而股份制银行当中的中国民生银行和交通银行也具有一定的专利竞争力，它们的发明专利所占比例较高，中国民生银行高达 90%，交通银行高达 88%。

从表中也可以看出，外资银行发明专利的分布并不均匀，从数量上看大致分为三个层次，其中排名第一的美国银行共申请 69 件发明专利，紧随其后的主要有花旗银行 26 件，瑞士银行 21 件，JP 摩根大通银行 10 件，而其他外资银行的专利申请数量保持在个位数。从专利申请的类型来看，外资银行在中国主要申请发明专利，几乎不涉及实用新型和外观设计，仅有花旗银行在我国申请 1 件外观设计。

三 中国内外资银行专利申请类型分布与变化

根据中国《专利法》，专利可以分为发明、实用新型和外观设计三类。不同的专利类型不仅反映了保护客体、审查条件、保护期限的不同，更重要的是反映了创新的不同高度。

经统计可以发现，外资银行在中国的专利申请，发明专利占 98%，其余的 2% 为外观设计。相比之下，内资银行的专利申请则有一个发展变化的过程。2001 年以前内资银行的创新研发主要集中于实用新型，也即硬件设备类，占总申请的 59%，而发明类专利只占 20% 左右。2001 年以后，中国内资银行发明类专利申请总量达到 74%，而实用新型下降至 14%。这一方面体现了外资银行技术创新的能力、金融创新成果的质量以及专利布局的意图和倾向，另一方面，这也体现了中国内资银行在信息化过程中进行技术创新的发展变化以及专利保护意识的过程。内资银行经历了从开始的金融产品模仿、创新能力较弱发展到注重自主创新提升创新能力的过程，而在专利保护意识方面，也经历了由原来的不注重或者没有知识产权保护意识，发展到当前越来越多的内资银行开始意识到专利保护对于金融创新产品的重要性，并积极地通过专利申请以彰显自身在金融产品创新领域所取得的成果。

四　中国内外资银行发明专利法律状态分析

通常认为，专利法律状态是指在某一特定的时间点，某项专利申请在某一国家的权利类型、授权与维持状况、权利归属等状态。常见的法律状态包括：专利申请尚未授权、专利申请撤回或视为撤回、专利申请被驳回、专利权有效、专利权终止、专利权有效期届满、专利权无效、专利权视为放弃等内容。通过对法律状态的分析，可以得知该专利权是否有效存在或其存在的状态。图5-3反映了中国银行业专利申请的法律状态分布。分析专利的法律状态，可以充分了解该专利权受否有效或者其存在状态，同时也可以反映将来一段时间内该领域专利数量走势。

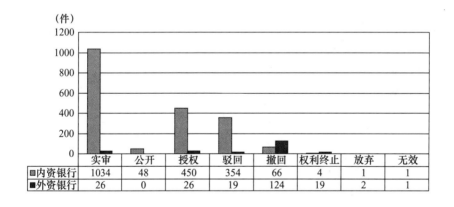

（件）	实审	公开	授权	驳回	撤回	权利终止	放弃	无效
内资银行	1034	48	450	354	66	4	1	1
外资银行	26	0	26	19	124	19	2	1

图5-3　中国内外资银行发明专利法律状态分布

（一）中国内外资银行公开、实审发明专利分析

根据中国《专利法》，发明专利申请流程中首先要经过初步审查符合法律规定的，自申请日起满18个月即行公布，也可由申请人申请提前公开，然后进入实审阶段，包括对申请专利的新

颖性、创造性和实用性进行审查，对是否属于专利保护主题的范围进行审查等。从图 5 - 3 中可以看到，中国内外资银行发明专利申请处于公开和实审状态的数量分布，其中内资银行专利处于公开和实审状态分别有 48 件和 1034 件，而外资银行专利只有 26 件处于实审状态。根据以上分析可知，公开和实审是发明专利授权的必经阶段。由此可见，在未来的几年中，中国银行业专利授权量将主要来自内资银行，并且继续保持上升态势，具有很大的增长潜力和优势。

（二）中国内外资银行已授权发明专利分析

发明专利的授权是指申请的专利在通过初审、实审后并未发现驳回理由的，也没有人提出异议，专利申请最终会得到授权。专利授权量是衡量一个企业创新质量和研发能力的重要指标，同时也是衡量该企业市场占有价值的重要参考依据。从图 5 - 3 中可以看出，现今内资银行的发明专利授权量达 450 件，外资银行仅有 26 件。值得一提的是，本书所统计的专利授权量是指仍在专利有效期内，也即从 1996 年开始算起，当前处于已授权状态的专利，并不包括 1995 年及以前授权，现在专利保护期限已满的专利。

（三）中国内外资银行驳回发明专利分析

专利的驳回是由审查员在审查过程中发现该专利具有实质性缺陷，或者在发明人、申请人答复补正后仍然存在缺陷，从而做出不授予专利权的决定。其原因有多种，如不符合专利"三性"的要求，说明书未完全公开技术方案，不属于专利保护范围等。从图 5 - 3 中可以看出，中国内资银行被驳回专利高达 354 件，外资银行被驳回专利19 件。这从一定程度上反映了中国内资银行金融产品创新的能力和专利申请文件撰写的质量还有待进一步提升。

五 代表性银行企业专利活动分析

一个行业的发展方向和状况，往往可以从该行业中最具有实力和市场份额的企业中得以体现，代表性企业可以说是该行业发展的风向标。通过分析这些实力最强的企业，可以预测在未来几年内该行业的发展情况。表 5 - 1 显示，从专利申请量来说，中国建设银行、中国工商银行和中国农业银行可谓是内资银行专利领域中代表性企业，而美国银行、花旗银行和瑞士银行是在中国银行业专利活动中最具有竞争力的外资银行。本书将从专利申请授权量、商业方法所占比重和商业方法 IPC 分布三个方面，对这些代表性银行加以分析。

（一）代表性内资银行企业专利活动分析

1. 代表性内资银行专利授权

不同的专利类型，授权程序和要求是不一样的。发明专利的创造性要求突出的实质性特点和显著的进步，但实用新型只要求有实质性特点和进步。而且，发明专利授权需要经过初步审查和实质性审查，但实用新型和外观设计仅需要经过初步审查，如果没有发现驳回条件的，就直接授权，而不需要经过实质性审查。从这个角度看，发明专利的权利稳定性更高，而相比之下，实用新型和外观设计因为没有经过实质性审查，所以只要满足形式审查条件，即可以获得授权。或者换句话说，实用新型和外观设计更易于获得授权，但权利稳定性较差。图 5－4 反映了中国专利申请量排名前三的内资银行的专利授权数量。

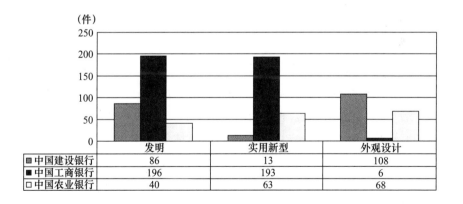

(件)	发明	实用新型	外观设计
■中国建设银行	86	13	108
■中国工商银行	196	193	6
□中国农业银行	40	63	68

图 5－4　中国银行业代表性内资银行专利授权量

因为申请实用新型专利和外观设计专利并不进行实质性审查，而只要满足初步审查的条件即直接授权，所以本书将重点探讨代表

性银行的发明类专利的授权及其比较。建设银行发明专利授权 86
件，实用新型和外观设计分别授权 13 件和 108 件，发明授权量只达
到申请量的 11.76%。相比之下，中国工商银行发明专利授权达 196
件，授权量达到申请量的 40.92%。而中国农业银行共申请 229 件
发明专利，授权 40 件，授权率也达 17.47%。发明和实用新型所保
护的发明创造的创新程度呈递减趋势，即发明最具有创造性，创新
程度最高，也最能说明企业的科研能力与核心竞争力。而在这三家
内资银行中，中国建设银行申请量最大，但发明授权率并不具有相
应的比例优势。中国工商银行虽然申请量次于中国建设银行，但其
发明授权率明显高于建设银行。

2. 代表性内资银行商业方法专利申请

银行业专利申请主要涉及两种类型，一是与硬件结合的技术设备
类，表现为发明专利和实用新型专利；二是与软件相结合的商业方法
类，表现为发明专利。近年来，商业方法的申请量大幅增长，在银行
业的竞争中愈发重要。截至 2016 年年底，中国银行业商业方法申请
量达到 1905 件，其中内资银行以中国建设银行、中国工商银行、中
国农业银行为代表，申请量位居前三。表 5-2 显示，中国建设银行
申请商业方法专利最多，共 714 件，但其授权专利仅有 82 件。紧随
其后的是中国工商银行，共申请 411 件商业方法专利，授权量高达
157 件，授权比例为 38%。中国农业银行共申请 219 件商业方法专
利，授权 36 件。由此可以看出，中国工商银行在银行商业方法领域
具有较明显的技术实力。通过分析代表性内资银行申请商业方法专利
的 IPC 分布，很容易看出中国内资银行总体的金融产品创新的方向。
通过统计可以发现，三家代表性内资银行在商业方法领域的创新方向
与研发重点，主要集中于 G06F、G06Q、H04L 三个部类，其中 G06F
（电数字数据处理）类占申请总量的 41%，G06Q（商业方法）类占
申请总量的 33%，H04L（数字信息传输）类占申请总量的 19%。近
几年新兴的 H04W（无线通信网络）类技术三家内资银行也均有涉
及，中国工商银行有 6 件，中国建设银行有 4 件，中国农业银行仅有
1 件。

表 5 - 2　　　　　　代表性内资银行商业方法专利申请与授权　　　单位：件、%

	申请量	授权量	授权比例
中国建设银行	714	82	11. 50
中国工商银行	411	157	38
中国农业银行	219	36	16. 40

（二）代表性外资银行企业专利活动分析

外资银行在中国的专利申请以美国银行、花旗银行和瑞士银行为主。其中美国银行的申请量最大，共 69 件。而美国银行现已授权专利有 7 件，且全部为发明专利。花旗银行与瑞士银行分别申请了 27 件和 21 件，花旗银行授权 2 件发明专利，1 件外观设计，瑞士银行共授权 2 件发明专利。由此可见，外资银行在中国授权专利数量并不是很多，而且很多专利申请处于失效状态。

如表 5 - 3 所示，美国银行在中国申请的专利中有 54 件是商业方法，当前依然有效的商业方法专利共有 4 件，主要涉及跨平台数据处理及自助服务终端远程诊断等方法，其 IPC 主要集中于 H04L、G06Q、G06K、G06F 四个方面，而花旗银行在中国申请的商业方法专利已经全部处于失效的状态，瑞士银行在中国有 1 件商业方法专利仍然处于有效保护的状态，其名称为"用于将主机环境迁移至新系统平台的技术"。

表 5 - 3　　　　　　代表性外资银行商业方法专利申请与授权　　　单位：件、%

	申请量	授权量	授权比例
美国银行	54	4	7
花旗银行	16	0	0
瑞士银行	13	2	15

（三）代表性内外资银行专利活动比较分析：以发明专利为例

从表 5 - 4 可以看出，在 2000 年以前，国内银行业发明专利的申请主要来自外资银行，其中花旗银行申请量达到 22 件，而代表性内资银行申请的专利数总共不超过 10 件。2000 年以后，国内银行业专利申请量的分布有了较大的变化，其中发明专利的申请逐渐由外资银行主导转变为内资银行主导，在此期间中国的内资银行发明申请量远超外资银行，以中国建设银行等三家代表性内资银行申请量均达到 200 件以上，其中中国建设银行更是高达 730 件。同时，外资银行在专利申请数量上也发生了一定的变化，总体看来外资银行的申请数量也在上升，但是上升幅度不及内资银行。其中，花旗银行在此期间发明申请量锐减，十年间仅有 2 件发明专利申请，而美国银行成为在中国发明专利申请量最多的外资银行，共申请 62 件发明专利，瑞士银行在其之后。

表 5 – 4　　　　　代表性内外资银行发明专利阶段性申请数量　　　单位：件

年份	内资银行			外资银行		
	中国建设银行	中国工商银行	中国农业银行	美国银行	花旗银行	瑞士银行
1985—2000	1	7	1	2	22	0
2001—2016	730	471	227	62	4	21
2011—2016	569	256	204	5	2	0
近 5 年授权量	25	106	34	0	0	0

从表中还可以看出中国内外资银行发明专利申请数量。三家代表性内资银行近五年发明专利的申请数量都达到了申请总量的 50% 以上，其中农业银行的专利活动最为活跃，近五年共申请 204 件发明专利，占其申请总量的 54.55%。这说明中国内资银行近几年金融产品的创新与研发上比较集中，银行业专利布局得到了很好的关注。相比之下，可能受到金融危机的影响，中国的外资银行近五年的专利活动并不是很明显，美国银行仅申请了 5 件发明专利，花旗银行仅有 2 件发明申请。

从近五年代表性内资银行的发明专利授权量统计来看，中国银行业的现有专利主要来自内资银行，外资银行在近五年内少有发明专利申请最终得到授权。值得注意的是，虽然目前中国内资银行授权数量远高于外资银行，但是内资银行的授权率却很低。以建设银行为例，近五年它的发明专利申请量在内资银行中排名第一，达到 569 件，而授权的发明仅有 25 件，授权率只有 4.4%。发明专利的授权需要满足新颖性、创造性和实用性等实质性条件。银行的专利申请授权的比例反映了申请专利保护的金融创新产品本身在专利授权实质性条件方面有待加强，也反映了内资银行技术创新效率和专利文件撰写质量等方面有待进一步提高。

第三节　中国银行业商业方法技术创新：基于专利技术/功效的分析

一　技术/功效分析工具对产业技术创新研究的价值

因为专利制度本身所具有的"以公开换取垄断"的特征，使得专利信息分析成为研究产业创新的重要工具和内容。[①] 专利信息分析的方法有多种，包括专利地图和专利计量。[②] 当前对于银行商业方法的信息挖掘多采用专利管理地图模式，主要是对专利类型、数量、年度趋势、申请人数量等宏观层面的分解，难以透视专利背后所蕴含的具体的技术信息。而利用以技术/功效图为代表的专利技术图，可以相对准确地从技术层面透析银行业商业方法专利的研发和授权状况，显示该领域的技术空白区与技术热点集中区域，有效地帮助技术人员直观地了解技术发展趋势，发现技术创新的方向，获知竞争对手的技术优势区域和技术弱点。而在专利技术/功效图的利用与分析方面，张兆锋等研究认为技术/功效图可以应用到专利布局分析、技术创新路

---

① 冯孝荣：《金融产品的专利保护》，博士学位论文，中国政法大学，2011 年。
② 邱洪华、彭文波：《基于技术功效的专利信息分析范式》，《情报理论与实践》2015 年第 4 期。

径分析、技术机会发现和辅助申请文件撰写等方面；① Kim 等人提出了具体构建技术功效矩阵的步骤；② 陈颖提出一种基于特征度指标和矩阵构建词汇模型的矩阵结构生成方法，③ 翟东升等提出基于文本挖掘的方法结合专家后期对文本挖掘结果的评估构建完整准确的技术/功效图和技术应用图。④

综合上述，从国内外学者的研究现状来看，近年来，中国银行业商业方法创新及其专利活动是知识产权理论界和金融实务界共同关注的热点问题之一，但在研究的深度上有待加强。而现有研究表明，专利技术/功效图是探究产业技术创新的有效工具。本书即是利用技术/功效图，透析银行业商业方法创新的发展态势，揭示当前的技术空白区和专利雷区，从而为中国的银行业商业方法创新提供路径参考。

二 专利信息检索和专利标引

本书在中国银行业专利数据库的基础上，对专利文献进行标引，从而构建中国银行业商业方法专利数据库。专利标引是进行技术功效分析的重要步骤，通过对每一篇专利文献的阅读，提取有效的关键信息，对其中所包含的技术要点和其能够实现的功能效果进行准确界定和归类划分。在对银行业的专利情况进行前期的资料收集、咨询行业专家等工作后，将银行业的商业方法专利进行了如下技术功效分解，如表 5 - 5 所示。对于每一件专利按照其涉及的技术和所能实现的效果进行编码，比如通过数据处理这一技术，实现系统优化效果的被标记为"G2"，实现文件管理效果的则被标记为"J2"。

---

① 张兆锋、贺德方：《专利技术功效图智能构建研究进展》，《情报理论与实践》2017年第1期。

② Young Gil Kim, Jong Hwan Suh, Sang Chan Park, "Visualization of Patent Analysis for Emerging Technology", *Expert Systems with Applications*, No. 34, 2008, pp. 1804 - 1812.

③ 陈颖、张晓林：《基于特征度和词汇模型的专利技术功效矩阵结构生成研究》，《现代图书情报技术》2012年第2期。

④ 翟东升、陈晨、张杰等：《专利信息的技术功效与应用图挖掘研究》，《现代图书情报技术》2012年第Z1期。

表 5－5　　　　　　　商业方法专利技术—功效分解表

技术＼功效	资金安全	银行安全	信息安全	交易便捷	故障处理	成本管控	系统优化	信息交互	人事管理	文件管理	风险管控
数据识别/表示	A1	B1	C1	D1	E1	F1	G1	H1	I1	J1	K1
数据处理	A2	B2	C2	D2	E2	F2	G2	H2	I2	J2	K2
数据存储	A3	B3	C3	D3	E3	F3	G3	H3	I3	J3	K3
通信/数据传输	A4	B4	C4	D4	E4	F4	G4	H4	I4	J4	K4
交易方法	A5	B5	C5	D5	E5	F5	G5	H5	I5	J5	K5
密码/密钥	A6	B6	C6	D6	E6	F6	G6	H6	I6	J6	K6
安全/认证	A7	B7	C7	D7	E7	F7	G7	H7	I7	J7	K7
银行系统	A8	B8	C8	D8	E8	F8	G8	H8	I8	J8	K8
银行辅助设备	A9	B9	C9	D9	E9	F9	G9	H9	I9	J9	K9
工作流程	A10	B10	C10	D10	E10	F10	G10	H10	I10	J10	K10
监控/测试	A11	B11	C11	D11	E11	F11	G11	H11	I11	J11	K11

三　中国银行业商业方法专利整体布局情况

（一）中国银行业商业方法专利申请比例分析

金融产品是指银行向客户提供的资金融通的具体形式和工具[①]，它主要包括两大类：一类为技术类金融服务产品，即点钞机、保险箱等。另一类为商业方法类金融服务产品，包括网上银行支付系统、电子清算方法等。近年来，商业方法是专利领域发展的热点问题之一，根据传统知识产权理论，纯粹的商业方法属于智力活动方法的范畴，我国专利法并不给予其保护。但是银行业金融产品的商业方法并非是纯粹意义上的商业方法，其实质是与网络和计算机软件结合在一起的产物，是一种商业方法软件。2002 年，美国花旗银行首先在我国申请 19 件商业方法专利，极大地促进了我国金融业对商业方法的重视程度。如今在我国，金融产品的商业方法也可以获得专利权的保护，并且近年该类专利申请量呈现上升趋势。

---

① 伍绍平：《实用金融知识问答》，广东经济出版社 1999 年版，第 79 页。

如图 5 - 5 所示, 自 1985 年以来, 我国银行业的发明专利申请总量 2175 件, 其中发明类专利中硬件设备共有 270 件, 占申请总量的 12%。相对的, 商业方法的申请量高达 88%, 共 1905 件。2015 年, 中国人民银行发布了《关于促进互联网金融健康发展的指导意见》, 该意见明确表明了互联网金融改革创新的路径, 更进一步加快金融业与互联网的融合。这些政策会推动商业银行在计算机软件和商业方法中投入更多的科研资金, 并推出更多的金融产品。

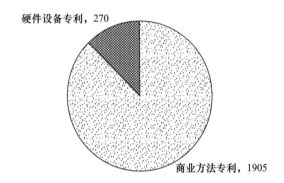

图 5 - 5   中国银行业硬件设备专利和商业方法发明专利的数量对比

(二) 中国银行业商业方法专利 IPC 分析

国际专利分类 (也即 IPC) 是大多数国家采用的统一专利技术分类标准制度。通过统计我国银行业商业方法专利 IPC 的分类, 可以了解目前业内的主导技术和创新趋势。对特定技术依 IPC 划分, 可以明显发现该技术集中于哪些部类, 以及各部类的专利产品在该技术领域中所占比例。了解研发投入方向和专利保护的强弱, 从而判断出技术密集区与研发热点领域, 能够为银行业下一步的研发和创新提供指导作用, 发现该领域较强的竞争对手, 避免技术雷区。

表 5 - 6 显示了中国银行业商业方法专利的 IPC 分布情况。从表中可以看出, 中国银行商业方法专利绝大部分集中于 G 部 (物理) 和 H 部 (电学)。通过数据统计, G 部 (物理) 商业方法专利共有 1499 件, 占商业方法专利的 79%, H 部 (电学) 商业方法专利共

385 件，占 20%。G 部中，又主要以 G06（计算、计数）类商业方法最多，其中有 706 件专利涉及 G06F（电数字数据处理），有 567 件专利涉及 G06Q（专门适用于行政、商业、金融、管理等的数据处理系统或方法；其他类目不包含的专门适用于行政、商业、金融、管理等的数据处理系统或方法）。其次是 G07（核算装置）类，共 173 件专利，主要分布于 G07F（投币式设备），占 122 件。H 部中，商业方法专利主要集中在 H04L（数字信息传输）类，共有 335 件。

表 5-6　　　　　　　中国银行业商业方法专利 IPC 分布　　　　　单位：件

部类号	大类类号	小类类号及小类名称		数量
G 部 （物理）	G01 （测量、测试）	G01J	红外光、可见光等测试	1
		G01N	借助测定材料化学物理性质分析材料	2
		G01S	无线电定向	1
	G06 （计算、计数等）	G06F	电数字数据处理	706
		G06K	数据识别与表示	39
		G06M	计数结构	2
		G06Q	商业方法	567
		G06T	一般图像数据处理	4
	G07 （核算装置）	G07B	售票设备、签发设备	7
		G07C	登记、指示类	17
		G07D	处理货币或有价纸币	13
		G07F	投币式设备	122
		G07G	登记收到现金、辅币	14
	G11（信息储存）	G11C	静态储存器	4
H 部 （电学）	H04 （电子通信技术）	H04B	传输	3
		H04K	保密通信	3
		H04L	数字信息传输	335
		H04M	电话通信	12
		H04N	图像通信	15
		H04Q	选择（开关、继电器）	2
		H04W	无线通信网络	15

由此，可以得出以下两个结论：第一，中国银行业商业方法专利主要集中在 G06F、G06Q、G07F 和 H04L 这四个技术领域当中，是中国银行业商业方法专利竞争的重要领域。第二，通过对比以前文献，可以发现除了上述四大领域，中国银行业在 H04W（无线通信网络）、G06K（数据识别与表示）等 IPC 上申请的专利也呈现较快的增长态势，再加上互联网金融在中国银行业中的快速发展，可以预见，中国商业方法银行方法专利在这些领域也将会有更快的数量增长。

四　中国银行业商业方法专利技术/功效图与技术创新

由于商业方法类创新成果只能申请发明类专利保护，因此对于商业方法专利的研究范围可限定于银行业的发明申请部分。根据银行的业务特点，单纯依赖 IPC 分类对于商业方法的划分并不能包含全部商业方法的发明专利范围，因此经过阅读全部的专利申请文献，对于符合商业方法的专利申请进行全面的归纳整理，在 2152件发明申请中有 1895 件是或者包含商业方法的专利，占比达 88.05%。在已经获得发明专利授权的 461 件专利中，商业方法类专利有 344 件，占比达 74.62%。说明商业方法类专利的申请量和授权量都占据银行业专利数量的主要份额，或者可以认为，商业方法专利是多数银行企业参与金融技术创新活动与竞争的重要领域。

（一）中国银行业商业方法专利技术/功效年度趋势：创新发展历程分析

对商业方法专利进行年代—技术/功效分析，是了解行业技术发展趋势、区分成熟技术和发展中技术进而决定研发方向的重要手段。通过该方法透析专利技术的演变历程和年代热点，可以为银行的专利技术储备和未来开展新型业务方向提供指引。图 5 - 6 是中国银行业商业方法专利申请技术（年度图），对每个年代的技术进行整合后，横轴和纵轴分别表示从 1985 年开始的年代趋势和涉及的技术分支，气泡大小代表专利数量多少。

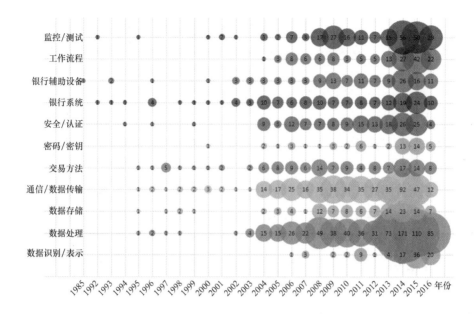

图 5 - 6　中国银行业商业方法专利申请技术（年度图）

　　从图 5 - 6 中可以看出，中国银行业商业方法创新的技术发展大致可以分为两个明显的发展阶段：第一阶段为 2003 年以前，此时的商业方法专利在我国还处于萌芽状态，技术创新点比较零散，为数不多的专利申请主要集中在通信和数据传输、银行系统和数据处理以及交易方法等技术领域；第二个阶段是 2004 年之后到现在，中国银行业商业方法的技术创新在多个技术领域都得到了较快的发展，专利数量在整体上也呈现平稳增长的态势。这一阶段，先是受 2002 年花旗银行抢注商业方法专利事件的影响，国内银行开始重视以商业方法为主的技术创新及其专利布局。而后，为了应对中国银行市场全面对外开放，提升内资银行的创新能力和市场竞争力，中国银监会在 2006 年 12 月颁布实施《商业银行金融创新指引》，紧接着在 2008 年 6 月，国务院颁布实施《国家知识产权战略纲要》。在这些政策的积极引导下，再加上"云金融""互联网金融"和"手机银行"等信息技术与银行业相互融合的金融创新产品日趋成熟，中国银行业商业方法的创新从整体上也呈现高度活跃的态势，而其中最为突出的是数据处理、通信/数据传输和监控/测试，此外安全/认证、银行系统、交易方法和银行辅助设备等技术领域的商业方法创新成果也呈现较好的增长态势。

专利申请功效（年度图）反映了银行业利用技术手段解决在经营活动中所面临的技术问题及其时间发展的差异性。图5-7是中国银行业商业方法专利申请功效（年度图）。从图中可以看出，从整体趋势看，在2003年以前，银行业商业方法创新的相关技术主要应用于解决交易便捷、系统优化和信息交互等领域，而此后，除了原有的领域以外，商业方法创新在安全保障（包括信息安全、资金安全和银行安全）、风险管控、人事和文件管理等领域也有了较快的发展。可以预见，在现有框架下，必然会有越来越多的传统或新兴的金融产品，通过与信息技术加强整合，从而在金融产品的内容和形式上实现创新。

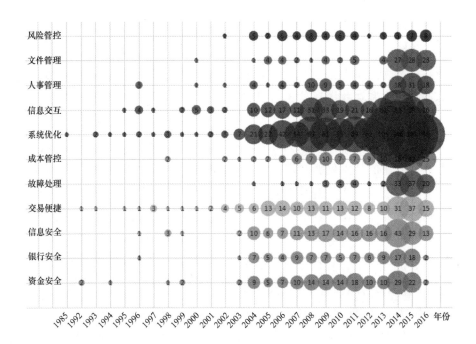

图5-7　中国银行业商业方法专利申请功效（年度图）

（二）中国银行业商业方法专利整体技术/功效：创新密集区和空白区

通过对目标专利数据库中的商业方法专利信息进行标引，可以得到如图5-8所示的中国银行业商业方法专利技术/功效图，纵轴表示主要技术分支，横轴表示技术所能实现的功效，气泡大小表示申请的专利数量。从图中可以看出，从技术角度看，中国银行业商业方法创新主要应用的技术手段包括数据处理、通信/数据传输、安全/认证、银行辅助设备、监控/测试等，可以认为，这些技术领域是银行商业方法创新的技术热点。而从功效角度看，中国银行业商业方法创新主要解决的技术问题首先是系统优化，然后是信息交互、信息安全、交易便捷等，而这些技术效果反映了中国银行业在经营活动过程中迫切需要解决的技术问题。

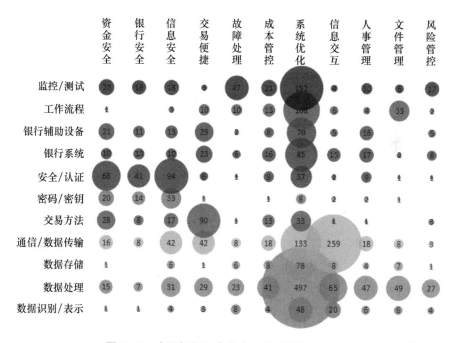

图5-8　中国银行业商业方法专利技术/功效图

从该矩阵图中还可以发现当前商业方法专利技术空白区或者潜力区。以数据处理为例，中国银行业在进行商业方法创新过程中，主要利用该技术手段来解决系统优化。除此以外，该技术还被银行用来解决信息交互、文件管理和人事管理，这些领域是数据处理技术的热点；而该技术在银行安全领域的创新应用则有待加强。类似地，在"工作流程—银行安全"、"密码/密钥—风险管控"、"交易方法—文件管理"和"数据存储—银行安全"等技术/功效领域，当前尚未有商业方法的专利布局。可以认为，若非存在"技术不可能"，则这些领域对于中国银行商业方法创新而言，即可能属于技术空白点，相关银行企业如若能在这些领域实现创新突破，则有可能获得专利保护的时间上的优势地位。

（三）中国银行业商业方法专利申请人技术/功效：创新主体与竞争力分析

通过"申请人技术/功效矩阵图"，可以透视特定技术领域的主要竞争者及它们相互之间的比较创新优势，从而可以为后续的合作、委托、许可、转让等技术管理决策提供支持。图5-9是中国银行业商

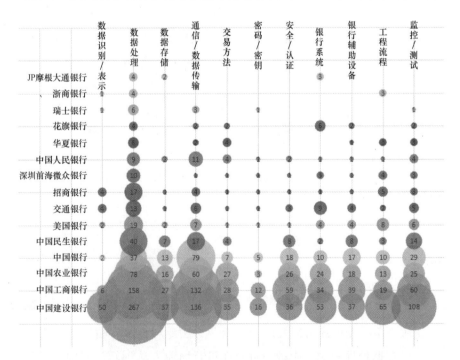

图5-9　中国银行业商业方法专利主要申请人技术图

业方法专利的 TOP15 申请人及其在创新活动中所关注的技术领域。从图中可以看出，从总量上看，中国建设银行和中国工商银行具有绝对优势，紧随其后的是中国农业银行和中国银行，股份制商业银行当中，中国民生银行相对拥有较多的专利。而在外资银行当中，美国银行在中国拥有较多商业方法专利，此外，花旗银行、瑞士银行和 JP 摩根大通银行等也在中国申请了一定数量的商业方法专利。

从申请人角度看，中国建设银行和中国工商银行的商业方法创新呈现出较为类似的技术领域，均比较集中于数据的识别、处理、存储、交易方法、银行系统、工作流程和监控测试等。相比之下，中国建设银行在大多方面均有创新领先优势，而中国工商银行则在安全/认证和银行辅助设备等方面，具有创新领先优势。

从技术上看，数据处理、通信/数据传输和监控/测试等技术得到了多数银行企业的关注和重视，取得了较多的商业方法创新成果，也说明了这些技术对于银行业经营管理活动的重要性。相比之下，密码/密钥和数据识别/表示等技术领域专利活动并不活跃，其中可能的原因包括新兴技术在金融领域应用的尚未成熟，创新成果不属于专利保护的主题以及银行企业的研发投入不足等。

申请人技术图能够比较直观地反映出申请人在解决行业热点难点问题的能力，如图 5 - 10 所示，横轴表示商业方法涉及的技术效果，纵轴为主要专利申请人，气泡中的数字表示专利申请数量。

中国建设银行、中国工商银行和中国农业银行对银行业商业方法所涉及的主要技术效果都有所涉及。除了对现有的技术效果进行不断的优化外，中国建设银行和中国工商银行还偏重于解决银行的安全问题，注重客户资金和银行本身的安全维护，同时两家银行对在业务活动中需要的联络与沟通机制也取得了较多的商业方法创新成果。

（四）中国银行业商业方法专利发明人技术/功效：创新阵容与差异化优势

发明人技术/功效分析，可以清晰展示特定技术领域的技术创新骨干，为相关银行就创新型人才的人力资源管理提供指引和参考。图 5 - 11 展现了中国银行业商业方法专利主要发明人—技术矩阵图。

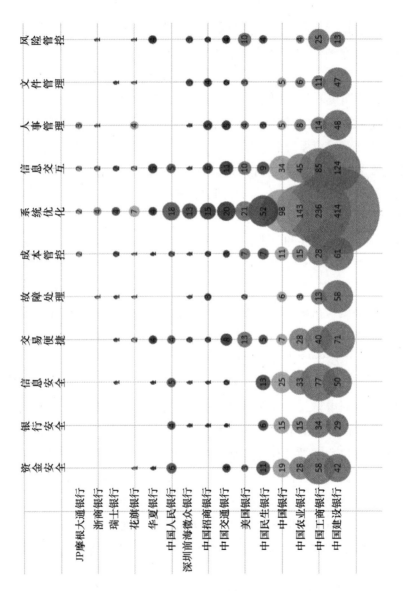

图 5 - 10 中国银行业商业方法专利主要申请人功效图

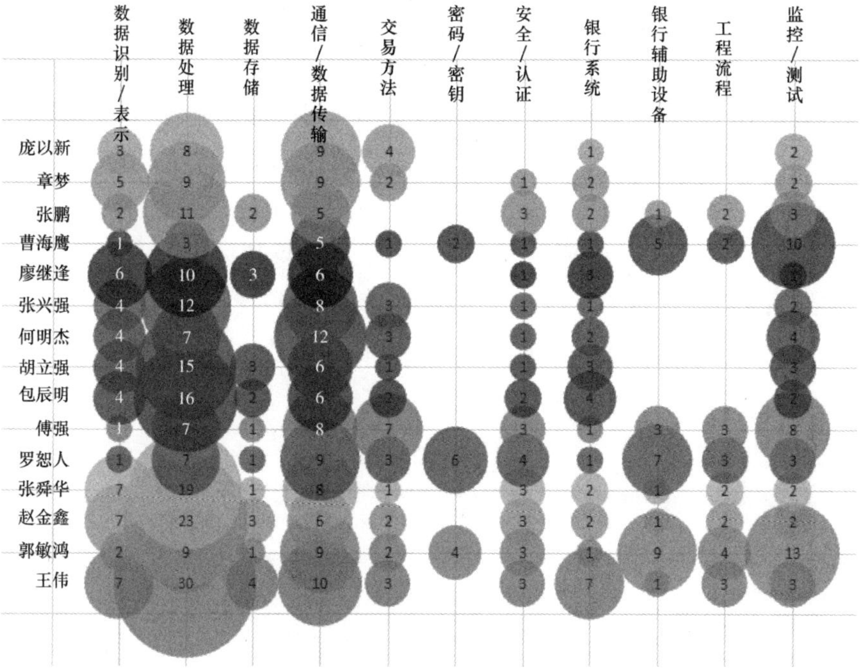

	数据识别/表示	数据处理	数据存储	通信/数据传输	交易方法	密码/密钥	安全/认证	银行系统	银行辅助设备	工程流程	监控/测试
庞以新	3	8		9	4			1			2
章梦	5	9		9	2		1	2			2
张鹏	2	11	2				1			2	3
曹海鹰	1			5	1	2	1	1	5	2	10
廖继逢	6	10	3	6							
张兴强	4	12		8	3						
何明杰	4	7		12							
胡立强	4	15		6							
包辰明	4	16		6							
傅强		7							3		
罗恕人	1					6					
张舜华	7	19		8	1						
赵金鑫	7	23	3								
郭敏鸿	2	9				4			9	4	13
王伟	7	30	4	10	3		3	3		1	3

图 5-11　中国银行业商业方法专利主要发明人技术图

从图 5-11 中可以看出，数据处理、通信/数据传输、监控/测试、数据识别/表示、银行系统和安全认证等技术领域得到了较多发明人的关注，中国银行业商业方法创新领域的主要发明人几乎都在这些领域拥有专利申请。可以认为，中国银行业在这些领域投入了较多的创新智力资源。而相比之下，关注密码/密钥的主要发明人只有罗恕人、郭敏鸿和曹海鹰等三位。

从图中还可以看出中国银行业商业方法创新活动中的主要发明人及其比较优势。在数据识别技术领域的主要发明人是王伟、赵金鑫和张舜华；在通信/数据传输技术领域的主要发明人是何明杰和王伟；而在监控/测试技术领域的主要发明人是郭敏鸿和曹海鹰。王伟的主要优势领域在于数据处理；郭敏鸿的主要优势领域在于监控/测试；赵金鑫的主要优势领域在于数据处理。而通过阅读专利文献可以发现，这些发明人大多隶属于中国建设银行和中国工商银行，而且同一单位内部的发明人之间多有协作关系，以技术小组的形式进行技术开发。

发明人功效图侧重研究发明人相关专利成果的技术效果和解决的主要技术问题。图5－12表示的就是中国银行业商业方法专利活动中的主要发明人功效矩阵。从图中可以看出，系统优化、信息交互、交易便捷、人事/文件管理和成本管控等技术效果领域集中了较多的主要发明人。因此可以认为，如何解决和实现这些技术效果是中国银行业商业方法创新的主要方向，相关银行在这些领域也投入了相对较多的创新资源。

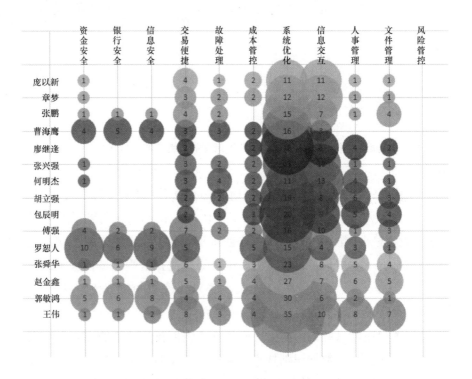

图5－12 中国银行业商业方法专利主要发明人功效图

从图中还可以看出相关技术效果领域的主要发明人及其比较优势领域。在系统优化技术效果领域，主要发明人是王伟、郭敏鸿和赵金鑫；在信息交互技术效果领域，主要发明人是何明杰、章梦和庞以新；在交易便捷技术效果领域，主要发明人是王伟和傅强。而从发明人角度看，除了多数主要发明人均涉及的系统优化技术效果以外，王伟的优势领域是信息交互，郭敏鸿的优势领域是信息安全，罗恕人的优势领域是资金安全。

第四节　本章小结

本章主要通过对中国金融创新政策解读、内外资银行比较研究、商业方法专利总体情况的研究，以及代表性内外资银行的对比等几个方面，详细说明中国银行业专利活动的总体情况。

从中国金融创新政策来看，自中国 2001 年加入 WTO 后，先后颁布《商业银行创新指引》《知识产权战略纲要》与《互联网金融创新指导意见》等政策，这使得国内银行业在知识产权领域拥有了高速发展的空间和有力的法律保障。同时中国银行业在专利的申请与保护上取得了长足的进步，连续几年金融专利申请量处于上升趋势，表现出强大的创新能力和发展活力。未来几年，互联网金融的兴起也必将给中国的银行业带来较大的挑战和发展机遇。

通过对中国银行的整体专利活动分析，发现中国银行业的专利活动情况大致经历了两个历史时期，入世前中国银行业的专利活动情况处于起步期，每年的三类专利申请量均未超过 50 件，总体来讲银行业专利市场并不活跃。2001 年"入世"后，中国银行业专利活动有了较为明显的变化，其中发明类专利申请量增长幅度较大，并且比实用新型和外观设计发展速度更快。与外资银行在中国的专利活动相比，中国内资银行起步晚，2000 年以前主要是外资银行申请专利，内资银行几乎没有专利。2008 年中国颁布《知识产权战略纲要》以后，中国内资银行专利活动更加活跃，无论是专利申请数量，还是专利授权数量，都远超外资银行在中国的专利数量。在此期间外资银行的专利申请数量虽有涨幅，但增长趋势缓慢，专利授权量也不如内资银行多。从专利类型看，中国内资银行也逐渐注重创新质量，在一定程度上反映了内资银行在研发实力和创新能力上有了较大的提高，也直接反映了中国知识产权政策对银行业的影响。

从中国银行业商业方法及其 IPC 的分布上看，中国银行业专利主要集中在发明类，其中商业方法发明专利占比超过 80%，自 2002 年外资银行在中国申请商业方法类专利后，中国内资银行也开始着重对商业方法类专利的研发和申请。近几年商业方法类专利属于银行业的研发申请热点，申请量也一直处于快速上升状态。结合对中国商业方法 IPC 的统计，发现中国银行业商业方法主要集中于物理部（G 部）和电部（H 部）两大类，其中以 G06F（电数字数据处理）、G06Q（商业方法）、G07F（投币式设备）、H04L（数字信息传输）为申请热点技术，发展较快，而其他方面的技术申请量较少，近几年内中国银行业也将围绕这几类技术继续竞争。

本章在最后对中国内外资银行中的代表性银行做出对比分析，主要涉及申请授权量、IPC 分布，以及分阶段的对比研究。通过比较，代表性外资银行在中国起步早，但是发展平缓，近年来代表性外资银行的专利活动并不活跃。从 IPC 看，代表性外资银行研究技术领域较窄，在中国拥有专利数并不多。而代表性内资银行技术创新领域较广，IPC 分布领域较多，在近年来发展迅速，专利申请数量和授权数量均有较大的涨幅。但值得注意的是中国代表性内资银行专利申请不断增长，授权比例并没有明显提高，这说明中国内资银行创新能力和专利活动的管理能力仍然有待进一步提高。

现有研究表明，外资银行在中国的专利布局起步较早，并对内资银行的专利活动具有积极的影响。本书通过呈现中国银行业商业方法专利的技术/功效图可以发现，内资银行商业方法专利布局主要呈现发展较快的特点。中国建设银行、中国工商银行、中国农业银行和中国银行四大国有银行在中国银行业商业方法专利领域不仅具有明显的申请数量上的优势，同时在专利授权数量上也具有领先优势。而中国民生银行、招商银行和前海微众银行等商业股份银行也申请了较多的商业方法专利。可以认为，在产业竞争和国家政策的推动下，越来越多的内资银行，尤其是那些具有较强市场竞争力的银行企业，开始注重金融商业方法创新，同时意识到专利制度对于商业方法创新成果保护的重要作用。而这些银行也将成为中国银行业商业方法创新领域的主要竞争者。

通过专利的技术/功效图可以发现，系统优化、资金安全和交易便捷等技术是中国银行业商业方法创新活动较早涉及的领域，同时，它们与信息交互一起是最近几年中国银行业商业方法创新应用的热点。中国银行业商业方法创新应用的技术手段主要包括数据处理、通信/数据传输、监控/测试、银行系统等等。这些技术在中国建设银行、中国工商银行、中国农业银行和中国银行等银行机构均得到较为全面的应用。而在技术效果方面，中国银行业商业方法创新主要应用于系统优化、信息交互、信息安全和交易便捷等。中国建设银行商业方法创新在系统优化、信息交互、交易便捷、成本控制和故障处理等技术效果方面具有优势，相比之下，中国工商银行则在资金安全、信息安全、风险管理和银行安全等技术效果方面具有优势。从创新资源分配的角度看，数据处理和通信/数据传输这两个技术领域集中了较多的发明人，相比之下，密码/密钥技术领域只有曹海鹰、罗恕人和郭敏鸿等三位发明人，而这三位发明人同时也是专利申请数量较多，涉及技术领域较广的发明人，可以认为，他们是中国银行业商业方法创新领域的引领型专家，而拥有这些发明人的银行企业将会在中国银行业商业方法创新活动中具有明显的智力资源优势。

第六章　中国银行业专利活动：
产业外部技术创新

第一节　产业外部技术创新概述

创新活动是将知识应用于企业，并最终实现企业在竞争中的优势位置。在知识经济的背景下，无论是自主创新，还是二次创新，都离不开对外部知识的获取、消化和吸收，因此，产业内部和技术供应商之间的知识流动和知识共享，对产业的技术创新能力的提升具有积极的影响。[①] 美国管理学者迈克尔·波特提出"五力模型"[②]（Michael Porter's Five Forces Model）用以分析产业的竞争环境，即：供应商的讨价还价能力、购买者的讨价还价能力、替代品的威胁、潜在竞争者的威胁、产业内部现有竞争。在经济全球化和产业分工日趋细化的背景下，产品质量和创新能力的高标准与企业创新能力和资源的有限性之间的矛盾，使得越来越多的企业意识到从外部获取有用资源对提高自身创新能力具有重要的作用。而邀请供应商参与到自身的产品研发活动，有利于获取更多的竞争优势。[③] 因此，为了促进能力和资源的互补、节省交

---

① 杨静、陈菊红：《供应商参与 NPD 视角下跨组织知识共享对技术创新能力的影响研究》，《科技管理研究》2012 年第 13 期。

② Ragatz G. L., Handfield R. B., Scannell T V., "Success Factors for Integrating Suppliers into New Product Development", *Journal of Product Innovation Management*, Vol. 14, No. 3, 1997, pp. 190 – 202.

③ 马文聪、朱桂龙：《供应商和客户参与技术创新对创新绩效的影响》，《科研管理》2013 年第 2 期。

易成本和构建战略伙伴，企业将会与供应商进行合作创新。①

在供应链管理的思想下，企业借助于先进的信息技术，选择与上下游企业构建战略合作关系，将部分产品研发委托这些企业完成，而企业则将更多的精力集中于自身的核心业务上，从而最终实现双赢。② 为此，在科技进步和供应链的双重驱动下，供应商参与研发创新成为提高企业新产品开发效率和效益的重要方式。③ 而伴随着外包组织生产的模式日趋成熟和供应商技术创新能力的不断提高，供应商承担着越来越多的创新研发任务。④ 伴随着信息技术和互联网技术蓬勃发展的金融产品创新正在成为银行业快速发展的新的动力源泉。⑤ 金融创新既包括金融工具的创新和金融产品的创新，同时还包括金融机构组织形式和金融技术以及金融制度的创新。⑥ "以公开换取保护" 的特性使得专利文献包含了丰富的技术、法律以及商业信息，是进行情报研究极具价值的分析材料。⑦

在知识经济的背景下，技术创新不仅有利于创造竞争优势，同时对于可持续发展也是至关重要的，⑧ 因此，当代企业在开展经营活动过程中，通常都会致力于技术创新。⑨ 专利信息分析是进行技术管理和战略规划的重要工具，不仅有助于正确判断竞争对手的技术研发的

---

① 马士华、林勇、陈志祥：《供应链管理》，机械工业出版社 2005 年版。

② 李随成、孟书魁、谷珊珊：《供应商参与新产品开发对制造企业技术创新能力的影响研究》，《研究与发展管理》2009 年第 5 期。

③ 同上。

④ 刘伟、邓鳞波：《共性技术 VS 专用性技术：基于三阶段非合作博弈的供应商研发决策》，《管理工程学报》2011 年第 4 期。

⑤ 李文峰：《信息技术互联网络基因与金融创新检验——基于中国互联网金融发展的反思视角》，《技术经济与管理研究》2016 年第 4 期。

⑥ 周方召、谢玉梅、徐明华：《金融创新的 "光明" 与 "黑暗"：国外最新文献的综述》，《浙江社会科学》2012 年第 11 期。

⑦ 尹新天：《中国专利法详解》，知识产权出版社 2016 年版。

⑧ Trappey A. J. C., Trappey C. V., Wu C. Y., "A patent quality analysis for innovative technology and product development", *Advanced Engineering Informatics*, Vol. 26, No. 1, 2012, pp. 26 – 34.

⑨ Sun Y., Lu Y., Wang T., "Pattern of patent – based environmental technology innovation in China", *Technological Forecasting & Social Change*, Vol. 75, No. 7, 2008, pp. 1032 – 1042.

趋势,① 而且对于新技术引进②和核心技术筛选③等创新活动的判断的决策具有重要的指导性作用。此外,专利信息还能为研发工程师理解技术构成和获取创新概念提供信息源泉。④ 因此,专利信息已然成为研发工程师、科研人员和技术政策制定者常用的情报工具。⑤

本章通过对中国银行业技术供应商所申请的银行专利进行研究,为银行企业选择与合适的技术供应商开展有效的技术管理(委托研发、合作研发、技术引进等)提供有益的指导和参考。

第二节 中国银行业外部专利信息检索与整理

本书利用专利信息分析工具,对中国银行业技术供应商的技术创新活动进行研究。因此,专利信息检索是本书研究的基础。本书利用IncoPat 专利检索平台对银行业技术供应商的专利信息进行检索,检索日期为 2017 年 3 月 8 日。

本书认为,从申请人的角度看,银行业相关专利可以分为两大类:第一类当然是银行业内部申请的专利,也就是各银行企业作为申请人申请的所有银行专利;而另一类则为非银行业内部的申请人所申请的银行专利,即非银行业内部的企业、高校、科研院所以及个人所

---

① Tseng F. M. , Hsieh C. H. , Peng Y. N. , "Using patent data to analyze trends and the technological strategies of the amorphous silicon thin – film solar cell industry", *Technological Forecasting & Social Change*, Vol. 78, No. 2, 2011, pp. 332 – 345.

② Kim G. , Bae J. , "A novel approach to forecast promising technology through patent analysis", *Technological Forecasting & Social Change*, No. 117, 2017, pp. 228 – 237.

③ Chang P. L. , Wu C. C. , Leu H. J. , "Investigation of technological trends in flexible display fabrication through patent analysis", *Displays*, Vol. 33, No. 2, 2012, pp. 68 – 73.

④ Trappey A. J. C. , Trappey C. V. , Wu C. Y. , "A patent quality analysis for innovative technology and product development", *Advanced Engineering Informatics*, Vol. 26, No. 1, 2012, pp. 26 – 34.

⑤ Paci R. , Sassu A. , Usai S. , "International patenting and national technological specialization", *Technovation*, 1997, Vol. 17, No. 1, 1997, pp. 25 – 38.

申请的银行专利。而在供应链思想的指导下，第二类申请人均可以视为银行业的技术供应商。为此，本书执行的检索表达式为：（ti = 银行 or ab = 银行 or claim = 银行）NOT（ap = 银行）。该检索表达式的含义是：检索在专利文献标题、摘要以及权利要求中包含"银行"关键词的专利文献（表示银行专利，即：与银行经营活动有关的所有专利），同时，排除所有以"银行企业"所申请的专利文献。

通过上述检索共获取 16491 件专利信息，其中失效的专利占比达到 44.36%，由于失效专利已经成为公有技术，进入公有领域，对于银行业内部相关企业而言，可以自由地加以使用，不具有技术供应商的"讨价还价"的能力。因此本书将研究范围确定为有效和审查中的专利。此外，检索结果中还包含了 2089 件的外观设计专利。鉴于外观设计专利本身并不包含"技术"要素，因此本书的研究也不包括该类专利。根据以上思路进行整理，最终构成本书样本共计 7850 件专利，其中包含发明申请 4422 件、实用新型专利 2308 件和发明授权 1120 件。

第三节　中国银行业技术供应商专利活动

一　中国银行业技术供应商类型

根据专利法律制度，专利申请可以划分为职务发明和非职务发明。职务发明的专利申请人类别为单位，具体可以分为企业、高校和科研院所等，而非职务发明的专利申请人类别为自然人。按照专利申请人的类型，对样本专利进行统计，可以得知中国银行业技术供应商的类型分布，如图 6 - 1 所示。

从图中可以看到，中国银行业技术供应商的类型包括企业、个人、大专院校、科研机构、机关团体以及其他等。其中企业类的专利申请量具有明显数量优势，共计拥有 5619 件专利，占比高达 69.9%。其次是个人类专利申请，共有 1789 件专利，占比达到 22.25%。通常

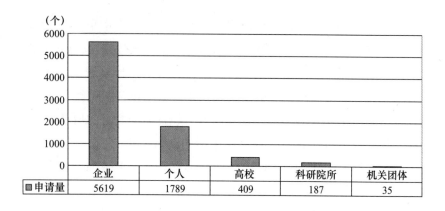

图 6 - 1　中国银行业技术供应商的类型构成

认为：从专利质量的角度看，与其他各类申请人的专利相比，企业的专利申请具有更好的稳定性和更高的质量；从专利申请动机来看，个人、高校和科研院所更有可能以转让的方式实现专利的价值；从创新路径来看，与企业之间更多地以合作或委托的方式开展创新活动，而与高校和科研院所之间更多地以委托的方式开展创新活动；从创新智力资源的角度来看，相比之下，高校和科研院所可能具有更好的研究基础和条件。为此，中国银行业内部相关企业在开展技术创新活动过程中，应当结合自身的实际需要，以不同的方式，与不同类型的供应商开展技术创新活动。

二　中国银行业主要技术供应商

从申请人角度进行专利统计分析，可以得知特定技术领域的主要创新主体及其竞争优势。表 6 - 1 反映了当前中国银行业中技术供应商 TOP10 申请人及其专利布局情况。从表中可以看出，来自美国的迪布尔特有限公司以 131 件排名第一位，紧随其后的是拥有 120 件的中国银联股份有限公司，第三位至第五位分别是深圳怡化公司①、深圳

---

①　通过专利文献深度分析可知，深圳市怡化时代科技有限公司、深圳市怡化金融智能研究院和深圳市怡化电脑股份有限公司作为共同申请人申请了所有专利，且前两者分别为深圳市怡化电脑股份有限公司的全资子公司和全资附属机构，因此在本书的研究过程中，将这三个专利权人视为一个整体进行分析。

银信网银科技有限公司和国家电网公司。从申请人来源来看，TOP10 申请人当中，除了迪布尔特有限公司以外，其余 9 位均为中国国内的企业或个人。

表 6－1　　　　中国银行业技术供应商 TOP10 申请人　　　单位：件、%

申请人	专利数量	初次申请年	最后申请年	授权量	授权占比	发明授权量	发明授权占比
迪布尔特有限公司	131	1998	2014	64	48.85	64	48.85
中国银联股份有限公司	120	2003	2016	31	25.83	23	19.16
深圳怡化公司	100	2011	2016	54	54	3	3
深圳银信网银科技有限公司	73	2013	2015	1	1.36	1	1.36
国家电网公司	72	2011	2016	32	44.44	10	13.88
浙江维融电子科技股份有限公司	50	2015	2016	34	68.00	0	0
广州广电运通金融电子股份有限公司	46	2006	2016	25	54.36	16	34.78
阿里巴巴集团控股有限公司	44	2009	2016	2	4.54	2	4.54
天地融科技股份有限公司	43	2005	2016	14	32.55	10	23.25
王美金	41	2013	2015	7	17.07	7	17.07

从专利申请的起始时间和终止时间来看，最早进入银行领域的非银行企业是迪布尔特公司，于 1998 年进行了第一件专利申请。其次是中国银联有限公司和天地融科技股份有限公司，分别于 2003 年和 2005 年初次申请专利。但是从 2011 年开始，深圳市怡化电脑公司等申请人较为活跃，专利申请数量也较多。

从授权量和授权专利（包含实用新型和发明专利）所占的比重可以看到，在专利授权总量方面，最高的是迪布尔特有限公司，尽管浙江维融电子科技股份有限公司授权占比最高，达到 68%，但是其所有的授权专利均为技术创新含量相对较低且专利权相对不稳定的实用新型专利。而在发明的授权量和发明专利占比方面，迪布尔特有限公司仍然具备十分明显的技术竞争优势。而国内企业或机构当中，中国银联股份有限公司和广州广电运通金融电子股份有限公司具有一定的优势。值得注意的是深圳市银信网银科技有限公司虽然有高达 73 件的专利持有数量，但是其仅有一项发明专利获得授权，其他的大量申请仍然在审查中，可以认为该公司在银行技术领域的专利保护具有一定的竞争潜力。

三 中国银行业技术供应商创新智力资源

从发明人的角度进行专利统计分析，可以了解特定技术领域的创新智力资源及其创新竞争力和方向的差异性，为企业进行科学有效的人力资源管理，以及人才引进提供信息支持。表 6－2 是中国银行业技术供应商在银行专利领域的 TOP10 发明人及其专利活动状况。从表中可以看出，深圳市银信网银科技有限公司的张毅，以 75 件专利数量居首，其次是个人发明人刘仁山拥有 60 件，排在第三位的是来自浙江维融电子科技股份有限公司的魏伟，持有 53 件专利。在前十位主要发明人中，只有一位外籍发明人威廉·D. 贝斯基特，隶属于迪布尔特有限公司，以 43 件专利持有量排在靠后的第八位。可以认为，表中的这些发明人比较关注银行技术领域的创新，同时具有较好的技术创新成果，而对于职务发明而言，这些发明人所在的单位将在银行专利技术领域拥有创新资源优势。

表 6－2　　　　中国银行业技术供应商 TOP10 发明人　　　单位：件、%

发明（设计）人	专利数量	初次申请年	最后申请年	授权量	授权占比	发明授权	发明授权占比	所属单位	主要IPC
张毅	75	2013	2015	2	2.67	1	1.33	深圳市银信网银科技有限公司	G06Q20、G06Q40
刘仁山	60	2013	2013	10	16.67	10	16.67	个人	H04N1、G06F1
魏伟	53	2009	2016	53	100	17	32.07	浙江维融电子科技股份有限公司	G07F19
谢爱文	52	2015	2016	52	100	17	32.70	浙江维融电子科技股份有限公司	G07F19

续表

发明（设计）人	专利数量	初次申请年	最后申请年	授权量	授权占比	发明授权	发明授权占比	所属单位	主要IPC
李东声	50	2005	2016	17	34.00	12	24.00	天地融科技股份有限公司	H04L9
黄金富	48	2004	2015	9	18.75	8	16.67	个人	G06Q20
陈崇军	47	2009	2015	29	61.70	7	14.89	昆山古鳌电子机械有限公司	G07D11
威廉·D. 贝斯基特	43	1998	2007	21	48.83	21	48.83	迪布尔特有限公司	G07D11、G07F19
陈德杯	42	2015	2016	32	76.19	0	0	浙江维融电子科技股份有限公司	G07F19
王美金	41	2013	2015	7	17.07	7	17.07	个人	G06Q40

从申请的时间来看，在 TOP10 发明人当中，威廉·D. 贝斯基特是相对较早进入银行领域技术创新的发明人，但是其最后一件申请截止于 2007 年，可以认为其近年来在中国的专利活动并不活跃。从时间跨度来看，李东声和黄金富的技术创新活动持续长达 11 年之久，且两人最近几年仍然有专利申请，可以认为这两位发明人在银行领域的技术创新具有较好的持续性。张毅、刘仁山和王美金是 2013 年之后开始专利申请，谢爱文和陈德杯更是在 2015 年才开始进行申请，这些发明人虽然进入银行领域技术创新的时间相对较晚，但作为 TOP10 的发明人，可以认为，他们是近年来比较活跃的发明人，具有较大的创新潜力和竞争力。

通过授权数量和发明专利授权情况可以判断发明人的技术创新质量。从表 6-2 中可以看出，发明专利授权数量和发明授权占比均为最高的是威廉·D. 贝斯基特，取得了 21 件发明专利授权同时占比高达 48.84%。其次是魏伟和谢爱文，都获得了 17 件发明专利授权，而且，从所有类型专利申请的授权率上看，魏伟申请的 53 件专利和谢爱文申请的 52 件专利都得到了授权，授权率均为 100%。值得注意的是，专利数量排名第一的陈毅分别获得了一件实用新型专利和发明专利授权，绝大部分的专利申请仍处于在审状态中。排名第九位的陈德杯的授权专利均为实用新型。因为与实用新型专利相比，发明专利不仅具有较长的保护期限和更严格的保护条件，而且意味着更高的创新高度和更稳定的法律权利以及更高的市场价值，因此，可以认为，拥有更多授权专利，尤其是授权发明专利的发明人具有更高的创新质量，而拥有这些发明人的单位，也将拥有更优质的创新智力资源和更大的技术竞争力。

国际专利分类号（IPC）是专利申请的技术分类标准。研究发明人涉及的主要 IPC 分类，可以了解发明人所擅长或关注的技术创新方向和领域。从表 6 - 2 中可以看出，较多发明人的创新成果分布于 G06Q20（IPC 定义为：支付方案，体系结构或协议）和 G07F19（IPC 定义为：完整的银行系统；用于收付现金或类似物，并过账到现存账户的编码卡片通过装置）。这些技术领域在银行的具体应用主要表现为交易和收付系统、货币分发装置等。在 G06Q20 技术领域里，黄金富具有相对较强的技术竞争力。虽然张毅也有大量该范围的专利申请，但是其授权率太低。在 G07F19 技术领域中，魏伟和谢爱文取得的创新成果比较多，可以认为他们在这一技术领域具有比较竞争优势。

四 中国银行业技术供应商创新领域和方向

从 IPC 分类号的角度对专利信息进行统计分析，可以了解特定技术领域专利申请人的技术研发重点和研发方向，同时可以为企业进行技术合作或者委托研发提供信息指引和支持。表 6 - 3 是中国银行业技术供应商专利活动涉及的主要 IPC。从表中可以看出，G06Q20 中集中了 1365 件专利申请，是涉及专利数量最多的技术领域，其含义是指"支付方案，体系结构或协议"，其应用方向主要涉及虚拟现金系统、结账、交易以及支付系统，大多基于计算机技术或者网络技术实现，是当前银行业技术创新的热点区域。而通过进一步信息挖掘可以发现，深圳市怡化电脑股份有限公司和中国银联股份有限公司在该技术领域具有比较创新优势，拥有较多的专利成果。

表 6 - 3 　　　中国银行业技术供应商专利申请主要 IPC 分布 　　　单位：件

IPC	含义	数量	主要申请人（简称）	数量	应用
G06Q20	支付方案，体系结构或协议	1365	深圳市怡化电脑	52	虚拟现金系统、移动结账终端、在线交易系统、移动支付系统
			中国银联	47	
G07F19	完整的银行系统；用于收付现金或类似物，并过账到现存账户的编码卡片通过装置	959	迪布尔特	41	自动银行货币分发装置、收付款装置系统、纸币交易系统、自动交易机
			深圳市怡化电脑	39	
G06Q40	金融，例如银行业、投资或税务处理；保险，例如，风险分析或养老金	618	深圳市银信网银科技	26	认证系统、金融交易终端、移动信息交互系统、文件处理、交易卡处理
H04L29	H04L1/00 至 H04L 27/00 单个组中不包含的装置、设备、电路和系统	575	天地融科技股份	17	身份认证系统、签名设备、通信方法、安全密钥、安全交易系统
G06Q30	商业，例如行销、购物、签单、拍卖或电子商务	458	深圳市银信网银科技	11	移动电子商务系统、电子交易系统、支付结算网关系统、交易装置
G07G1	现金登记器	401	中国银联股份	10	收付款装置、纸币交易系统、自动银行服务终端、自助缴费终端
H04L9	保密或安全通信装置	386	天地融科技股份	29	身份认证终端、签名设备、动态密码生成器
G06Q50	专门适用于特定经营部门的系统或方法，例如保健、公用事业、旅游或法律服务	373	国家电网	18	金融数据处理移动终端、充值装置、智能电网系统、预付费系统

IPC	含义	数量	主要申请人（简称）	数量	应用
G07F7	靠硬币之外的物体打开或启动售货、出租、硬币或纸币分发或退还设备的启动机构	366	中国银联	16	收付款装置、移动通讯终端、认证设备、
G06Q10	行政，例如办公自动化或预定；管理，例如资源或项目管理	316	国家电网	8	公民信息管理系统、批量文件处理方法、网络编码系统

从总体上来看，中国银行业技术供应商在银行专利领域的主要 IPC 所涉及的主要技术当中，大多涉及银行的支付交易系统，比如 G06Q20、G06Q40、G07F19 等，其中又多以计算机自动化和移动终端的技术构架为支撑来实现银行业务运营；有两项是涉及身份认证、账户安全和信息加密的，如 H04L29 和 H04L9，其含义即为"保密或安全通信装置"，而在这一技术领域中具有较强竞争优势的企业是天地融科技股份有限公司，总计有 46 项专利；而第三个部类涉及行政管理方面，即 G06Q10，其含义为"行政，例如办公自动化或预定；管理，例如资源或项目管理，主要应用方向在公民信息管理系统、批量文件处理方法、网络编码系统等"，在该领域具有创新优势的是国家电网公司。可以认为，当前技术供应商在开展涉及银行相关的研发和创新活动当中，能够紧扣银行业内部的技术需求和方向，具有较好的产业适用性。

五　中国银行业技术供应商技术转移

专利技术的获取不仅可以通过自主研发达到技术创新的目的，还可以借由专利技术转让和专利技术许可的方式进行。推动静态的专利资源流动起来是实现专利价值重要方式，而专利转移不仅可以使拥有专利成果的企业获取更多利润，还可以使得技术基础薄弱企业迅速获取专利技术，实现基础技术储备的构建。因此，通过研究专利技术转移转化，可以了解特定企业的技术管理策略。表6－4展示了中国银行业技术供应商的专利转让和许可情况。从表中可以看出，苏州君丰辰电子科技有限公司进行了18件相关专利的转让活动，深圳光启智能光子技术有限公司从其他专利权人当中购买了17件专利。而在专利许可方面，北京天公瑞丰科技有限公司将4件专利许可给他人使用，而北京大唐智能卡技术有限公司从其他专利权人当中获得了4件专利的实施许可。可以认为，表中所列的相关企业比较注重通过专利转移转化的方式进行技术创新和技术管理，而从整体上看，中国银行业专利领域的转移转化并不活跃。

表6－4　　　　中国银行业技术供应商的专利转让和许可情况　　　单位：件

转让人	专利数量	受让人	专利数量	许可人	专利数量	被许可人	专利数量
苏州君丰辰电子科技有限公司	18	深圳光启智能光子技术有限公司	17	北京天公瑞丰科技有限公司	4	北京大唐智能卡技术有限公司	4
上海合康科技发展实业有限公司	16	上海银行股份有限公司	16	大唐微电子技术有限公司	4	无锡天公瑞丰有限公司	4
上海合康软件有限公司	16	国家电网公司	15	乔中力	3	北京银湾科技有限公司	3
深圳光启创新技术有限公司	15	深圳市威尔科思技术有限公司	10	崔山	3	宁波易简电子科技有限公司	3
北京易路联动技术有限公司	10	鞍山聚龙金融设备有限公司	9	中国印钞造币总公司	2	上海成业科技工程有限公司	2
柳长庆	9	杭州银星金融设备有限公司	8	中钞长城金融设备控股有限公司	2	中山百佳金合电子科技有限公司	2
鞍山聚龙金融设备有限公司	9	深圳市全球顺控股有限公司	8	兆日科技（深圳）有限公司	2	中钞国鼎投资有限公司	2
徐平	8	辽宁聚龙金融设备股份有限公司	8	吴时欣	2	中钞科堡现金处理技术（北京）有限公司	2

转让人	专利数量	受让人	专利数量	许可人	专利数量	被许可人	专利数量
邢德智	8	邢德智	8	唐智	2	京健科健康科技（北京）有限公司	2
乐金电子（中国）研究开发中心有限公司	6	乐清市风杰电子科技有限公司	7	国金黄金集团有限公司	2	北京兆日科技有限责任公司	2

第四节　本章小结

根据迈克尔·波特的五力分析模型，技术供应商的议价能力是研究产业内部竞争环境的重要内容。而供应链管理相关研究表明，技术供应商对企业技术创新具有积极的影响。本书在专利检索的基础上，从专利信息分析的角度，对中国银行业技术供应商的创新活动进行了研究，其中的主要研究结论为：

（1）中国银行业技术供应商的类型以企业为主，同时也包括个人、大专院校、科研单位和机关团体等；美国的迪布尔特有限公司和中国国内的中国银联、深圳怡化电脑股份有限公司和深圳银信网银科技有限公司等企业比较关注银行领域的技术创新和专利保护，它们可以成为中国银行业的主要技术供应商；（2）深圳银信网银科技有限公司的张毅、刘仁山和浙江维融电子科技股份有限公司的谢爱文等发明人是中国银行业技术供应商的主要创新智力来源；（3）中国银行业技术供应商在银行技术领域的研发热点比较集中，主要涉及 G06Q20、G07F19 和 G06Q40 等领域，涉及的银行应用领域为虚拟现金系统、自动银行货币分发装置、自动交易机和金融交易终端等；（4）中国银行业技术供应商当中，当前已经有少量的专利权人开始通过专利转移和转化实现专利价值。

　　通过研究，可以认为，中国银行业技术供应商在银行领域的创新至少有以下两个方面的主要问题：（1）技术含量相对较低，创新水平和高度还有待进一步提高。当前银行业技术供应商在银行领域的专利申请在数量上已经具有一定竞争力，但在已经获得授权的专利中，没有经过实质性审查的实用新型占到了三分之二以上的份额，相比之下，代表着更高的创新高度和更稳定的法律权利的发明专利的数量占比并不具有比较优势；（2）专利技术转移转化不够，专利运营能力和水平有待进一步提高。除了实施以外，专利权人还可以通过转让、作价入股、质押融资和交叉许可等专利运营方式来实现专利资源的经济价值，节约人力物力成本。当前中国银行业技术供应商虽然在银行领域申请了较多专利，但相比之下，专利技术转让和专利许可的数量规模明显过小，与银行业内部的企业进行专利转移转化的更是微乎其微。

　　根据技术供应链管理的思路，本书在推动银行业内部企业与外部技术供应商之间开展有效的技术管理具有明显的应用价值。技术供应商作为专利权人可以利用本书的研究思路将其拥有的专利技术以转让、许可等方式转移给银行业内部有需求的企业；而银行业内部企业可以直接利用本书的发现，为其创新活动寻找合适和可能的受托方或合作方。通过以上专利技术运营的方式，推动技术供应商和技术需求方之间的知识流动，提高双方技术创新的质量和效率，这即是本书所具有的直接的实践意义。

第七章 中国银行业专利保护意识和创新能力评价

　　截至 2009 年 3 月 16 日，中国受理的专利申请总量突破 500 万件，达到 500.2143 万件。而据统计，自《专利法》实施开始，中国专利申请首个 100 万件用了近 15 年时间，而第 2 个 100 万件历时 4 年零 2 个月，第 3 个 100 万件历时 2 年零 3 个月，超越第 4 个 100 万件用时 1 年零 6 个月，突破第 5 个 100 万件仅用了 1 年零 4 个月（王晓浒、于大伟，2009）。中国专利申请的迅速增长，直接表明了中国知识产权保护意识的提高以及中国创新活动的增强。而从另外一个角度看，以专利制度为核心内容之一的知识产权制度对当代经济活动发挥了积极的推动作用。专利制度在以提供法定垄断权的形式，刺激创新的同时，提高了经济绩效。

　　专利申请量的提高和增长，在相当程度上反映了专利保护意识的强弱程度。专利制度作为一种以规范人们合理使用创新技术成果，推动技术创新和发展以及激发人们进行发明创造为根本目的的法律制度，其对于经济社会的影响就是提高人们的专利保护意识，并以此促进人们通过申请专利来保护自身的创新活动成果。而专利是创新活动成果的表现形式，因此评价专利保护意识即可以反映某领域创新程度。

　　本章将在对中国银行企业专利申请进行统计的基础上，首先根据一定的标准对其进行分类，再利用数学统计分析方法去评价中国银行业创新活动的专利保护意识的发展变化及其特征。然后从专利信息分析中选取合理指标（首先考虑指标价值，其次考虑指标的可获取性），建立模型，从专利的角度对内资银行和外资银行的创新能力进行模糊评价和比较。

第一节　专利保护意识和银行创新能力概述

一　专利保护意识的前提

本书对专利保护意识进行评价的主要目的是探讨中国银行业创新活动的专利保护意识是否有所提高，专利保护质量是否有所增强，以及内资银行和外资银行在专利保护意识和专利质量方面的发展变化。而对于专利保护意识和专利质量，本书接受以下两个基本观点，作为结果分析的依据和前提。

其一，关于专利保护意识，本书认为专利保护意识的高低与有专利申请行为的银行数量多少成正相关关系。在以往的研究当中，通常认为，某技术领域或行业在一定时期专利申请量的增加，则认为该技术领域或者行业的专利保护意识的提高。这种观点在一定程度上是有失偏颇的，因为如果该时期所增加的专利申请量只是因为以往一个或少数几个专利申请人的专利申请量的增加，而当这一个或少数几个专利申请人并不足以代表整个技术领域或整个行业的时候，则并不可以因此认为整个技术领域或整个行业的专利保护意识提高。也就是说，只有当该时期所增加的专利申请量，不仅有以往的专利申请人申请的专利，而且也有该技术领域或行业中新的申请人申请的专利的时候，则可以认为，该技术领域或行业专利保护意识与以往相比有所提高。①

其二，关于专利质量，本书认为，专利质量与发明专利申请数量成正相关关系。在信息技术和网络技术日益成熟和普及的背景下，专利战略在现代企业的市场经营中所起的作用也不断增加，越来越多的市场主体开始注重专利问题，并通过申请专利权来保护自身的创新成果。正因如此，专利质量的问题已经成为专利理论界和实务界关注的重点问题之一。对于专利质量的内涵，目前国际上尚未有统一的界

---

① 邱洪华：《中国银行业专利保护意识和质量的评价》，《情报杂志》2010 年第 7 期。

定。不同的学者对于专利质量的评价体系和标准有着各自的理解和观点。

朱雪忠、万小丽（2009）认为，从审查者的角度看，专利质量只判断专利是否符合授权的实质性条件；从使用者的角度看，专利质量仅考虑了法律效力、技术质量、经济效益中的某一个因素，而从竞争者的角度看，专利质量是指专利技术对使用者形成竞争力的重要程度，能判断专利的技术水平差异，兼具法律性、技术性和经济性。[①]通常来讲，多数学者认为专利质量可以通过以下三个方面进行衡量：[②]其一，专利价值，认为一项专利申请的市场价值越高，其质量越高。其二，专利授权率，认为专利申请市场价值的实现，最基本的两个前提是满足专利客体的"可专利性"（patentability）和专利审查的"三性"（新颖性、创造性和实用性）。只有得到授权，专利申请才可以转化成为真正的"法定垄断权"，然后才可以真正行使专利实施、许可、转让、质押等权利。因此可以认为，专利授权率越高，专利质量就越高。其三，发明专利申请量，认为专利三类客体当中，都各自从技术创新的角度代表他们对社会的进步与发展的影响程度。与实用新型和外观设计相比，发明专利不仅仅意味着更为严格的"三性"审查标准和更长的保护期限，还意味着其更高的创新程度和更为重要的市场价值以及更为关键的技术地位。从这个角度看，发明专利申请数量越多，专利质量就越高。

二 银行创新能力

银行创新能力是银行企业或产业内系统能力的综合，包括银行的创新战略与创新文化、银行家的组织与领导的能力及其企业家精神、金融创新的信息技术的应用与管理能力、金融创新产品的研发与流程管理能力、创新绩效评价与创新活动的控制能力等。中国银监会厦门银监局课题组（2005）在对中国商业银行产品创新能力进行比较的基

---

① 朱雪忠、万小丽：《竞争力视角下的专利质量界定》，《知识产权》2009年第4期。
② 程良友、汤珊芬：《我国专利质量现状、成因及对策探讨》，《科技与经济》2006年第6期。

础上，认为滞后的科技应用、短缺的产品研发人才和不完善的产品管理架构等是制约中资银行产品创新的消极因素。[①] 刘思（2006）从科学技术的发展、市场机制的逐步完善、金融市场主体的多元化、中国银行业的开放等角度研究了中国银行业的创新能力的供给。[②] 吕宝林、张同健（2009）研究了中国商业银行信息化技术创新、信息化应用创新、信息化管理创新和信息化环境创新对风险控制能力、综合服务能力、内部管理能力和市场开发能力等四个商业银行核心能力形成的微观传导效应机制。[③] 赵志宏（2007）在研究中认为，提升商业银行金融创新能力的成功因素主要是创新数据信息、创新业务功能、创新流程组件。[④] 刘红梅（2009）认为制约中国商业银行创新能力的因素主要包括自主创新的动力不足、自主创新能力的欠缺（缺乏规划、人才和风险管控能力）和外部环境的不利因素等。[⑤]

综合以上学者的观点，信息技术的应用与创新是决定和影响银行业创新能力的一个重要因素。而专利是创新成果的反映和保护手段之一，因此，本书将通过统计专利数据，从专利的角度，去研究中国内外资银行的创新能力。

三　专利信息检索与专利数据处理

专利检索是专利地图绘制的前提。在专利信息的检索和整理的基础上，建立了中国银行业的专利数据库，在此基础上计算各专利地图指标值（如图7-1所示）。在此值得一提的是，为了保证专利信息检索的检全率，笔者检索了在"申请人名称"中所有包含了"银行"一词的专利，而为了保证专利信息检索的检准率，剔除了不属于金融

---

① 中国银监会厦门银监局课题组：《国内中资商业银行产品创新能力分析》，《上海金融》2005年第7期。

② 刘思：《简析商业银行的业务创新能力》，《统计与决策》2006年第9期。

③ 吕宝林、张同健：《国有商业银行信息化创新与核心能力形成的相关性研究》，《统计与决策》2009年第5期。

④ 赵志宏：《采用科学的方法提升金融创新能力——商业银行金融创新的"六西格玛"解读》，《中国金融》2007年第15期。

⑤ 刘红梅：《我国商业银行提升创新能力的思考》，《现代金融》2009年第12期。

机构的"银行"申请人所申请的专利①,也剔除了属于金融机构的"银行"申请人所申请的"非银行业务专利"②。

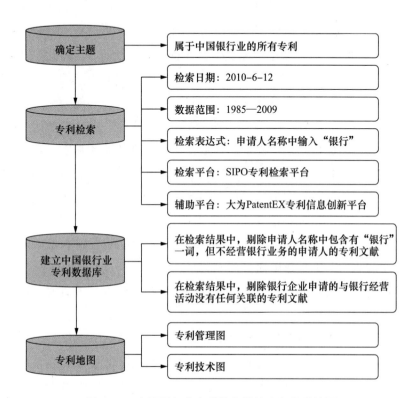

图7-1 中国银行业专利信息的检索和专利地图

---

① 该类专利指诸如细胞银行株式会社、中国人民解放军第5311工厂银行机具分厂、银行专利家具(国际)有限公司、沈阳市盛京银行电子商务厂、浙江威特银行设备有限公司等申请人申请的专利。虽然这些申请人所申请的专利可能与银行经营活动相关,但其并不属于严格意义上的银行业经营主体,因此,本书剔除这些非银行业务经营主体申请人所申请的专利。

② 该类专利是指诸如罗烈尔银行所申请的"伺服电动机"(专利申请号:94113490.3)、德意志联邦银行所申请的"可视觉识别的光学元件"(专利申请号:95194987.X)、美国银行所申请的"用于醇燃料发动机润滑油的高含量清净/分散添加剂"(专利申请号:CN86100790)、与醇类燃料配合使用的润滑剂添加剂(专利申请号:CN86100480)、奥地利促进银行申请的"桥翻转方法"(专利申请号:200780031424.2)等专利。虽然这些专利是由银行企业申请的,但是这些专利与银行经营活动没有任何关联,因此,本书剔除这些银行企业所申请的非银行专利。

第二节　中国内外资银行专利保护意识的评价

一　专利数据的整理和研究方法以及模型选择

(一) 专利数据的整理

中国的专利类型包括发明、实用新型和外观设计。专利申请人的类型，不同的标准有不同的分类。根据所有权性质，可以分为国有企业申请人和非国有企业申请人；根据单位性质，可以分为公司企业申请人、高校申请人、科研院所申请人和个人申请人。根据研究的需要，结合银行业的特点，本书将检索到的专利数据分为内资银行申请人（即由中国政府或者国内企业出资设立组成的银行，Domestic Banks，简称 DBs）和外资银行申请人（即指依照中国法律在中国境内设立的全部资本由外国银行投资设立的银行，Foreign Banks，简称 FBs）。也就是说，DBs 在中国申请的专利和 FBs 在中国申请的专利总和即构成了本书的专利数据库。

中国于 2001 年正式加入世界贸易组织（WTO），而根据中国的入世承诺，中国将逐步地开放其金融市场。之后，大量的外资银行开始不断涌入中国的金融市场（如表 7-1 所示）。而进入中国金融市场的这些外资银行，虽然与内资银行相比，其没有可覆盖某一区域甚至全国的网点优势，也没有成型的营销网络，在产品推广上暂时也没有普通客户的消费认同，但是它们的大多数却有着成熟的市场经营理念、雄厚的资产实力、可靠的风险管理，而且还有着先进的信息技术应用能力，同时他们还致力于运用先进的科技以实现金融产品创新，并在适当的时候申请专利以保护自己的创新金融产品。

为了清晰地看出中国银行业入世前后专利活动的发展变化，本书在将专利数据库分为内资银行和外资银行两部分的同时，在专利申请的时间上，以入世时间 2001 年为分界点，将内资银行和外资银行的专利申请分为 1985—2000 年和 2001—2006 年两部分。

表 7 - 1　　　　　进入中国金融市场的外资银行年度机构数　　　单位：个

时间	代表处	分行	支行	每年新增	累计
1991	4	11	NA	15	93
1992	8	15	NA	23	116
1993	14	27	1	42	158
1994	18	14	NA	32	190
1995	25	17	NA	42	232
1996	17	14	2	33	265
1997	14	15	3	32	297
1998	11	11	1	23	320
1999	16	7	NA	23	343
2000	6	4	NA	10	353
2001	8	2	1	11	364
2002	18	NA	1	19	383
2003	NA	NA	NA	11	402
2004	NA	3	NA	29	431
2005	NA	7	NA	20	453
2006	30	22	NA	41	494

资料来源：根据《中国金融年鉴》（1991—2006）和中国人民银行统计报表整理而成。

（二）研究方法

本书的研究方法是通过评价中国银行业专利活动的发展变化趋势去分析中国银行业的创新状况。专利活动指数（Patent Activity Index，PAI）是一种评价专利活动集中度的有效方法。[1][2] 本书同样利用 PAI 来分析向中国专利局提出过专利申请的不同银行企业和内外资银行的专利活动的差异，其中 PAI_{ij} 即是指银行 i 的 j 类银行专利在银行 i 所有专利的比例与 j 类银行专利在整个银行业所有专利的占比。当 $PAI_{ij} > 1$

---

[1]　Nameroff T. J.，Garant R. J.，Albert M. B.，"Adoption of green chemistry: an analysis based on US patents"，*Research Policy*，Vol. 33，2004，No. 6 - 7，pp. 959 - 974.

[2]　刘凤朝、潘雄锋：《我国八大经济区专利结构分布及其变动模式研究》，《中国软科学》2005 年第 6 期。

的时候，则说明在中国整个银行业的专利申请当中，j 类银行专利在银行 i 中表现得比较集中，或者说银行 i 比较注重于 j 类银行专利的申请；而相反，当 $PAI_{ij} < 1$ 的时候，则说明在中国整个银行业的专利申请当中，j 类银行专利在银行 i 中并没有集中的表现，或者相对说来，银行 i 并不注重于 j 类银行专利的申请。PAI_{ij} 方程表达式如式（7 - 1）：

$$PAI_{ij} = \frac{A_{ij}/A_i}{A_j/A_t} \qquad\qquad (7 - 1)$$

其中：PAI_{ij}：j 类银行专利（发明、实用新型和外观设计）在银行 i 中的专利活动指数；

A_{ij}：银行 i 所申请的 j 类专利数量的总和；

A_i：银行 i 所申请的各类专利数量的总和；

A_j：整个银行业所申请的 j 类银行专利数量的总和；

A_t：整个银行业所申请的各类专利数量的总和。

（三）数学模型的选择

聚类分析是将研究内容进行分类的有效方法，其是通过数据建模简化数据，能够作为一个独立的工具获得数据的分布状况，观察每一簇数据的特征，集中对特定的聚簇集合作进一步的分析。本书将利用 K - means 聚类的方法来研究中国银行业的专利活动。

K - means 算法是一种基于样本间相似性度量的间接聚类方法，属于非监督学习方法。此算法以 k 为参数，把 n 个对象分为 k 个簇，以使簇内具有较高的相似度，而且簇间的相似度较低。相似度的计算根据一个簇中对象的平均值（被看作簇的重心）来进行。此算法首先随机选择 k 个对象，每个对象代表一个聚类的质心。对于其余的每一个对象，根据该对象与各聚类质心之间的距离，把它分配到与之最相似的聚类中。然后，计算每个聚类的新质心。重复上述过程，直到准则函数会聚。K - means 算法是一种较典型的逐点修改迭代的动态聚类算法，其要点是以误差平方和为准则函数。逐点修改类中心：一个象元样本按某一原则，归属于某一组类后，就要重新计算这个组类的均值，并且以新的均值作为凝聚中心点进行下一次象元素聚类；逐批修改类中心：在全部象元样本按某一组的类中心分类之后，再计算修改各类的均值，作为下一次分类的凝聚中心点。

二 模型的执行和结果陈述

中国银行业创新活动中的发明、实用新型和外观设计三种类型专利活动指数 PAI 分别通过公式（7-1）进行计算，同时每一家银行企业的 PAI 通过同样的方法和公式进行计算。在运行聚类计算过程中，如果说一银行企业三类专利申请小于或者等于 1 时，则该银行将被剔除。中国银行业三种类型的专利活动将被作为 K-means 聚类的变量。通过聚类计算之后，中国银行业专利领域的主要申请人将被分为三组（如表 7-2）。根据本书上述对于专利数据库的分类，为了分析入世前后中国银行业创新活动专利保护状况的发展变化趋势，无论是在 PAI 的计算还是在运行 K-means 聚类过程中，都将相关数据分为 1985—2000 年和 2001—2006 年两个部分。

表 7-2　　　　　　　　　　　　初始聚类中心

银行企业专利类型	聚类（1985—2000）			聚类（2001—2008）		
	1	2	3	1	2	3
发明	0.20	0.40	1.61	0.000	0.455	1.212
实用新型	1.29	2.58	0.00	0.000	0.000	0.00
外观设计	5.35	0.00	0.00	12.821	8.031	0.000

本书通过 SPSS11.5 来运算 K-means 聚类模型，根据研究的需要，将样本分三类，初始类中心由 SPSS 自行确定，从而得到分析结果。从结果中可以看出，聚类的结果从整体上看，所有的变量都是有效的，没有遗失值。聚类结果的初始聚类中心（The initial cluster centers）和保存样本所属类号（The cluster membership）如表 7-2 和表 7-3（a）以及表 7-3（b）所示。

表 7 – 3（a） 聚类组别（1985—2000）

	1	2	3	
银行	中国银行	内资银行（整体）	外资银行（整体）	国民西敏寺银行
	中国建设银行	中国工商银行	JP 摩根大通银行	
		中国人民银行	罗烈尔银行	德意志联邦银行
		中国农业银行	花旗银行	交通银行
			美国银行	招商银行

表 7 – 3（b） 聚类组别（2001—2008）

	1	2	3		
银行	广东发展银行	上海浦东发展银行	内资银行（整体）	瑞士联合银行	招商银行
	中信银行	中国银行	外资银行（整体）	瑞士银行	中国工商银行
	交通银行		JP 摩根大通银行	新韩银行	中国建设银行
	东莞银行		花旗银行		中国民生银行
				华夏银行	中国农业银行
			美国银行	兴业银行	中国人民银行

　　表 7 – 2 列示的是两组专利数据库经聚类后的初始聚类中心。从表中可以看出，中国银行业专利类型包括发明、实用新型和外观设计，同时也可以看出聚类后的三类初始类中心。

　　对于 1985—2000 年专利申请统计的聚类结果可以看出，发明专利的三个初始聚类中心值当中，第 3 类的值大于 1，值为 1.61，第 1 类和第 2 类的中心值都小于 1，此即表明该期间中国银行业的发明专利主要集中于第 3 类样本，或者说发明专利的聚集现象出现在第 3 类样本当中，依此也可以认为，第 3 类样本比较注重发明专利的申请。而从实用新型的三个初始类中心值中可以看到，第 1 类和第 2 类的值大于 1，它们的值分别为 1.29 和 2.58。此即表明，该期间中国银行业的实用新型专利主要集中于第 1 类和第 2 类样本之中，尤其是集中于第 2 类样本当中。或者也可以说，属于第 1 类样本和第 2 类样本的银行企业，尤其是第 2 类样本中的银行企业，比较注重实用新型的专利申请。同样的，从外观设计的三个初始类中心值中可以看出，第 1 类的值大于 1，值为 5.35，第 2 类和第 3 类的值都是 0，此即表明，该期间中国银行业的实用新型专利主要集中于第 1 类样本当中，或者说第 1 类样本中的银行比较注重外观设计的专利申请。而从类别的角度来看，在 1985—2000 年间，归属于样本 1 中的银行企业比较注重于实用新型和外观设计专利的申请，归属于样本 2 中的银行企业比较注重于实用新型专利的申请，归属于样本 3 中的银行企业比较注重于发明专利的申请。

对于 2001—2008 年专利申请统计的聚类结果可以看出，发明专利的三个初始聚类中心值当中，第 3 类的值大于 1，值为 1.212，其他的第 1 类和第 2 类的值分别是 0 和 0.455。此即表明，该期间中国银行业的发明专利申请主要集中于第 3 类样本当中，或者说，第 3 类样本中的银行比较注重于发明专利的申请。而实用新型的三个初始聚类中心值全部为 0，表明该期间中国银行业的实用新型专利没有表现为聚集的现象，或者说没有特别注重实用新型专利申请的中国银行企业。而对于外观设计的三个初始类中心，第 1 类和第 2 类的值都大于 1，分别是 12.821 和 8.031，此即表明，此期间中国银行业的外观设计在第 1 类样本和第 2 类样本中表现出聚集的现象，或者说归属于第 1 类样本中的银行企业和第 2 类样本中的银行企业，尤其是第 1 类样本中的银行企业比较注重外观设计的专利申请。而从类别的角度看，在 2001—2008 年间，归属于样本 1 和样本 2 中的银行企业比较注重于外观设计的专利申请，归属于样本 3 的银行企业比较注重于发明专利的申请。

表 7-3（a）表明对 1985—2000 年专利统计数据进行聚类后的保存样本归类基本情况。从中可以看出，该期间进入聚类分析的样本总量为 13 家银行企业，其中中国内资银行企业 7 家，外资银行企业 6 家。归属于第 1 类样本的是两家内资银行，即中国银行（BOC）和中国建设银行（CCB）。归属于第 2 类样本的是三家内资银行，即中国工商银行、中国人民银行和中国农业银行。归属于第 3 类样本的是两

家内资银行,即交通银行(BCs)和招商银行(CMB),还有美国的 JP 摩根大通银行、花旗银行、美国银行,日本的罗烈尔银行,英国的国民西敏寺银行等外资银行,德国的德意志联邦银行等外资银行。同时,在此期间,内资银行作为一个整体(DB - whole)属于第 2 类,外资银行作为一个整体(FB - whole)属于第 3 类。

表 7 - 3(b)表明对 2001—2008 年专利统计数据进行聚类后的保存样本归类基本情况。从中可以看出,该期间进入聚类分析的样本总量为 22 家银行企业,其中中国内资银行企业 14 家,外资银行企业 8 家。归属于第 1 类样本的银行企业是 4 家内资银行,即广东发展银行(GDB)、中信银行(CiticBank)、交通银行(BCs)和东芝银行(DGB)。归属于第 2 类样本的银行是 2 家内资银行,即上海浦东发展银行(SPDB)和中国银行(BOC)。归属于第 3 类样本的银行是 7 家内资银行,它们分别是:兴业银行(CIB)、招商银行(CMB)、中国工商银行(ICBC)、中国建设银行(CCB)、中国民生银行(CMBC)、中国农业银行(ABOC)和中国人民银行(PBC),除此之外还有来自美国、瑞士、韩国的 8 家银行。同时,在此期间,内资银行作为一个整体(DB - whole)和外资银行作为一个整体(FB - whole)都归属于第 3 类。

三　评价结果的分析

(一) 两个时期聚类结果的比较

通过比较表 7 - 3(a)和表 7 - 3(b)可以看出,中国银行业创新活动的专利保护在 1985—2000 年和 2001—2008 年这两个期间的发展异同点,可以归纳如下:

两个期间专利活动的相同之处:归属于第 1 类和第 2 类的银行企业都是内资银行(DBs),而所有的外资银行在这两个期间都属于第 3 类,因此外资银行作为一个整体(FB - whole)也都属于第 3 类。

两个期间专利活动的差异之处:其一,2001—2008 年,参与到专利活动中的银行企业数量,即专利申请人的数量比 1985—2000 年更多。尤其是内资银行专利申请人数量,在前一个时期只有 7 家银行符合本书研究的统计样本要求(三类专利申请量不能小于或者等于 1),

而后一个时期的内资银行专利申请人达到 14 家；其二，内资银行作为一个整体（DB – whole）在前一个期间当中，属于第 2 类，而在后一个期间当中，则属于第 3 类；其三，在前一个期间当中，只有 2 家内资银行属于第 3 类，但是在后一个期间当中，属于第 3 类的内资银行则增加到了 8 家。

（二）中国内资银行专利申请的主要类型

对于专利申请的类型，从聚类的结果可以看出，最近几年以来，中国大多数内资银行，包括华夏银行、中信银行、招商银行、中国工商银行、中国建设银行、中国民生银行以及中国农业银行等都比较注重发明类专利的申请。

（三）中国银行业创新活动专利保护的基本特征

本书上述的研究的目的就是利用专利检索和统计并通过 K – means 聚类算法来研究中国银行业创新活动的专利保护状况及其发展变化趋势。虽然通过专利申请所得到的信息非常有限，但以上的分析还是比较清楚地描述了中国银行业专利活动二十多年的发展状况。

上述分析表明，中国银行业内资银行的专利申请数量以及专利申请人的数量从 20 世纪 90 年代到 2001—2008 年期间得到了较大程度的增加。这可以说明中国的内资银行已经开始意识到专利作为一种经营战略的重要市场价值，并有意识地去申请专利来保护自身的创新金融产品和技术。而根据上述关于专利保护意识的第一个基本观点，中国内资银行的专利保护意识已经有较大程度的提高，因而也可以判断，在接下来的几年，中国内资银行的专利申请将继续保持一个较快的增长趋势。

上述的分析表明，对于 2001 年前后两个时期的聚类结果，发明专利申请都集中于第 3 类样本当中，即归属于第 3 个样本中的银行企业比较注重发明专利的申请，而外资银行无论是作为整个还是各个个体，都归属于第 3 类样本。根据上述关于专利保护意识的第二个基本观点，即专利质量与发明专利申请量成正相关，可以认为，在"入世"以前，外资银行的专利质量比内资银行的高。而在"入世"以后，伴随着越来越多的外资银行涌入中国的金融市场，并通过专利申请来保护自身的金融创新产品，从而在一定程度上推动了内资银行去关注知识产权问题，利用先进的信息技术进行金融产品创新，并申请专利保护。正因如此，内资银行的专利质量在后一个研究时期得到了较大程度的提高。

总的来说，与内资银行相比，那些跨国经营的外资银行不仅有着强大的信息技术应用能力、成熟的企业经营战略，而且它们还更善于制定和实施知识产权战略。但应当肯定的是，入世之后，中国内资银行的创新能力和专利保护意识以及专利质量都有了较大程度的提高。

第三节　中国内外资银行创新能力的评价

企业创新能力的影响因素是复杂的，因此对其的评价也是在多因素相互作用下的一种综合判断。因此，创新能力的评价结果可能会因为评价方法的不同或者指标选择的不同而有所差异。本书主要是站在专利的角度，利用层次分析法去评价中国银行业创新能力。

一　综合评价模型的选择及其统计原理

评价中国银行业创新活动的指标是多样的，每一个指标都从不同的侧面反映了中国银行业的创新能力及其发展变化，而且这些指标当中，既有定性的指标，也有定量的指标，此外，指标与指标之间各自的相对重要性程度也具有内在的主次之分。因此，除了通过绘制专利地图从各个指标的角度去对中国银行业创新能力进行单目标评价之外，还必须根据其中一些关键因素或指标进行综合评价。本书将通过层次分析法，将专利管理图和专利技术图中本来各自独立的多个重要指标通过建立一个相互关联的评价体系，来对中国银行业创新能力进行全面客观的综合评价。

层次分析法（The Analytic Hierarchy Process, AHP）是美国运筹学家，匹兹堡大学 T. L. Saaty 教授于 20 世纪 70 年代初期提出的一种定性和定量相结合的、系统化的、层次化的分析方法。这种方法将复杂问题分解成各个组成因素，然后将这些因素按照支配关系分组形成有序的递阶层次结构,通过两两比较的方式确定各个因素的相对重要性,然后综合决策者的判断,确定决策方案相对重要性的总的排序。该方法体现了人们分解、判断、综合的基本思维特征。层次分析法的基本步骤包括:

第一,在分析系统中各因素之间的关系的基础上,建立层次结构模型,$C = \{C_1, C_2, C_3, \cdots, C_j, \cdots, C_n\}$。

第二,构造成对比较矩阵。

考虑到综合评价因素往往不易定量地测量和比较,人们凭自己的经验和知识进行判断,受到相当大的主观因素的影响,当因素较多时给出的结果往往是不全面和不准确的。因此 Saaty 等人提出成对比较法,即两两相互对比的方法,以提高诸因素比较的准确程度。

在成对比较的时候,每次取两个因素 U_i 和 U_j,用 a_{ij} 表示 U_i 和 U_j 对 C 的影响程度之比,而 n 个因素彼此比较之后,便构成一个两两比较的判断矩阵:

$$C = \{C_1, C_2, C_3, \cdots C_j, \cdots C_n\} \quad A = (a_{ij})_{n \times n}, \quad a_{ij} > 0, \quad a_{ii} = 1,$$
$$a_{ji} = 1/a_{ij} \tag{7-2}$$

在估计事物的区别性时,人们常用五种判断来表示,即相等、较强、强、很强、绝对强,当需要更高精度时,还可在相邻判断之间作出比较。Saaty 提出,用数字1—9及其倒数作为标度,此外,层次分析法还有多种标度方法。骆正清、杨善林(2004)研究发现,对单一准则下的排序,各种判断矩阵标度法都具有保序性,因而建议用1—9标度,但是,对精度要求较高的多准则下的排序问题,则建议使用 $e^{(0/5)}$—$e^{(8/5)}$ 等指数标度。因此本书使用指数标度,其含义如表 7-4 所示。

表 7-4　　　　　　　　两两比较判断矩阵标度及其含义

1—9 标度	$e^{(0/5)}$—$e^{(8/5)}$	含义
1	$e^{0/5}$	表示两个因素相比,具有同样的重要性
2	$e^{1/5}$	表示两个因素相比,前者比后者稍微重要
3	$e^{2/5}$	表示两个因素相比,前者比后者重要
4	$e^{3/5}$	表示两个因素相比,前者比后者更为重要

1—9 标度	e^ (0/5) —e^ (8/5)	含义
5	e^4/5	表示两个因素相比，前者比后者明显重要
6	e^5/5	表示两个因素相比，前者比后者十分重要
7	e^6/5	表示两个因素相比，前者比后者强烈重要
8	e^7/5	表示两个因素相比，前者比后者更强烈重要
9	e^8/5	表示两个因素相比，前者比后者极端重要
倒数		表示相应两因素交换次序比较的重要性

第三，计算权向量。

层次分析法是以递阶的层次结构模型为基础，通过两两比较，得到上一层次指标因素重要性的比较标度，建立判断矩阵，然后计算判断矩阵的最大特征根和特征向量（即权重向量），即：把评价目标层 C 看成是由其准则层 C_1，C_2，$\cdots$，C_n 各指标构成的单位权重，则各指标的权重可计为 W_i（$i=1$，2，3，$\cdots$，n），因此，C_1，C_2，$\cdots$，C_n 中占的比重可用其权重排序，即为：$\vec{w}=(w_1, w_2, \cdots, w_3)^T$，且 $\sum_{i=1}^{n} w_i = 1$

C_i 与 C_j 的相对重量为 $a_{ij}=w_i/w_j$，得到判断矩阵：

$$A = \begin{bmatrix} \dfrac{w_1}{w_1}, & \dfrac{w_1}{w_2}\cdots\dfrac{w_1}{w_n} \\ \dfrac{w_2}{w_1}, & \dfrac{w_2}{w_2}\cdots\dfrac{w_2}{w_n} \\ \vdots & \\ \dfrac{w_n}{w_1}, & \dfrac{w_n}{w_2}\cdots\dfrac{w_n}{w_n} \end{bmatrix} = \begin{pmatrix} w_1 \\ w_2 \\ \vdots \\ w_n \end{pmatrix}\left(\dfrac{1}{w_1}, \dfrac{1}{w_2}\cdots\dfrac{1}{w_n}\right) \tag{7-3}$$

所以，$A\vec{w} = \vec{w}\left(\dfrac{1}{w_1}, \dfrac{1}{w_2}, \cdots, \dfrac{1}{w_n}\right)\vec{w} = \begin{bmatrix} \dfrac{w_1}{w_1}, \dfrac{w_1}{w_2} \cdots \dfrac{w_1}{w_n} \\[2mm] \dfrac{w_2}{w_1}, \dfrac{w_2}{w_2} \cdots \dfrac{w_2}{w_n} \\[2mm] \vdots \\[2mm] \dfrac{w_n}{w_1}, \dfrac{w_n}{w_2} \cdots \dfrac{w_n}{w_n} \end{bmatrix} \begin{pmatrix} w_1 \\ w_2 \\ \vdots \\ w_n \end{pmatrix} = \begin{pmatrix} nw_1 \\ nw_2 \\ \vdots \\ nw_n \end{pmatrix} = n$

$\begin{pmatrix} w_1 \\ w_2 \\ \vdots \\ w_n \end{pmatrix}$，因此可知：$A\vec{w} = n\vec{w}$。对于一致的判断矩阵 A，排序向量 $\vec{w}$ 就是 A 的特征向量，n 就是 A 的特征根。

而如果得到的成对比较矩阵 A 是一致阵，取对应于特征根 n 的、归一化的特征向量（即分量之和为 1）为权向量，表示诸因素 C_1，C_2，$\cdots$，C_n 对于上一层因素 C 的权重。如果得到的成对比较矩阵 A 不是一致阵，但在不一致的容许范围内，Saaty 等人建议用对应于 A 最大特征根 λ_{max} 的特征向量（归一化后）作为权向量 $\vec{w}$，即 $\vec{w}$ 满足 $A\vec{w} = \lambda_{max}\vec{w}$（由成对比较矩阵求权向量特征根）。

第四，进行一致性检验。

因为客观事物的复杂性以及人的认识的主观多样性，每个专家对同样一个指标的理解，可能会因为知识结构、经验、学术偏好、内涵理解等不同而作出不一致的评价判断，所以构造判断矩阵过程中，并不要求判断具有传递性和一致性。但是也不能够出现"A 比 B 极端重要，B 比 C 极端重要，而 C 又比 A 极端重要"这样违反人基本思维的判断，而这样一个明显不合理的判断矩阵很有可能会导致决策上的失误，因此需要对判断矩阵的一致性进行检验，即：对于每一个成对比较矩阵计算最大特征根及对应特征向量，利用一致性指标、随机一致性指标和一致性比率做一致性检验。若检验通过，特征向量（归一化后）即为权向量；若不通过，需要重新构造判断矩阵。其中：

一致性指标：$CI = \dfrac{\lambda_{max} - n}{n - 1}$，$CI = 0$，$A$ 为一致阵；CI 越大，A 的不一致程度越严重。平均随机一致性指标：$RI = \dfrac{\lambda' - n}{n - 1}$。而对于 $1 - 9$ 阶的判断矩阵，Satty 通过取充分大的子样得到 A' 的最大特征根的平均值 λ'_{max}，计算出平均随机一致性指标 RI（如表 $7 - 5$ 所示）。

表 7 - 5　　　　　　　　　1—9 阶判断矩阵的 *RI* 值

n	1	2	3	4	5	6	7	8	9
RI	0	0	0.58	0.90	1.12	1.24	1.32	1.41	1.45

一致性比率：$CR = \dfrac{CI}{RI}$，$CR < 0.1$ 时，A 的不一致程度在容许范围之内，可以用特征向量作为权向量，而 $CR > 0.1$ 或者 $CR = 0$ 时，检验不通过，要重新进行成对比较，或者对已有的 A 进行修正。

二　指标选择理论基础与递阶层次结构的建立

（一）综合评价指标的理论基础与概念模型

Burgelman 等研究认为，企业技术创新能力包括资源的利用与分析能力、产业发展或技术发展的理解能力以及战略管理能力。[1] 一直以来，较多的学者将企业技术创新能力的评价指标归纳为投入、产出和环境 3 类。[2] 而事实上，创新活动本身是一个包含多层次、多因素、多领域的复杂过程，因此人们较难对其质量和数量进行直接的评价，而更多地使用一些替代性的指标对其进行衡量，也正因如此，理论领域所探讨的评价指标或方法都在不同方面存在不足或缺陷，所以，在对创新能力进行评价研究的时候，不需要也不可能穷尽所有的指标来进行测算，而只需要结合研究对象的特点，选择最能反映该特点性质

---

[1]　R. A. Burgelman, M. A. Maidique, S. C. Wheelwright, *Strategic management of technology and innovation*, New York：McGraw - Hill Inc, 1996.

[2]　Archibugi D., Coco A.，"Measuring technological capabilities at the country level：A survey and a menu for choice". *Research Policy*, Vol. 34, No. 2, 2005, pp. 175 - 194.

的指标来评价。①

专利为企业创新活动提供制度保障，几乎覆盖所有的技术领域，并从本质上揭示了技术创新的能力。史鸿研究发现，4 个一级指标所包括的 18 个子指标当中，专利对企业技术创新能力的影响权重最大。② 方曙研究认为，专利信息分析是企业技术创新能力评价的主要方面或内容。③ 正因如此，本书从专利数据中选择相关指标，对中国银行业的创新能力进行评价，并形成如图 7 - 2 所示的概念模型。

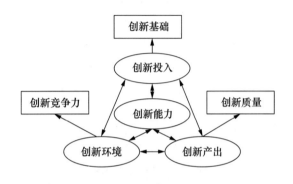

图 7 - 2　概念模型

作为创新成果的保护手段之一，专利直接反映了创新产出，创新产出可以通过专利数量和质量来衡量，综合考虑数量和质量的专利活动效率是衡量创新产出质量的重要方面。通常而言，获得专利权的效率越高，说明企业创新活动的方向性越强并具有较高的质量。因此，本书将从创新质量角度界定专利反映创新产出的特性。专利间接地反映了创新投入。去除重复申请、垃圾专利等非常规专利，对于一个理

---

① Hill R., Christoper T., "*Technological innovation: agent of growth and change*", in christoper T., Hill andJames M. utterback, technological innovation for a dynamic economy. Oxford: Pergamon Press, 1979: 1 - 39.

② 史鸿：《企业技术创新能力相关因素重要性排序分析》，《中国地质大学学报》（社会科学版）2003 年第 1 期。

③ 方曙：《基于专利信息分析的技术创新能力研究》，博士学位论文，西南交通大学，2007 年。

性企业所提出对专利保护有真正需求的技术而言，企业需要通过积极的创新投入（包括研发的人员、设备和投入等方面）才能实现有效的专利布局，形成坚实的创新基础，从而为进一步创新提供可能。因此，本书将从创新基础角度界定专利反映创新投入的特性。专利还间接地反映创新环境。

专利信息本身具有公开性和可获取性，通过对专利数据的收集分析，可以看到特定技术领域在专利制度环境下的发展和竞争态势。因此，本书将从创新竞争力的角度界定专利信息反映创新环境的特性。相关指标的概念界定如下：创新基础（C1）是指银行企业进行研发和设计金融创新产品的基础条件，其决定了银行企业创新目标实现的可能性，通过专利总量、发明人数和申请人数进行评价；创新质量（C2）是指银行企业研发和设计金融创新产品的效率，通过人均申请量、发明专利占比和授权专利占比进行评价；创新基础和创新质量的指标主要反映了专利管理图中的核心内容，而创新竞争力（C3）是指银行企业间研发和设计金融创新产品的比较竞争力，其相关指标主要反映了专利技术图中的核心内容。

（二）综合评价的递阶层次结构的建立和两两比较判断过程的控制管理

本书对内外资银行创新能力的评价，是基于前面对中国银行业专利管理地图和专利技术地图的深入详尽的研究之上，因此本书的综合评价指标体系如图7-3所示。

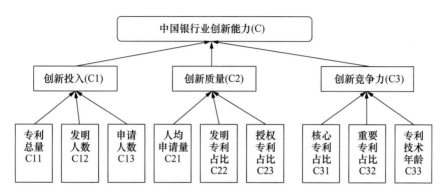

图7-3　中国银行业创新能力综合评价指标体系

（1）设立的目标层。综合考量专利管理图和专利技术图当中反映和影响中国银行业技术创新和产品创新的各主要因素，从内外资银行两个角度，对中国银行业创新能力进行综合比较评价。

（2）确定准则层。上文通过专利地图分析了中国银行业的创新活动和创新能力，而根据分析对象和内容的差异，本书将从专利管理图和专利技术图中提取"创新投入（C1）、创新质量（C2）和创新竞争力（C3）"等三个反映创新能力的指标作为综合评价的准则层。其中，创新投入（C1）和创新质量（C2）的指标主要反映了专利管理图中的核心内容，而创新竞争力（C3）的指标主要反映了专利技术图中的核心内容。而专利管理图主要说明的是银行创新活动和能力的现状及其发展趋势，其主要着眼点在于对过去发展过程的归纳和总结，旨在了解中国银行业创新能力的现状"是什么"；专利技术图主要反映的是银行业创新活动在技术或产品上的内容或趋势，其主要着眼点在于洞悉技术或产品的发展路径和空白点以及战略问题，旨在了解中国银行业技术和产品创新今后"怎么走"。

（3）筛选并确立指标层。上文中，在专利管理图方面，主要研究了中国银行业专利活动的年度趋势、发明专利竞争力、申请人与发明人、法律状态等；在专利技术图方面，主要研究了专利 IPC 与银行业创新活动的技术构成及趋势、技术生命周期、技术存活期、同族专利等。根据各个指标的内涵和意义以及重要程度，本书筛选出一些能够直接反映或决定中国银行业创新能力的指标（如表 7 - 6 所示），从而建立中国银行业创新能力的评价指标体系。利用这些指标可以对内外资银行业的创新能力进行综合评价。

表 7 - 6　　　　　中国银行业创新能力评价体系的定义与内涵

准则层		指标层	计量方法	内涵
目标层（C）	创新投入（C1）	C11	专利总量	反映创新能力的概况
		C12	发明人数	反映创新阵容大小
		C13	申请人数	反映创新活跃程度

续表

准则层		指标层	计量方法	内涵
目标层（C）	创新质量（C2）	C21	人均申请量	反映创新效率
		C22	发明专利占比	反映创新高度
		C23	授权专利占比	反映创新质量程度
	创新竞争力（C3）	C31	核心专利占比	反映核心技术的多少
		C32	重要专利占比	反映重要技术的多少
		C33	专利技术年龄	反映技术垄断性和竞争力

三　构造两两比较判断矩阵、进行一致性检验以及权向量的计算

在对指标进行两两比较判断其重要性程度时候，是反复地对"哪一个指标对于创新能力的提高更有影响力，或者哪一个指标更能反映创新能力的本质"进行判断的过程。然后运用上述的 AHP 基本原理，构造两两判断矩阵，并进行一致性检验，结果如表 7 – 7、表 7 – 8、表 7 – 9、表 7 – 10、表 7 – 11 所示。

表 7 – 7　　　　　　　　准则层对目标层的判断矩阵及其权重

中国银行业创新能力	判断矩阵			权重判断			
	C1	C2	C3	创新投入（C1）	创新质量（C2）	创新竞争力（C3）	W
创新投入（C1）	1	1/3	1/4	1.0000	0.6703	0.5488	0.2302
创新质量（C2）	3	1	1/3	1.4918	1.0000	0.6703	0.3213
创新竞争力（C3）	4	3	1	1.8221	1.4918	1.0000	0.4484

注：（1）判断矩阵一致性比例：0.0043 < 0.1；对总目标的权重：1.0000；λ_{max}：3.0044；（2）创新投入和创新质量主要反映的是银行业专利活动的发展现状，是对过去的一种归纳和总结；而创新竞争力在反映技术竞争现状的同时，更能为银行今后发展提供方向和战略的借鉴。因此本书认为，"创新竞争力"比"创新投入"和"创新质量"要更重要。而对于创新投入和创新质量而言，创新质量更能反映评价主体的创新能力。

表 7-8　　　　指标层对准则层的判断矩阵及其权重（Ⅰ）

创新投入（C1）	判断矩阵			创新投入（C1）	权重判断			
	C12	C11	C13		发明人数 C12	专利总量 C11	申请人数 C13	W₁
C12	1	1/3	1	发明人数（C12）	1.0000	0.6703	1.0000	0.2864
C11	3	1	3	专利总量（C11）	1.4918	1.0000	1.4918	0.4272
C13	1	1/3	1	申请人数（C13）	1.0000	0.6703	1.0000	0.2864

注：（1）判断矩阵一致性比例：0.0000＜0.1；对总目标的权重：0.2302；λ_{max}：3.0000；（2）与"申请人数"和"发明人数"相比，"专利总量"是创新成果最直接的反映，因此本书认为，"专利总量"比"申请人数"和"发明人数"稍重要；而对于"申请人数"和"发明人数"而言，两者都在一个侧面反映创新能力，因此，两者同样重要。

表 7-9　　　　指标层对准则层的判断矩阵及其权重（Ⅱ）

创新质量（C2）	判断矩阵			创新质量（C2）	权重判断			
	C22	C21	C23		发明专利占比 C22	人均申请量 C21	授权专利占比 C23	W₂
C22	1	4	1/3	发明专利占比（C22）	1.0000	1.8221	0.6703	0.3410
C21	1/4	1	1/4	人均申请量（C21）	0.5488	1.0000	0.5488	0.2138
C23	3	4	1	授权专利占比（C23）	1.4918	1.8221	1.0000	0.4452

注：（1）判断矩阵一致性比例：0.0171＜0.1；对总目标的权重：0.3213；λ_{max}：3.0178；（2）因为专利的授权是要满足一定的审查条件的，尤其是发明专利，无论是形式上的审查，还是实质上的"三性"审查，都是具有一定的标准的，所以，得到授权的专利即意味着较高的创新质量。因此，本书认为，创新质量三个指标当中，"授权专利占比"比其他两个指标更为重要；此外，不同的专利类型，代表着不同的创新高度，因此，"发明专利占比"和"人均申请量"相比，前者比后者更能体现创新能力。

表 7 – 10   指标层对准则层的判断矩阵及其权重（Ⅲ）

创新竞争力（C3）	判断矩阵			创新竞争力（C3）	权重判断			
	C31	C32	C33		核心专利占比 C31	重要专利占比 C32	专利技术年龄 C33	W₃
C31	1	3	4	核心专利占比（C31）	1.0000	1.4918	1.8221	0.4484
C32	1/3	1	3	重要专利占比（C32）	0.6703	1.0000	1.4918	0.3213
C33	1/4	1/3	1	专利技术年龄（C33）	0.5488	0.6703	1.0000	0.2302

注：（1）判断矩阵一致性比例：0.0043；对总目标的权重：0.4484；λ_{max}：3.0044；（2）在创新竞争力三个指标当中，核心专利是以专利存活期为标准筛选出来的，专利存活期的长短反映了该专利文献的市场价值和创新高度。因此，"核心专利占比"最能反映银行业创新能力，因为这些专利都是核心技术，它们在一定技术领域或产品领域代表着较高的创新水平以及技术领先优势；其次是"重要专利占比"，因为这些专利都是重要技术，其因为具有较高的创新性，申请人才十分注重这些专利技术在不同国家或地区的专利布局。

表 7 – 11   指标层对目标层的最终权重

指标层	权重	指标层	权重	指标层	权重
专利总量 C11	0.0984	人均申请量 C21	0.0687	核心专利占比 C31	0.2011
发明人数 C12	0.0659	发明专利占比 C22	0.1096	重要专利占比 C32	0.1441
申请人数 C13	0.0659	授权专利占比 C23	0.1430	专利技术年龄 C33	0.1032

四 内外资银行创新能力综合评价

通过层次分析法得到评价模型之后，对内外资银行创新能力的评价可以有两种方法，其一，通过德尔斐法。给出评语集，由专家来对内外资银行的各个指标进行打分，根据专家组中赞同该指标被评为某个等级的专利比例来构造评判矩阵，然后结合层次分析法得到各指标权重，最终判断内外资银行的创新能力得分。其二，通过计量的方法。因为本书所选取的指标层均为定量指标，将中国银行业的各个相关指标满分值视为"1",或者说把中国银行业整个系统的创新能力视为一个"1",结合层次分析法的权重,计算内外资银行各自创新能力的得分,从而可以得知在中国银行业创新能力综合系统内,内外资银行两者之间的创新能力的比较竞争力。第二种方法可以避免第一种方法因为专家的知识结构、经验判断、学术偏好的不同而带来的主观性和不稳定性。中国银行业内外资银行的各指标值及得分如表7-12所示。

表7-12　　　　　　　　内外资银行各指标值及得分

指标	中国银行业	内资银行值		外资银行值	
		总量	得分	总量	得分
专利总量(C11)	735	547	0.74	188	0.26
发明人数(C12)	2396	1957	0.82	439	0.18
申请人数(C13)	276	165	0.60	111	0.40
人均申请量(C21)	0.31	0.28	0.39	0.43	0.61
发明专利占比(C22)	574	390	0.68	184	0.32
授权专利占比(C23)	205	154	0.75	51	0.25
核心专利占比(C31)	17	2	0.12	15	0.88
重要专利占比(C32)	20	0	0.00	20	1.00
专利技术年龄(C33)	5.23	3.59	0.56	11.08	0.44

注:专利技术年龄是用该技术的专利年龄总和除以专利数。专利年龄的大小意味着该技术创新的速度和技术演化的速度。专利年龄越小,则代表技术创新能力强,创新的速度快,也代表着该专利技术竞争力和垄断能力的大小。表中计算的是发明专利的技术年龄,从中可以看出,内资银行的发明专利技术年龄为3.59,而外资银行发明专利的技术年龄为8.71。本书以它们各自剩余的垄断年限(即14年和11年)占两者总垄断年限13年的值作为两者在该指标的得分。

根据表7-12的分值,结合层次分析法得到的各指标权重可以计算内外资银行的准则层的得分,计算如下:

内资银行:

$B_{2内资银行} = W_2 \times F_2 = [0.2138, 0.3410, 0.4452] \times$

$\begin{bmatrix} 0.39 \\ 0.68 \\ 0.75 \end{bmatrix} = 0.64$

$B_{3内资银行} = W_3 \times F_3 = [0.4484, 0.3213, 0.2302] \times$

$\begin{bmatrix} 0.12 \\ 0 \\ 0.56 \end{bmatrix} = 0.18$

最后可以计算准则层对目标层的综合评价结果，即内资银行的创新能力得分：

$B_{内资银行} = W \times (B_1, B_2, B_3) = [0.2302, 0.3213, 0.4484] \times$

$\begin{bmatrix} 0.72 \\ 0.64 \\ 0.18 \end{bmatrix} = 0.45$

根据同样的计算方法，可以计算出外资银行创新能力得分：

$B_{1外资银行} = 0.28$；$B_{2外资银行} = 0.35$；$B_{3外资银行} = 0.82$；$B_{外资银行} = 0.54$

五　综合评价结果对内资银行的启示

（一）综合评价结果分析

根据本书界定的层次分析模型而进行两两比较的结果，准则层对目标层的权重当中，创新竞争力对创新能力的影响最大（0.4484），其次是创新质量（0.3213），创新基础对创新能力的影响权重为0.2302。而从指标层对准则层的权重可以看出，反映"创新基础"的三个指标当中，专利总量的影响权重较大（0.4272）；反映"创新质量"的三个指标当中，授权专利占比的影响权重较大（0.4452）；反映"创新竞争力"的三个指标当中，核心专利占比的影响权重较大（0.4484）。

根据指标层的原始结果（表7-12），与外资银行相比，专利角度下中国内资银行创新能力的优势在于：首先，发明人数占比得分0.82，具有较为强大的发明阵容。其次，授权专利占比得分0.75，拥有相当数量的授权专利，从而为专利市场价值的实现提供了空间和可能。再次，专利申请总量占比得分 0.74，拥有较多的创新专利成果。最后，发明专利占比得分 0.68，创新成果具有一定的高度；申请人数占比得分 0.60，反映了产业内申请人的较高的创新热情。此外，如果进一步分析授权专利的类型分布，可以发现中国银行业所有授权专利当中，发明专利有 119 件，占所有授权专利的 58%，实用新型和外观设计分别为专利 52 件和 34 件，占所有授权专利的 25% 和 17%。因此可以认为，中国银行业授权专利当中，发明专利具有一定的数量优势（如图 7 - 4 所示）。其中，中国工商银行的总授权量最多，共计授权专利 61 件，其次是罗烈尔银行 35 件，再次是中国建设银行和招商银行，分别有 27 件和 19 件。因此，这些银行有可能具有较高的创新能力和质量。

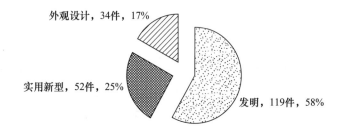

图 7 - 4　中国银行业授权专利类型分布

与内资银行相比，专利角度下中国外资银行的创新能力的优势在于：首先，重要专利占比得分为 1，即根据本书界定的中国银行业重要专利全部都属于外资银行。因而可以看出，外资银行十分重视重要专利技术在不同国家或地区的布局，而内资银行在这方面却显得非常不够。其次，核心专利占比得分 0.88，这一方面反映了外资银行在较长存活期专利方面具有较强优势。再次，人均申请量得分 0.61，反映了外资银行具有较高的创新效率。

根据层次分析模型所确定的权重和指标层的专利计量得分可知，内资银行的创新基础得分较高，最终计分 0.72；其次是创新质量，最终计分 0.64；而创新竞争力仅得分 0.18。内资银行最终的创新能力得分为 0.45。相比之下，外资银行在创新基础和创新质量方面得分并不占优势，分别计分 0.28 和 0.35，但是在创新竞争力方面却具有绝对的优势，计分 0.82。外资银行最终的创新能力得分为 0.54。因此可以看出：其一，内资银行在创新基础和创新质量方面具有优势，外资银行在创新竞争力方面具有优势；其二，从综合评价结果来看，外资银行的创新能力比内资银行更强。究其原因，主要是因为内资银行在那些对于创新能力的影响权重不大的指标具有竞争优势，而外资银行却在那些对于创新能力影响权重较大的指标具有竞争优势。

（二）综合评价结果的启示

通过以上综合评价结果可以看出，截至统计分析日期，中国内资银行的专利申请量已经达到了一定的规模，有不少的内资银行企业开始注意到专利保护问题的重要价值而加强了对银行技术和产品的创新，并通过专利制度来保护其创新成果，专利类型也是以具有较高创新程度的发明专利为主，授权专利的增加意味着内资银行创新质量的提高。但是与外资银行相比，内资银行在保持和进一步发展自身在创新基础和创新质量方面的竞争优势之外，还需要在以下几个方面提升自己的创新能力：

（1）实现某个关键技术或银行产品的创新性突破。从表 7-11 中可以看出，所有指标当中，核心专利占比对银行业创新能力的影响权重最大，为 0.2011。根据本书的定义，核心专利为存活期达到一定年限的专利文献。而专利权人之所以不惜支付不小的专利维持成本来使这些专利文献继续生效，是因为这些专利对于权利人而言代表着较高的创新水平，对于银行市场而言代表着某一技术领域或产品的先驱或制高点。中国内资银行创新能力的提高，必须要实现对银行经营或市场具有重要意义的核心技术或产品的创新突破。

（2）充分利用专利优先权制度，实施走出去战略。从表 7-11 中可以看出，重要专利占比对银行业创新能力的影响权重也较大，为 0.1441。根据本书的定义，重要专利为同族数达到一定数量的基本专利文献。从目前的统计结果来看，内资银行在重要专利领域尚处空白，从这一侧面反映了中国银行业的创新能力有待进一步加强。因为，从外资银行的重要专利来看，它们在不同的国家或地区对同一主题的专利技术进行专利保护，主要反映了这些专利文献首先是权利人较重要的创新成果，其次有可能是银行业重要的技术变革或创新产品。因此，对中国内资银行创新能力而言，一方面，仍然是要实现在关键技术或创新产品领域的创新，另一方面，根据自身发展的战略，要具备在不同国家或地区进行专利布局的意识。

（3）在加大创新投入的同时，提高创新效率。从专利角度看，应该肯定的是，内资银行的创新基础和创新成果都已经达到一定的水平和高度，但是，人均申请量较低。因此内资银行在加大创新队伍建设和投入的同时，也应该加强对发明人的人力资源管理，采取有效的奖励机制，充分发挥发明人的创新热情，从而更进一步地提高创新效率和质量。

第四节　本章小结

本章在对前面绘制中国银行业专利地图过程中的专利信息进行整理的基础上，对中国内资银行和外资银行的专利保护意识和创新能力进行了评价：

第一，本章对每个银行企业的发明、实用新型和外观设计这三类专利的申请量进行了全面的统计。而且，为了研究中国银行业的专利保护意识在加入 WTO 前后的发展变化，本章将样本专利数据库分为1985—2000 年和 2001—2008 年两部分，并建立聚类模型。最终得到以下研究结果：

中国银行业内资银行的专利申请数量以及专利申请人的数量从 20世纪 90 年代到 2001—2008 年期间有较大程度的增加，这即可以说明中国内资银行的专利保护意识已经有较大程度的提高。

在 2000 年以前，外资银行的专利质量比内资银行的高。而 2000年以后，内资银行的专利质量得到了较大程度的提高。总的来说，与内资银行相比，那些跨国经营的外资银行不仅有着强大的信息技术应用能力、成熟的企业经营战略，而且它们还更善于制定和实施知识产权战略。但应当肯定的是，入世之后，中国内资银行的创新能力和专利保护意识以及专利质量都有了较大程度的提高。

第二，本书通过层次分析法的应用，将专利管理图和专利技术图中的本来各自独立的多个重要指标通过建立一个相互关联的评价体系，构建了本书的创新能力评价模型，从而对中国银行业内外资银行的创新能力进行全面客观的综合评价。评价结果认为：内资银行创新能力的优势在于：具有较为强大的创新阵容、相当数量的授权专利、较多且具有相当创新高度的专利申请数量；而外资银行创新能力的优势在于：占有中国银行业全部的重要专利，而且在核心专利方面也同样具有绝对的竞争优势。此外，外资银行还具有较高的创新效率。

最终的综合评价结果为：外资银行的创新能力比内资银行更强。究其原因，主要是因为内资银行在那些对于创新能力的影响权重不大的指标具有竞争优势，而外资银行却在那些对于创新能力影响权重较大的指标方面具有竞争优势。

因此本书认为，对于内资银行而言，应当做到：其一，实现某个关键技术或银行产品的创新性突破；其二，充分利用专利优先权制度，实施走出去战略；其三，加大创新投入的同时，提高创新效率。

第八章　中国内资银行企业专利战略的选择

著名的企业战略学者 Joel Ross 和 Michael Kami 认为，没有战略的企业就像一艘没有舵的船一样，只会在原地转圈，又像个流浪汉一样无家可归。而著名企业竞争战略学者波特认为，企业战略的核心是产业选择问题和在产业内的竞争地位问题，企业经营是否能实现预期目标取决于该企业所处产业的吸引力和企业在该产业中的相对竞争优势。

"入世"后，中国银行企业面对着日益增大的竞争压力。在信息技术已然成为当下银行产品创新的主要手段方法的背景下，应当制定和实施怎样的专利战略去应对行业的激烈竞争，是中国银行业，尤其是内资银行迫切需要研究和解决的重要课题。本书认为，内资银行在制订自身的专利战略过程中，全面分析国内外银行业专利信息是非常有必要，也是非常有价值的。本章将在对中国银行企业专利竞争力进行评价的基础上，结合市场竞争力，对内资银行企业的专利战略选择进行研究。

第一节　中国银行业专利竞争力评价

一　竞争力评价的指标选择及定义

通过对一系列专利信息指标的计算分析，一方面，可以从中看出某一国家、产业的创新或专利活动的整体发展趋势、演变路径，另一方面，也可以大体上监测到竞争者之间的专利战略及其创新活动的基本内容和方向及其差异。如果计算这些指标随着时间的发展变化，它们将成为包含丰富信息的指标系列。

　　专利信息指标计算所需要的数据可以在各国所提供的专利检索平台（USPTO，EPO，JPO，SIPO 等等）或者通过德温特世界专利创新索引数据库（DII，Derwent Innovation Index）进行专利数据检索。表 8-1 即 Enrst 归纳的可用于分析公司专利战略和创新活动的一系列重要指标。①②

表 8-1　　　　　　专利竞争力分析的主要指标及其计算

专利指标	定义	含义
专利活动值（Q1）	某公司特定技术领域的专利申请量	该公司在该技术领域内的 R&D 支出范围
基于专利申请量的技术占有率（Q2）	某公司专利活动/该技术领域内所有竞争者的专利申请量	该公司在该技术领域内的竞争位置
R&D 支出的侧重点	某公司的专利活动值/该公司年度专利申请的数量	该技术领域在该公司中的重要性
合作强度	在特定技术领域与合作伙伴联合申请的专利数量/专利活动值	评估该公司的外部知识以及识别该公司的合作伙伴
专利授权率（Q3）	某公司在特定技术领域中得到授权的专利数量/专利活动值	该公司专利申请的技术质量
技术范围（Q4）	某公司专利活动的 IPC 分类的差异和数量	该公司专利申请的技术质量
国际范围	专利活动的专利家族范围的大小以及在美、日、欧等国家或地区的分布	该公司专利申请的经济质量

　　① Ernst H. ，"Patent portfolios for strategic R&D planning"，*Journal of Engineering & Technology Management*，Vol. 15，No. 4，1998，pp. 279-308.
　　② Ernst H. ，"Patent information for strategic technology management"，*World Patent Information*，Vol. 25，No. 3，2003，pp. 233-242.

续表

专利指标	定义	含义
专利引证频率	专利活动的平均引证率	该公司专利申请的经济质量
平均专利质量（Q5）	专利质量所有指标的总和（PQ = GP + TS + IS + CF）	该公司在特定技术领域的所有专利申请的平均整体质量
专利强度（Q6）	平均专利质量与专利活动之和（PS = PQ + PA）	该公司在特定技术领域的技术强度
基于专利强度的技术占有率（Q7）	某公司的专利强度/所有竞争者在特定技术领域的专利强度	该公司在特定技术领域的竞争性技术位置
相对技术占有率（Q8）	某公司的专利强度/该公司在特定技术领域的最大专利强度	该公司与该特定技术领域内的领跑者之间的距离

资料来源：Holger Ernst（2003）。

一个特定技术领域的 PA 值，是一个公司最根本的专利指标之一。PA 值的上升或下降，即可说明该技术领域内公司 R&D 活动水平的发展变化的水平和态势，以及其今后的技术和市场的利益方向。基于专利申请量的技术占有率（Tcchnology share）则是评价该公司在一个特定技术领域内竞争地位的重要指标。从理论上看，技术占有率反映了公司在 R&D 中的竞争地位以及在市场领域的市场占有率。一个公司的技术占有率明显下降就应当重新审视其 R&D 战略。R&D 支出的侧重点（R&D emphasis）说明了一个具体的技术领域在该公司的整个 R&D 组合当中的重要程度以及在公司 R&D 战略当中所突出的差异性。

如果一个公司特别关注专利质量，专利信息的价值将会大大提高。通常认为专利质量的评价有以下一些指标：其一，专利申请的授权率（GP）；其二，专利国范围（IS）；其三，专利的技术范围

（TS）；其四，专利引证率（CF）。① 值得强调的是，这里所计算的平均专利质量（Average patent quality）完全是从商业的角度去评价的（比如一项专利对于公司销售和利润的贡献等），而没有考量法律对于专利质量的影响。

计算了专利质量之后，根据表 8 - 1 则可以计算专利强度（PS）。要更好地评价技术占有率（Technology share），就应当计算每一个技术领域的专利质量。其可以说明一个公司在一个特定技术领域的竞争地位。相对技术占有率（Relative technology share）是将技术占有率转化为在 ［0，1］ 区间的一个值。依此可以较容易地判断哪一个公司在该技术领域内处于优势竞争地位，也可以依此评价技术领域内各个竞争者的发展差距。

二　竞争力评价指标的统计性分析

1. 中国银行业发明专利 PA 值以及技术占有率的竞争性分析

根据表 8 - 1 的定义，可以统计中国各个银行企业的 PA 值，即表 8 - 2 中的 Q1。同时，利用 Q1 值，去计算中国银行企业的技术占有率（基于专利申请）（Q1/中国银行业发明专利总和，即 Q1/574），即表 8 - 2 中的 Q2 值。从表中可以看出，中国工商银行的技术占有率最高，达到了 0.26，说明了中国工商银行在发明专利技术领域内具有较强的技术竞争力。而与 PA 值相应，Q2 值 TOP5 银行企业除中国工商银行之外，还有中国建设银行（0.23）、罗烈尔银行（0.07）、招商银行和美国银行（均为 0.05）、花旗银行（0.04）。

以上 Q1 值和 Q2 值的差异反映的竞争态势主要说明了以下三个方面的内容：其一，这些银行比较注重发明专利技术领域 R&D 投入，PA 值和技术占有率大小整体上反映了这些银行在发明专利技术领域的竞争位置；其二，这些银行将成为中国银行业 PA 值和技术占有率的主要竞争对手；其三，外资银行在中国银行业发明专利领域具备了相当的竞争实力，内资银行必须面对外资银行势均力敌的竞争。

---

① Deng Zhen, Lev Baruch, Narin Francis, "Science and Technology as Predictors of Stock Performance", *Financial Analysts Journal*, Vol. 55, No. 3, 1999, pp. 20 - 32.

表 8 - 2 银行企业专利竞争力评价主要指标

银行名称	Q1	Q2	Q3	Q4	Q5	Q6	Q7	Q8
中国工商银行	152	0.26	0.2	76	76.2	228.2	0.25	1
中国建设银行	132	0.23	0.17	52	52.17	184.17	0.2	0.81
罗烈尔银行	40	0.07	0.88	26	26.88	66.88	0.07	0.29
美国银行	28	0.05	0.04	30	30.04	58.04	0.06	0.25
招商银行	28	0.05	0.18	18	18.18	46.18	0.05	0.2
花旗银行	24	0.04	0.08	21	21.08	45.08	0.05	0.2
中国民生银行	23	0.04	0.09	20	20.09	43.09	0.05	0.19
瑞士银行	17	0.03	0.24	9	9.24	26.24	0.03	0.11
JP摩根大通银行	12	0.02	0.17	7	7.17	19.17	0.02	0.08
中国银行	10	0.02	0.2	10	10.2	20.2	0.02	0.09
交通银行	10	0.02	0	18	18	28	0.03	0.12
中国农业银行	8	0.01	0.25	10	10.25	18.25	0.02	0.08
中国人民银行	8	0.01	0.25	20	20.25	28.25	0.03	0.12
兴业银行	5	0.01	0.2	7	7.2	12.2	0.01	0.05
北京农村商业银行	4	0.01	0	6	6	10	0.01	0.04
台湾建华商业银行	4	0.01	0	4	4	8	0.01	0.04
德意志联邦银行	3	0.01	1	2	3	6	0.01	0.03
华夏银行	3	0.01	0.67	5	5.67	8.67	0.01	0.04
上海浦东发展银行	3	0.01	0	4	4	7	0.01	0.03
新韩银行	3	0.01	0	2	2	5	0.01	0.02
国民西敏寺银行	3	0.01	0.33	4	4.33	7.33	0.01	0.03
澳大利亚储备银行	2	0	1	3	4	6	0.01	0.03
法兰西银行	2	0	0	3	3	5	0.01	0.02
巴克莱银行	2	0	0	2	2	4	0	0.02
英格兰总督银行	2	0	0.5	3	3.5	5.5	0.01	0.02
中国信托商业银行	2	0	0	2	2	4	0	0.02

资料来源：①SIPO专利检索平台；大为软件公司PatentEX专利信息创新平台，检索的期间为1985—2009年。②各指标的计算以中国银行业发明专利技术为样本。③考虑到中国银行业，尤其是内资银行业技术创新的国际扩散非常不足的现状，再加上中国的专利信息文献的引证统计分析缺乏数据基础，因此本书在考量平均专利质量的时候，主要统计和计算了技术范围和专利授权率两个指标的加和。④本书略去了PA值等于1的银行企业。

2. 中国银行业平均专利质量的竞争性分析

专利质量是衡量产业或企业技术创新成果的专利保护的重要指标之一，其在一定程度上反映了创新活动的质量。本书将在统计中国银行业授权发明专利的基础上，计算中国银行业的平均专利质量。

表8-3列示了中国银行业授权发明专利在各个银行企业中的分布。根据表8-1的定义和计算方法，本书将通过计算专利授权率（Q3＝专利授权量/Q1）和技术范围来（Q4，该值通过专利申请所涉及的IPC小组数予以计量）考量中国银行业的平均专利质量Q5（Q5＝Q3＋Q4），具体的计算结果如表8-2所示。

表8-3　　　　　中国银行业发明专利授权量统计表　　　　单位：件

排序	银行名称	授权量	排序	银行名称	授权量	排序	银行名称	授权量
1	罗烈尔银行	35	7	花旗银行	2	7	华夏银行	2
2	中国工商银行	30	7	中国民生银行	2	7	澳大利亚储备银行	2
3	中国建设银行	22	7	JP摩根大通银行	2	15	美国银行	1
4	招商银行	5	7	中国银行	2	15	兴业银行	1
5	瑞士银行	4	7	中国农业银行	2	15	国民西敏寺银行	1
6	德意志联邦银行	3	7	中国人民银行	2	15	英格兰总督银行	1

资料来源：SIPO专利检索平台。

从表8-2的Q3值可以看出，德意志联邦银行所有发明专利都得到了授权，此外，罗烈尔银行的专利授权率也达到了88%，内资银行当中，华夏银行授权率较高，为67%。从Q4值可以看出，中国工商银行的技术范围涉及了76个小组的IPC分类号。此外，中国建设银行发明专利的技术范围涉及了52个IPC小组，美国银行涉及30个IPC小组，罗烈尔银行涉及26个IPC小组，花旗银行涉及21个IPC小组。而通过逐一分析可以看出，这些银行共同涉及的IPC分类号包括：G06F、G07F和G06Q。这从另外一个方面印证了以上对于中国银行业技术侧重点的分析。从Q5值可以看出，中国工商银行的平均

专利质量最高（76.2），Q5 值 TOP5 银行企业还包括中国建设银行
（52.17）、美国银行（30.04）、罗烈尔银行（26.88）、花旗银行
（21.08）。因此可以认为，这些银行的平均专利质量具有较强的竞争
优势。

3. 中国银行业专利强度及其技术占有率和相对占有率的竞争性
分析

产业或企业的专利强度，反映了该产业或企业的技术强度。根据
表 8 - 1 的定义，本书计算了中国银行业中各银行企业的专利强度 Q6
（Q6 = Q1 + Q5），如表 8 - 2 所示。从表中可以看出，中国工商银行的
专利强度最高（228.2），此外，Q6 值 TOP5 银行企业还包括中国建
设银行（184.17）、罗烈尔银行（66.88）、美国银行（58.04）、招商
银行（46.18）。因此可以认为，这些银行拥有着较强的技术资源。

基于专利强度的技术占有率（Q7）反映了研究的目标产业或企
业在特定技术领域的技术竞争位置。根据表 8 - 1 的定义，本书计算
了中国银行业的基于专利强度的技术占有率 Q7（Q7 = Q6/所有银行
企业 Q6 的总和，即 Q6/909.45），结果如表 8 - 2 所示。从表中可以
看出，与专利强度相对应，基于专利强度的技术占有率 TOP5 中国银
行企业包括：中国工商银行的专利强度最高（0.25）、中国建设银行
（0.2）、罗烈尔银行（0.07）、美国银行（0.06）以及花旗银行、招
商银行和中国民生银行（均为 0.05）。这些银行具有较强的技术竞争
优势和实力，也反映了它们的专利竞争位置。

基于专利强度的相对技术占有率（Q8）反映了研究的目标产业
或企业在该特定技术领域内与那些技术领跑者之间的距离。根据表
8 - 1 的定义，本书计算了中国银行业的相对技术占有率 Q8（Q8 =
Q6/MaxQ6，即 Q6/228.2），结果如表 8 - 2 所示。如果某银行的值为
1，则说明该银行是该技术领域的领跑者，而其他银行越接近于 1，则
说明其技术越接近于领跑者，与领跑者的距离越小，在进行技术创新
活动管理的过程中，则可以采用技术追赶战略。反之，则说明该银行
的技术离领跑者太远，距离太大，在技术创新活动管理当中，则可以
采用技术许可、外包或者 R&D 联盟等战略。从表中可以看出，中国

工商银行因为其相对技术占有率为1，因此成为中国银行业的技术领先者。紧随其后的是中国建设银行（0.81）、罗烈尔银行（0.29）和美国银行（0.25），说明这两家银行离技术领跑者最近，它们的专利竞争力也和领跑者更为靠近。

通过以上三个指标的计算可以看出，一方面，以上这些银行在注重创新活动的同时也使得中国银行业的先进技术将主要掌握于它们手中，同时，一定程度上也反映了部分外资银行具有较强的专利技术，并且善于利用专利制度来保护其创新活动成果。

三 中国银行业专利竞争力评价模型选择及结果分析

（一）主成分分析模型概述

多元统计分析处理的是多指标的问题，由于变量较多，增加了分析问题的复杂程度。而且，在实际问题当中，多个变量之间可能存在一定的相关性，或者可能存在信息的重叠性。在这种情况下，人们自然希望通过克服变量之间的相关性和信息重叠性，用较少的变量来代替原来较多的变量，并且这样一种代替仍然可以反映原来多个变量的大部分信息。主成分分析即是将原来多个具有相关性和信息重叠的指标变量化为少数几个相互独立的综合指标的一种统计方法。

主成分分析就是通过线性组合的方式，从多个具有相关性的指标变量当中尽可能快地提取信息。当第一个线性组合不能提取更多信息的时候，再考虑用第二个线性组合继续这个快速提取的过程，直到所提取的信息与原指标相关不多时为止。因此，主成分分析，就是在力求数据信息丢失最少的原则下，对高维的变量空间降维，即研究指标体系的少数几个线性组合，并且这几个线性组合所构成的综合指标将尽可能多地保留原来指标变异方面的信息。以各个主成分为分量，就得到一个更低维的随机向量。这些综合指标就称为主成分。

主成分分析的具体步骤包括：第一，根据研究问题选取指标与数据；第二，进行指标数据标准化处理，消除量纲不同的影响；第三，求无量纲后的相关系数矩阵 R，进行指标之间的相关性判定；第四，求 R 的特征值、特征向量和贡献率；第五，确定主成分个数（本书按照特征值大于1以及累积贡献率大于85%的原则提取主成分因子）；

第六，对主成分因子的经济意义进行解释；第七，确定主成分 F_i 表达式；第八，计算各主成分和综合主成分值并进行评价与研究。

（二）主成分分析模型运行结果

本书从上述 Q1—Q8 这八个指标出发，运用 SPSS17.0，对各银行企业的专利竞争力进行综合评价，从而进行专利竞争力排序。

（1）各指标之间的相关系数矩阵，如表 8-4 所示。从表中可以看出，Q1 和 Q2、Q4、Q5、Q6、Q7 以及 Q8 这几个指标之间存在着显著关系，其中许多变量之间直接的相关性比较强，也说明了它们之间存在着较大的信息上的重叠性。同时也印证了中国银行企业的专利活动与技术占有率、技术范围、平均专利质量、专利强度、相对技术占有率之间存在密切的关系。

表 8-4   相关系数矩阵

	评价指标	Q1	Q2	Q3	Q4	Q5	Q6	Q7	Q8
相关系数	Q1	1.000	0.999	-0.024	0.951	0.952	0.995	0.995	0.996
	Q2	0.999	1.000	-0.025	0.948	0.948	0.993	0.993	0.994
	Q3	-0.024	-0.025	1.000	-0.060	-0.042	-0.030	-0.020	-0.028
	Q4	0.951	0.948	-0.060	1.000	1.000	0.977	0.973	0.976
	Q5	0.952	0.948	-0.042	1.000	1.000	0.977	0.974	0.976
	Q6	0.995	0.993	-0.030	0.977	0.977	1.000	0.999	1.000
	Q7	0.995	0.993	-0.020	0.973	0.974	0.999	1.000	0.999
	Q8	0.996	0.994	-0.028	0.976	0.976	1.000	0.999	1.000

（2）确定主成分提取个数。主成分的提取具有一定的主观性，为了使主成分能够反映原指标的信息，一般提取主成分个数的原则为累积贡献率≥80（或 85%），特征值≥1 的前 m 个主成分。因为特征值在某种程度上可以被看成是表示主成分影响力度大小的指标：如果特征值小于 1，说明该主成分解释力度还不如直接引入一个原变量的平

均解释力度大。主成分的个数越少越好解释；如果提取一个主成分已经能满足要求，说明模型应用比较理想。因为主成分分析是一种对指标进行降维的分析方法；如果在一维空间能将问题解决或解释清楚，就没有必要再提取第二个或更多的主成分。

通过表 8-5 可知，$m=1$ 时，累积方差贡献率为 86.139%（大于 85%），特征值 $=6.891$。因此可以说明利用主成分分析由本书所界定的八个指标综合评价专利竞争力是比较理想和可行的，只要提取一个主成分，即可以解释八个指标中的 86.139% 的信息。

表 8-5　　　　　　　　　方差分解主成分提取分析　　　　　单位：%

成分	初始特征值			提取因子的载荷平方和		
	总值	方差百分比	累积百分比	总值	方差百分比	累积百分比
1	6.891	86.139	86.139	6.891	86.139	86.139
2	1.000	12.501	98.639			
3	0.106	1.319	99.958			
4	0.002	0.024	99.982			
5	0.001	0.017	99.999			
6	0.000	0.001	100.000			
7	$4.922E-16$	$6.152E-15$	100.000			
8	$-3.721E-16$	$-4.651E-15$	100.000			

提取方法：主成分分析

（3）主成分反映的指标信息和特征向量的计算。通过表 8-6 可知，中国银行企业的专利活动与基于专利申请量的技术占有率、技术范围、平均专利质量、专利强度、基于专利强度的技术占有率以及相对技术占有率等指标在所提取的主成分上有较高载荷，说明该主成分基本反映了这些指标的信息。而所提取的这个主成分，基本上反映了全部八个指标的大部分信息，因此决定用这个新的变量来代替原来的八个变量。

表 8－6　　　　　　　　　　初始因子载荷矩阵

指标	主成分 1
Q1	0.992
Q2	0.990
Q3	−0.038
Q4	0.983
Q5	0.983
Q6	0.999
Q7	0.998
Q8	0.999

a. 1 提取的主成分

初始因子载荷矩阵中每一个载荷量表示主成分与对应变量的相关系数，其并不是新变量的特征向量，而是应当利用因子载荷矩阵和相关系数矩阵的特征值来计算特征向量，即：特征向量 Z_{ij} ＝因子载荷 $a_{ij}/\sqrt{\lambda_j}$ ＝因子载荷 $a_{ij}/\sqrt{6.931}$，从而得到主成分的特征向量，如表 8－7 所示。

表 8－7　　　　　　　　　　主成分特征向量

指标	特征向量 A_{ij}	指标	特征向量 A_{ij}
Q1	0.378	Q5	0.374
Q2	0.377	Q6	0.381
Q3	−0.014	Q7	0.380
Q4	0.374	Q8	0.381

因为只需要提取一个主成分即可以解释大部分信息，因此，根据特征向量所得到的主成分表达式即是中国银行业的专利竞争力模型。需要特别说明的是，由于是以相关系数矩阵为出发点进行分析，因此，主成分表达式中的各个变量 Q1—Q8 应当是经过标准化变换后的标准变量。把标准化后的变量用 ZQ 来表示，则主成分表达式，即中

国银行业专利竞争力模型为：

Competitiveness $= A_{11}ZQ_1 + A_{12}ZQ_2 + A_{13}ZQ_3 + A_{14}ZQ_4 + A_{15}ZQ_5 + A_{16}ZQ_6 + A_{17}ZQ_7 + A_{18}ZQ_8 = 0.378 \times ZQ_1 + 0.377 \times ZQ_2 - 0.014 \times ZQ_3 + 0.374 \times ZQ_5 + 0.381 \times ZQ_6 + 0.380 \times ZQ_7 + 0.381 \times ZQ_8$

而根据以上专利竞争力综合评价模型来计算各银行企业的综合得分，并进行排名，结果如表8-8所示。

表8-8　　　　　　　　中国银行业专利竞争力排行

银行名称	综合得分	排名	银行名称	综合得分	排名
中国工商银行	9.65	1	兴业银行	-1.085	14
中国建设银行	7.249	2	北京农村商业银行	-1.168	15
罗烈尔银行	1.636	3	华夏银行	-1.247	16
美国银行	1.394	4	台湾建华商业银行	-1.271	17
花旗银行	0.655	5	上海浦东发展银行	-1.304	18
招商银行	0.629	6	国民西敏寺银行	-1.31	19
中国民生银行	0.57	7	德意志联邦银行	-1.424	20
中国人民银行	-0.12	8	新韩银行	-1.424	20
交通银行	-0.123	9	澳大利亚储备银行	-1.449	22
瑞士银行	-0.425	10	法兰西银行	-1.449	22
中国银行	-0.653	11	英格兰总督银行	-1.457	24
中国农业银行	-0.767	12	巴克莱银行	-1.566	25
JP摩根大通银行	-0.788	13	中国信托商业银行	-1.566	25

注：表中有很多银行企业的综合主成分得分为负数，这并不意味着这些银行的专利竞争力为负数，这仅仅是模型运算过程中数据标准化的结果。

从表8-8可以得知，基于本书所选取的进行专利分析的八个指标变量而界定的专利竞争力，通过主成分分析模型可知，中国银行业当中，中国工商银行的专利竞争力最强，其综合主成分得分为9.65；其次是中国建设银行，综合主成分得分为7.249；再次是日本的罗烈尔银行，综合主成分得分为1.636。此外，中国银行业专利竞争力

TOP5 还包括美国银行和花旗银行，综合主成分分别得分 1.394
和 0.655。

第二节　中国内资银行企业专利战略

一　企业专利战略与大战略矩阵

在如今经济全球一体化和市场相对完全竞争的背景下，没有一个
企业可以拥有和利用无限大的资源，而且，每一个企业的竞争都处于
特定的产业市场环境之中。因此，对于具体的某一个企业的战略制定
者而言，必须要清楚自身参与竞争的实力和所处的竞争位置，然后，
才可以制定和实施最适合企业发展并能使企业获得最大收益的战略
方案。

企业专利战略是企业为了获取与保持市场竞争优势，运用专利制
度提供的专利保护手段和专利信息，谋求获取最佳经济效益的总体性
谋划。而在制定企业专利战略的时候，主要应对以下两方面因素进行
分析：其一，企业实力等综合情况分析，了解自身的经济实力、科技
实力、在同行竞争中所处的地位以及竞争市场的格局与发展动态；其
二，企业专利竞争情报分析。[①]

大战略矩阵（Grand Strategy Matrix）是一种制定备选战略的常用
工具，其是由 Thompson，A. A. 和 Strickland，A. J. 根据波士顿矩阵修
改而成。[②] 大战略矩阵以竞争地位和市场增长作为垂直交叉的两轴，
将企业的战略划分为四个象限，不同的象限，有着各自相应的发展战
略。因而通过判断企业的市场增长和竞争地位，将该企业归置某一特
定的象限当中，即可选择与特定象限相适应的经营战略（如图 8 - 1
所示）。

---

① 冯晓青：《企业知识产权战略》，知识产权出版社 2015 年版。
② ［美］弗雷德·R. 戴维：《战略管理》，经济科学出版社 1998 年版，第 221 页。

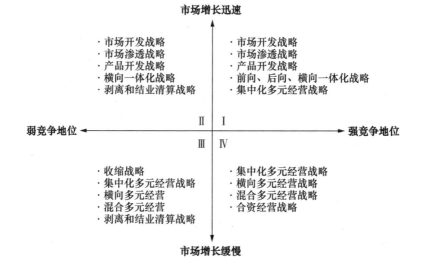

图 8-1　大战略矩阵

资料来源：［美］弗雷德·R. 戴维：《战略管理》，经济科学出版社 1998 年版，第 221 页。

作为企业战略的有机组成部分，专利战略的选择当然可以根据大战略矩阵的构造方法来进行科学合理的规划。李钊和盛垚（2010）运用大战略的思维理念，以技术创新能力和竞争地位作为两轴考量了四个象限各自所适用的专利战略。[1]

本书认为，对于内资银行企业而言，其专利战略的制定和实施主要取决于两个因素：其一，研发创新投入的能力；其二，当前专利的竞争位置。第一个方面是专利战略前提，因为银行企业的专利活动是银行产品和技术耦合的结晶，其离不开专利权人对于研发创新的关注和投入。而第二个方面是制定相应专利战略的基础，专利竞争力方面的差异性决定了不同银行企业应当适用不同的专利战略。而对于研发创新投入能力而言，通常可以认为，其与企业的市场竞争力成正比。企业市场竞争力越大，市场份额就越大，获利能力就越大，其研发创

_____

① 李钊、盛垚：《基于层次分析法和大战略矩阵的企业专利战略研究》，《情报杂志》2010 年第 7 期。

新能力因而就有可能越强，反之亦然。这是因为，在特定时期的稳定市场里，某企业的市场份额越大，意味着其竞争对手的市场份额越小。而且，市场竞争力越大，也即决定了企业获得利润的能力和速度，使得企业不仅有更多的资金投入到研发创新活动当中，而且还使得企业有能力较快地收回研发创新投资，取得投资报酬，从而进行新一轮创新投资的良性循环。正因如此，本书将以市场竞争力和专利竞争力作为两轴，将中国内资银行根据不同竞争状况划分为四个象限，其各自应当适用的专利战略如图8－2所示。

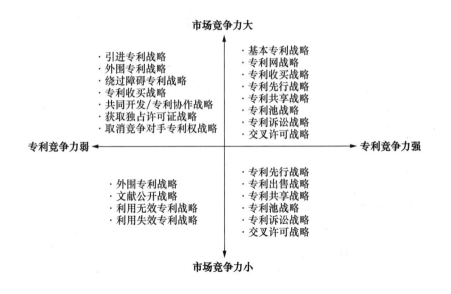

图 8 - 2　专利战略运用矩阵

资料来源：冯晓青：《企业知识产权战略》，知识产权出版社2008年版。

二　中国内资银行企业专利战略选择

根据上述专利战略矩阵构造方法，本书将以上利用专利分析的八个主要指标，运用主成分分析模型而计算的各个内资银行的专利竞争力得分作为专利竞争力大小的评价指标，并形成横轴，以英国《银行家》杂志2007年对中国银行业100强市场竞争实力进行排行的一级资本（单位：亿元人民币）作为市场竞争力大小的评价指标，并形成纵轴。然后取两个指标的中间值作为两轴的垂直交叉点，创建中国内资银行"专利竞争力—市场竞争力"专利战略矩阵（如图8-3所示）。

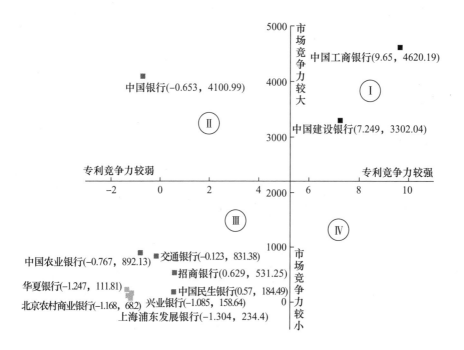

图8-3　中国内资银行企业专利战略矩阵

（1）象限Ⅰ中的内资银行的专利战略：该象限包括两家内资银行，即中国工商银行和中国建设银行；该象限的主要特点在于无论是市场还是专利，均具有较强的竞争优势，因此该象限的银行企业所采取的专利战略既要充分利用其专利竞争优势，同时也要体现其在市场上的竞争优势，并且未来的战略方向是保持自身在这两个方面的竞争力，从而巩固和增强在该象限的竞争位置。也正因如此，本书认为，中国工商银行和中国建设银行应当采取"以进攻型为主、以防御型为辅"的专利战略。

其一，实施基本专利战略，辅之以专利网战略。结合自身在市场上的竞争优势，在对中国银行市场和国内外银行专利成果的现状和未来发展趋势进行科学分析预测的基础上，研发出体现市场竞争力的银行产品或技术，并申请专利保护。就目前来看，银行领域内的市场竞争除了传统的存贷业务之外，主要是体现信息技术发展成果的中间业务相关的银行产品，比如说：手机银行、网上银行、账务处理等银行经营模式和产品的信息化系统和方法等。而在专利领域的体现主要为商业方法类专利的竞争。因此，中国工商银行和中国建设银行应当争取在这些核心技术和关键银行产品领域有所突破，并作为基本专利来保护，从而控制其未来的发展方向。此外，在实施基本专利战略的过程中，要辅之以专利网战略。对于有巨大市场价值的基本专利，权利人还应当尽快地开发外围专利，建筑能够有效保护基本专利的保护网，并防止他人在基本专利周围残留未开发的领域被他人申请专利，从而导致自身议价能力的下降或者战略实施上的被动地位。

其二，实施专利收买战略。对于中国工商银行和中国建设银行而言，它们有较为强大的市场竞争力，因而拥有较大的获利能力和空间。因此，除了自身研发专利之外，它们还可以充分利用自身在财务支付方面的能力，向其他银行或者发明人购买重要专利，从而达到垄断或独占特定技术或产品市场的目的。

其三，实施专利池战略。专利权是一种法定的垄断权，未经专利权人许可，任何人都不得擅自使用。为了应对外资银行带来的专利领域的竞争，在条件成熟和允许前提下，内资银行可以将各自拥有的专利许可对方使用而结成专利联盟，从而形成集团优势，共同占据专利技术或产品市场。尤其是中国工商银行和中国建设银行之间，都具有较强的专利竞争力，结成专利联盟，有利于集中竞争优势，也有利于发挥竞争优势，最终实现双赢的专利活动。

其四，实施专利先行战略，即"兵马未动，粮草先行；产品未到，专利先行"战略。近年来，"入世"后中国银行业对外开放不断加深，中国内资银行的对外扩张有了一定程度的发展。对于已经或者准备在国外拓展银行业务的内资银行而言，也要注意在利用目标国家的专利制度来保护自身的银行创新产品或技术，甚至可以将专利作为银行业务开展的"开路先锋"，以便在参与市场竞争当中争取主动权。

（2）象限Ⅱ中的内资银行的专利战略：位于该象限的是中国银

行；该象限的特点在于专利竞争力较弱，但市场竞争实力较强。因此，该象限的银行企业所应当采取的专利战略应当是要充分发挥其在市场竞争力方面的优势，而其未来的战略方向是成为象限Ⅰ竞争集团的组成部分。而考虑到中国银行业的实际情况，归属于该象限的中国银行应当采取的专利战略主要有：

其一，实施引进专利战略和专利收买战略。因为中国银行的专利竞争力不强，意味着其目前的创新能力不够，但是其却有着较强的市场竞争实力。因此可以认为，中国银行在市场占有和利润方面有着较强的竞争力。因而就目前而言，在专利战略方面，中国银行应当充分利用自身的财务优势，从其他银行或发明人手中引进或购买对建立自身专利竞争优势有利的专利技术或专利产品。

其二，实施共同开放战略或获得独占许可证战略。因为自身专利竞争力没有优势，但是对于中国银行而言，依然可以利用自身的财务优势，通过与其他银行或发明人签订技术或产品共同开发或实行外包，从而实现合作双方的互补共赢。此外，对于经过科学认证有竞争力的专利技术或银行产品，还可以通过许可证贸易，支付一定的费用，获得一定时期的独占许可，从而实现一定程度的市场垄断权。

其三，实施外围专利战略、绕过障碍专利战略或取消竞争对手专利权战略。因为这一象限的中国银行目前在专利领域上不具有竞争优势的现状，但又不能让自己在专利活动中处于被动位置，因此，中国银行可以通过研发外围专利，以提高自身的砍价能力，或者绕过障碍专利、取消竞争对手专利权，以便在专利活动中实现主动权的突破。

（3）象限Ⅲ中的内资银行的专利战略。该象限包括中国农业银行、招商银行、交通银行、中国民生银行、上海浦东发展银行、兴业银行、华夏银行等。该象限的主要特点在于无论是市场竞争力还是专利竞争力，都只是具有一定、不是特别明显的竞争优势。因此该象限的内资银行所适用的专利战略从整体上不能要求有太高的创新能力，也不能要求有雄厚的研发投入成本。因而同样考虑到中国银行业的实际情况，归属于该象限的内资银行应当采取的专利战略主要有：

其一，外围专利战略。对于具有一定专利竞争力的内资银行，比如说招商银行、中国民生银行等，应当围绕他人或自身重要的基本专利研发出与之相配套的外围专利技术或产品，并及时申请专利保护，以改变自身在专利活动中的被动地位，提高自身的议价能力。同时，在条件成熟的时候，这些银行应当通过提高自身的专利竞争力，从而向象限Ⅳ发展转变。

其二，取消竞争对手专利权战略或文献公开战略。在专利活动当中遇到阻碍专利的时候，可以通过分析和调查阻碍专利的说明书公开是否充分、审批中的修改变动情况以及是否符合"三性"要求等方面，排除阻碍专利或者有可能对自身构成威胁的专利；此外，如果认为自身没有能力或者没有必要开发某种技术或产品，但又担心其他银行取得与该技术或产品相关的专利而给自身带来专利威胁的时候，可以采取公开技术内容，使其他银行的专利申请丧失新颖性，以阻止竞争对手带来的专利威胁。

其三，无效或失效专利战略。因为无效或失效专利是一种公知技术，所以充分利用这些专利文献，可以很好地弥补内资银行在研发投入和创新基础方面的不足和欠缺，尤其是通过利用那些失效的重要专利或核心专利，有利于提高创新的起点。

（4）城市商业银行的专利战略。通过分析可以发现，目前没有内资银行归属于象限Ⅳ，但是有大量的城市商业银行属于专利竞争力为零，而在各自所属的区域内具有一定的市场竞争力。它们的主要金融功能是服务地方经济，而且从发展历程可以看出，大多数城市商业银行基本上没有创新活动。因此，这些银行不会站在战略的高度去看知识产权的问题，但是在经营活动当中应当注意：其一，在产品或技术开发外包过程中，要处理好专利等知识产权问题；其二，在市场开拓经营过程中，要注意不侵犯他人的专利权，以避免陷入专利纠纷。

第三节　本章小结

本章主要是在评价中国银行企业的专利竞争力的基础上，探讨中国内资银行的专利战略选择问题，并得到以下研究结论：第一，基于本书所选取的进行专利竞争力分析的八个指标变量，通过主成分分析模型可知，中国银行业当中，中国工商银行的专利竞争力最强，其次是中国建设银行，再次是日本的罗烈尔银行。此外，中国银行业专利竞争力 TOP5 还包括美国银行和花旗银行。第二，通过构建"专利竞争力——市场竞争力"大战略模型可知，中国工商银行和中国建设银行应当实施基本专利战略、专利收买战略、专利池战略和专利先行战略；中国银行应当实施引进或收买专利战略、共同开发或获得独占许可战略、外围专利战略、绕过障碍专利战略或取消竞争对手专利权战略；中国农业银行、招商银行、交通银行、中国民生银行、上海浦东发展银行、兴业银行、华夏银行等应当实施外围专利战略、取消竞争对手专利权战略、文献公开战略、无效或失效专利战略；对于众多城市商业银行而言，重要的是在产品或技术开发外包过程中，要处理好专利等知识产权问题，在经营活动中要防止侵犯他人的知识产权，避免卷入他人的知识产权诉讼或纠纷。

第九章　研究结论与展望

第一节　研究结论

　　以银行业为主要构成部分的金融活动是当代经济生活的核心，尤其是在当下全球性金融危机背景下，更是可以看出，金融产业的稳定与发展对于各国经济和社会的重要意义。本书在中国加入 WTO 而全面开放金融市场和国家实施知识产权战略的宏观政策背景下，研究中国银行业的创新活动及其专利保护问题，具有现实和理论的研究价值，而且，随着现代的信息技术和网络技术在银行业中的应用不断普及和深化，本书的研究主题已经成为国内金融领域研究的一个热点问题之一。在前人研究的基础上，通过理论分析和实证研究的结合，本书研究了以下问题并得到相应的研究结论：

　　（1）通过建立 VAR 模型，研究了中国银行业创新绩效和专利保护两者之间的动态关联。研究结论认为：中国银行业专利活动受到其自身、中国银行业创新绩效和中国银行业开放程度的影响，而且，中国银行业开放程度对于中国银行业专利活动的影响最大。另一方面也说明这些因素对于中国银行业专利申请的影响是有时滞的，并不是当期就能产生影响。而中国银行业技术应用能力受到其自身、中国银行业开放程度的影响较大；另一方面也说明这些因素对于中国银行业创新绩效的影响是有时滞的，并不是当期就能产生影响。因此可以看出，加入 WTO，中国金融市场的开放，大量外资银行的涌入，在加剧中国银行业的市场竞争的同时，也会积极地影响中国银行业开展创新活动和专利保护。

通过 VAR 模型进行格兰杰因果检验可以看出，中国银行业创新绩效不是中国银行业专利活动的格兰杰原因，同时，中国银行业专利活动也不是中国银行业创新绩效的格兰杰原因。因此可以判断，从专利角度看，中国银行业 R&D 创新程度不高、专利保护意识不强。而从技术创新绩效角度看，中国银行业专利申请的市场应用性不强；中国银行业专利活动还处于起步阶段，只有量上的发展，却缺乏质的保证。在此基础上，本书针对存在问题提出了相应的发展策略。

（2）通过判例和统计分析，研究了中美商业方法可专利性的法律制度和政策规定及其对银行业的影响。研究结论认为：虽然在 20 世纪末就已经承认了商业方法的可专利，但是美国的专利制度对于商业方法可专利性的审查和判断处于一个不稳定的状态。在 Bilski 案中，美国法院坚持以"机械装置捆绑或者状态形式转换"测试法来决定一项权利要求是否是适格性主题，并认为 SSB 案判决所确定的"有用、具体和有形的结果"的商业方法可专利性测试方法对于判断专利适格性主题来讲是不足够的。尽管如此，值得肯定的是，商业方法和软件的可专利性不会从根本上被法律否定。而通过对中国的专利法律和相关制度进行研究后可以看出，中国专利法律规范没有对商业方法和商业方法专利进行专门或具体的规定，但是也没有明确认为，商业方法相关发明专利不具有可专利性。

（3）在对中国银行业专利活动整体情况进行分析的基础上，通过内外资银行进行比较，结合代表性银行企业的专利活动分析，可以发现：当前中国银行业的创新活动从整体上看具有较高的创新位阶，比较注重发明专利领域的申请，中国银行业的 R&D 支出也比较倾向于投入发明专利领域的创新活动。商业方法专利的日益增加，直接反映了信息技术对于中国银行业创新活动的影响及其应用能力的提高。中国银行业申请的外观设计专利当中，大部分都与银行卡相关，其中主要涉及储蓄卡、金卡、银卡、信用卡、借记卡、磁卡。中国银行业专利类型和年度趋势的发展变化，反映了中国银行业技术创新能力的提升，同时也体现了中国银行业意识到通过专利等知识产权的手段保护自身技术创新成果、维护自身技术竞争力以及实现垄断市场价值的重要性。外资银行在中国的专利布局起步较早，并对内资银行的专利活动具有积极的影响。

中国银行业最近几年专利申请量增长的原因归纳为以下三个方面：第一，加入WTO，中国金融市场逐步开放，外资银行的大量涌入。第二，中国银行业进行产品创新的动机和环境有相当程度的提高，银行企业也开始根据市场和客户的需求进行金融产品的研发和创新，加强研发投入，与此同时，也开始逐步地利用知识产权等制度来保护自身的创新成果。第三，以计算机应用为核心的信息技术在中国应用的不断普及和深化，中国银行业信息技术的应用能力有了快速的提高，与此相适应的技术研发和创新能力也有相当程度的增强，并且借助信息技术产品，银行市场也实现了创新性的突破。

在产业竞争和国家政策的推动下，越来越多的内资银行，尤其是那些具有较强市场竞争力的银行企业，开始注重金融商业方法创新，同时意识到专利制度对于商业方法创新成果保护的重要作用。中国建设银行、中国工商银行、中国农业银行和中国银行四大国有银行在中国银行业商业方法专利领域不仅具有明显的申请数量上的优势，同时在专利授权数量上也具有领先优势。

通过专利的技术/功效图可以发现，系统优化、资金安全和交易便捷等技术是中国银行业商业方法创新活动较早涉及的领域，同时，它们与信息交互一起是最近几年中国银行业商业方法创新应用的热点。中国银行业商业方法创新应用的技术手段主要包括数据处理、通信/数据传输、监控/测试、银行系统等等。这些技术在中国建设银行、中国工商银行、中国农业银行和中国银行等银行机构均得到较为全面的应用。而在技术效果方面，中国银行业商业方法创新主要应用于系统优化、信息交互、信息安全和交易便捷等。中国建设银行商业方法创新在系统优化、信息交互、交易便捷、成本控制和故障处理等技术效果方面具有优势，相比之下，中国工商银行则在资金安全、信息安全、风险管理和银行安全等技术效果方面具有优势。从创新资源分配的角度看，数据处理和通信/数据传输这两个技术领域集中了较

多的发明人，相比之下，密码/密钥技术领域只有曹海鹰、罗恕人和
郭敏鸿等三位发明人，而这三位发明人同时也是专利申请数量较多、
涉及技术领域的范围较广的发明人，可以认为，他们是中国银行业商
业方法创新领域的引领型专家，而拥有这些发明人的银行企业将会在
中国银行业商业方法创新活动中具有明显的智力资源优势。

对于当下的内资银行而言，在专利申请数量遥遥领先于外资银行
的背景下，如何通过进一步释放技术创新活力，发挥出自身专利资源
的巨大价值，实施适合自身发展的商业方法创新策略，从而保持或提
高各自在金融商业方法创新领域的优势和竞争力，是我国内资银行必
须解决的重要问题。现有研究证明，不同的银行企业，因为自身所处
的创新环境不同，拥有的创新资源不同和参与市场竞争的能力不同，
从而在创新过程中，就应当采取各自不同的创新策略，从而提高创新
的效率和质量。

（4）通过对中国银行业技术供应商所申请的银行专利进行研究，
技术供应商作为专利权人可以将其拥有的专利技术以转让、许可等方
式转移给银行业内部有需求的企业；而银行业内部企业可以直接利用
本书的研究成果，为其创新活动寻找合适和可能的受托方或合作方。
研究发现：中国银行业技术供应商的类型包括企业、个人、大专院
校、科研机构、机关团体以及其他等。其中企业类的专利申请量具有
明显数量优势，专利占比高达69.75%。其次是个人类专利申请，专
利占比达到22.22%。来自美国的迪布尔特有限公司有131件专利，
是中国非银行企业当中拥有银行专利最多的申请人，是最早进入中国
银行业专利活动领域的技术供应商，同时也是授权专利数量最多的专
利申请人。

威廉·D.贝斯基特是相对较早进入银行领域技术创新的发明人，
但最近几年并不活跃。从技术领域上看，中国银行业技术供应商在银
行领域的专利活动比较集中于IPC分类号为G06Q20和G07F19（所表
示的含义分别为"支付方案，体系结构或协议"和"完整的银行系
统；用于收付现金或类似物，并过账到现存账户的编码卡片通过装
置"）。从整体上看，中国银行业专利领域的转移转化并不活跃。本书

认为，中国银行业技术供应商在银行领域的创新至少有以下两个方面的主要问题：技术含量相对较低，创新水平和高度还有待进一步提高，专利技术转移转化不够，专利运营能力和水平有待进一步提高。

（5）通过统计专利申请量和聚类模型，研究了中国银行业专利保护意识及其特征。研究结论认为：中国银行业内资银行的专利申请数量以及专利申请人的数量从 20 世纪 90 年代到 2001—2008 年期间得到了较大程度的增加，依此可判断，中国内资银行的专利保护意识已经有较大程度的提高。在 2000 年以前，外资银行的专利质量比内资银行的高。而 2000 年以后，内资银行的专利质量得到了较大程度的提高。

通过专利地图选取适当指标，应用层次分析法，创建了中国银行业创新能力模型。内资银行创新能力的优势在于：具有较为强大的创新阵容、相当数量的授权专利、较多且具有相当创新高度的专利申请数量；而外资银行创新能力的优势在于：占有中国银行业全部的重要专利，而且在核心专利方面也同样具有绝对的竞争优势。此外，外资银行还具有较高的创新效率。本书认为：外资银行的创新能力比内资银行更强。究其原因，主要是因为内资银行在那些对于创新能力的影响权重不大的指标上具有竞争优势，而外资银行却在那些对于创新能力影响权重较大的指标具有竞争优势。因此，对于内资银行而言需要做到：其一，实现某个关键技术或银行产品的创新性突破；其二，充分利用专利优先权制度，实施走出去战略；其三，在加大创新投入的同时，提高创新效率。

（6）通过主成分分析模型，评价了中国银行企业的专利竞争力。本书认为：中国银行业当中，中国工商银行的专利竞争力最强，其次是中国建设银行，再次是日本的罗烈尔银行。此外，中国银行业专利竞争力 TOP5 还包括美国银行和花旗银行。通过构建"专利竞争力—市场竞争力"大战略模型，研究了内资银行的专利战略。研究结论认为，中国工商银行和中国建设银行应当实施基本专利战略、专利收买战略、专利池战略和专利先行战略；中国银行应当实施引进或收买专利战略、共同开发或获得独占许可战略、外围专利战略、绕过障碍专利战略或取消竞争对手专利权战略；中国农业银行、招商银行、交通银行、中国民生银行、上海浦东发展银行、兴业银行、华夏银行等应当实施外围专利战略、取消竞争对手专利权战略、文献公开战略、无效或失效专利战略；对于众多城市商业银行而言，重要的是在产品或技术开发外包过程中，要处理好专利等知识产权问题，在经营活动中要防止侵犯他人的知识产权，避免卷入他人的知识产权诉讼或纠纷。

第二节 研究局限与展望

一 研究局限

在评价创新活动的时候，专利是一个非常重要的指标。而在研究专利的时候，同样也不能忽略对创新的分析。离开了创新，专利就成了无本之源，而离开了专利，创新则失去了一种转换成法定垄断权的保护手段。因此，本书将创新和专利结合起来研究中国银行业的问题，具有理论意义和现实意义。但是本书同时也认为，通过专利来研究创新或者进行技术管理，至少存在以下两个问题：

其一，专利信息无法及时且全面地展现创新活动的各个最新进展。因为关于专利信息的时效性方面，根据中国《专利法》规定，专利申请通常来讲要经过 18 个月之后，才予以公开，从而使得利用专利申请的信息分析呈现滞后性的特征。申请专利保护的产品或者方法很有可能已经进入实施阶段，从一定程度上可以认为，无法从专利申请当中得到专利相关技术的最新的发展变化状况。尤其是在信息时代，有些技术性产品，其生命周期较短，这期间很有可能会影响创新和市场经营。

其二，通过专利信息来研究某一技术领域的竞争者，也具有一定的局限性。因为在该技术领域内有很多具有创新性的产品或者方法，因为各种原因（或者是因为专利申请、维持、保护等方面所产生的财务费用，又或者是因为权利人通过商业秘密或者技术秘密来保护等等），而没有申请专利保护。在这种情况下，如果仅仅通过专利信息来分析该技术领域内的竞争者是明显不充分的。尤其是在中国，由于长期受到"被保护"观念的影响，再加上专利执法和专利司法相关制度的不完善，从而使得权利人不愿意或者不积极申请专利。

二 研究展望

而对于未来的研究，至少可以从以下两个方面开展：第一，因为专利信息分析对于有效的创新管理和技术预测来讲是不充分的。对于合理、科学的竞争者或者市场分析研究来讲，还要结合销售数据、经济趋势或者 R&D 投资等方面的分析，才能使得专利信息分析更具有参考的价值和意义。所以，在未来的研究中，对于如何使用专利信息，应该做出理性判断，一方面，应当清晰地意识到，如果只有专利信息的分析会存在哪些不足，同时也应当积极地使用专利统计信息，并从中得到对研究目标和对象有益和有价值的内容。

第二，当前，全球经济正饱受金融危机的影响，中国银行业在这样的背景下如何有效管理专利等无形资产，如何合理安排 R&D，提高专利管理的效率，如何将专利有效地融入到银行企业的经营活动当中，发挥专利在竞争力方面的优势和作用等问题，对于内资银行来讲，将任重而道远，而对于学术理论界而言，也将是一个值得深入探讨的问题。

参考文献

［1］ 曹蒸蒸：《我国商业银行金融创新力评价》，《金融理论与实践》2009 年第 11 期。

［2］ 陈劲、陈钰芬：《企业技术创新绩效评价指标体系研究》，《科学学与科学技术管理》2006 年第 3 期。

［3］ 陈劲：《知识密集型服务业创新的评价指标体系》，《学术月刊》2008 年第 4 期。

［4］ 陈晓、倪颂军：《商业银行专利保护现状分析与策略研究》，《时代法学》2005 年第 2 期。

［5］ 陈颖、张晓林：《基于特征度和词汇模型的专利技术功效矩阵结构生成研究》，《现代图书情报技术》2012 年第 2 期。

［6］ 程良友、汤珊芬：《我国专利质量现状、成因及对策探讨》，《科技与经济》2006 年第 6 期。

［7］ 程顺根：《WTO 与商业银行金融服务创新》，《经济界》2003 年第 3 期。

［8］ 丁堃、曲昭、张春博：《比较视角下的中美银行专利计量分析和创新对策研究》，《科研管理》2014 年第 9 期。

［9］ 范明、朱振宇：《我国银行专利战略实施对策》，《现代金融》2007 年第 8 期。

［10］ 冯晓青：《创新驱动发展战略视野下我国企业专利战略研究》，《学术交流》2016 年第 1 期。

［11］ 冯晓青：《企业知识产权战略》，知识产权出版社 2015 年版。

［12］ 冯孝荣：《金融产品的专利保护》，中国政法大学出版社 2011 年版。

［13］［美］弗雷德·R. 戴维：《战略管理》，经济科学出版社 1998 年版。

［14］古菲娅·帕拉提：《我国网上银行发展现状、问题及成因分析》，《新疆大学学报（哲学·人文社会科学汉文版）》2009 年第 4 期。

［15］郭建锋、王健、林善浪：《影响我国专利技术发展因素的 VAR 分析》，《科技进步与对策》2009 年第 23 期。

［16］郭学平：《银行服务创新与客户需求对接探讨》，《湖北农村金融研究》2006 年第 4 期。

［17］郭炎兴：《打造现代金融企业——上海浦东发展银行融资个性化服务创新综述》，《中国金融家》2008 年第 8 期。

［18］郭媛媛、林鸿：《中国银行业金融创新：现状、绩效与总体评价》，《开发研究》2008 年第 2 期。

［19］国丽娜、焦艳玲：《银行与技术创新的关系研究综述及展望》，《科学管理研究》2014 年第 1 期。

［20］韩锡伟：《小城镇建设融资与银行信贷服务创新》，《中国金融》2007 年第 7 期。

［21］贺正楚、朱莎、杨博文：《我国银行业商业方法专利分析：1985—2012》，《情报杂志》2014 年第 5 期。

［22］胡平、常晓宇、苗伟等：《手机银行领域中国发明专利申请状况分析》，《中国发明与专利》2014 年第 9 期。

［23］黄伟：《银行业互动信息平台优化的服务创新过程模式》，《浙江金融》2005 年第 3 期。

［24］黄焰、丁云骏、李容德：《基于银行业视角下的我国金融知识产权保护探究》，《武汉金融》2013 年第 11 期。

［25］季怡：《电话银行在我国的可持续发展分析》，《世界经济情况》2007 年第 7 期。

［26］简南红、《基于信息分析的企业专利战略研究——以波音公司对华专利战略为例》，《情报杂志》2014 年第 3 期。

［27］姜建清：《金融高科技的发展及深层次影响研究》，中国金融出

版社 2000 年版。

[28] 晋胜:《我国商业银行产品服务创新探析》,《金融经济》2008
年第 8 期。

[29] 黎曦:《商业银行技术创新与客户满意度关系研究》,硕士学位
论文,安徽大学,2012 年。

[30] 黎焱卿、刘志迎:《网上银行研究述评与展望》,《时代金融》
2009 年第 10 期。

[31] 李建英、冯勤:《商业银行服务创新的动力因素——基于调查的
实证分析》,《金融论坛》2007 年第 6 期。

[32] 李克文:《我国国有商业银行应实施基于技术创新的差别化服
务竞争战略》,《生产力研究》2004 年第 3 期。

[33] 李随成、孟书魁、谷珊珊:《供应商参与新产品开发对制造企
业技术创新能力的影响研究》,《研究与发展管理》2009 年第
5 期。

[34] 李维民:《我国网上银行的最新发展》,《生产力研究》2005 年
第 5 期。

[35] 李文峰:《信息技术互联网络基因与金融创新检验——基于中国
互联网金融发展的反思视角》,《技术经济与管理研究》2016 年
第 4 期。

[36] 李欣:《商业银行信息技术创新与营销创新协同机理分析》,
《生态经济》2008 年第 5 期。

[37] 李玉平、吴红:《基于 AHP – SWOT 法的专利战略因素分析及构
建》,《情报杂志》2010 年第 10 期。

[38] 李钊、盛垚:《基于层次分析法和大战略矩阵的企业专利战略
研究》,《情报杂志》2010 年第 7 期。

[39] 李政:《基于创新的商业银行核心竞争力评价体系研究》,《金
融理论与实践》2006 年第 8 期。

[40] 蔺雷、吴贵生:《服务创新》,清华大学出版社 2003 年版。

[41] 蔺文辉:《电话银行,先行者的天下——工行、招行、建行电话
银行业务调查分析》,《市场研究》2008 年第 1 期。

［42］刘凤朝、潘雄锋：《我国八大经济区专利结构分布及其变动模式研究》，《中国软科学》2005 年第 6 期。

［43］刘浩：《基层银行的金融服务创新》，《经济师》2003 年第 7 期。

［44］刘宏：《服务文化视角下的人民银行金融服务创新研究》，《金融与经济》2007 年第 1 期。

［45］刘思：《简析商业银行的业务创新能力》，《统计与决策》2006 年第 9 期。

［46］刘伟、邓鳞波：《共性技术 VS 专用性技术：基于三阶段非合作博弈的供应商研发决策》，《管理工程学报》2011 年第 4 期。

［47］刘肖原、高昕：《信息技术对商业银行业务流程的影响研究》，《中央财经大学学报》2006 年第 4 期。

［48］刘雪凤、郑友德：《论我国新能源技术专利战略的构建》，《中国科技论坛》2011 年第 6 期。

［49］刘以研、白璐：《信息技术条件下的手机银行安全问题研究》，《情报科学》2012 年第 4 期。

［50］刘颖：《我国网上银行业务发展分析》，《经济视角》2009 年第 23 期。

［51］罗坤：《产品创新够了吗？——浅谈国内中资商业银行的服务创新》，《今日南国》2007 年第 19 期。

［52］吕宝林、张同健：《国有商业银行信息化创新与核心能力形成的相关性研究》，《统计与决策》2009 年第 5 期。

［53］马宁、唐永林：《专利战略研究的文献计量学分析》，《情报杂志》2010 年第 6 期。

［54］马士华、林勇、陈志祥：《供应链管理》，机械工业出版社 2005 年版。

［55］马文聪、朱桂龙：《供应商和客户参与技术创新对创新绩效的影响》，《科研管理》2013 年第 2 期。

［56］马雪彬、林升平：《商业银行 ATM 发展策略研究》，《甘肃金融》2009 年第 9 期。

［57］ 倪志凌：《"十二·五"时期商业银行业务创新与技术创新的融合》，《上海金融》2011 年第 9 期。

［58］ 宁媛媛、许永龙：《高科技时代的银行金融服务创新》，《广西农村金融研究》2006 年第 2 期。

［59］ 邱洪华、金泳锋、余翔：《基于专利地图理论的中国银行业商业方法专利研究》，《管理学报》2008 年第 3 期。

［60］ 邱洪华、彭文波：《基于技术功效的专利信息分析范式》，《情报理论与实践》2015 年第 4 期。

［61］ 邱洪华、余翔：《中国银行业商业方法创新的专利保护》，《金融论坛》2007 年第 12 期。

［62］ 邱洪华：《比较视角下的中国内外资银行专利信息分析》，《上海金融》2013 年第 2 期。

［63］ 邱洪华：《中国内外资银行专利竞争力评价研究》，《金融发展研究》2014 年第 1 期。

［64］ 邱洪华：《中国银行业专利保护意识和质量的评价》，《情报杂志》2010 年第 7 期。

［65］ 邱洪华：《比较视角下的中国内外资银行专利信息分析》，《上海金融》2013 年第 2 期。

［66］ 任智军、朱东华、谢菲：《银行产业专利情报分析研究》，《情报杂志》2007 年第 1 期。

［67］ 申静、张亮：《中国国有商业银行服务创新测评》，《技术经济》2009 年第 4 期。

［68］ 史隽、杨琴艳：《浅析我国银行业金融服务创新》，《经济论坛》2006 年第 22 期。

［69］ 舒成利、高山行：《影响企业专利申请行为因素研究述评》，《情报杂志》2008 年第 4 期。

［70］ 舒潆荨：《提升商业银行竞争能力必须实现服务创新》，《科学咨询：决策管理》2008 年第 8 期。

［71］ 帅师：《科技先进 服务创新 方便实用——交通银行上海分行重视太平洋卡功能创新》，《中国信用卡》2002 年第 7 期。

［72］宋伟、金畅、盛四辈:《我国智能语音行业专利战略研究——以科大讯飞为例》,《科技进步与对策》2011 年第 21 期。

［73］苏建琪:《论商业银行的专利保护》,《上海金融》2003 年第4 期。

［74］苏婷:《中国银行业商业方法专利保护研究》,硕士学位论文,华中科技大学,2006 年。

［75］苏盈循:《手机短信业务与银行服务创新》,《现代金融》2003年第 6 期。

［76］孙建平:《技术创新打造一流应用体系　科技助力电子银行业务发展》,《金融电子化》2012 年第 9 期。

［77］孙轻宇:《银行产品和信息技术开放式创新对绩效的影响机制研究》,《研究与发展管理》2015 年第 1 期。

［78］唐恒、周吉:《近十年国内外银行产业专利情报研究》,《图书情报研究》2013 年第 4 期。

［79］唐齐鸣、付雯雯:《商业银行效率、风险与技术进步——基于18 家国际大银行的实证分析》,《经济管理》2011 年第 3 期。

［80］万圣君、曹凌辉:《浅议我国商业银行金融服务创新》,《湖北经济学院学报》(人文社会科学版)2007 年第 8 期。

［81］王海威、朱建忠、许庆瑞:《技术创新能力及其测度指标研究综述》,《中国地质大学学报》(社会科学版)2005 年第 5 期。

［82］王华:《论我国商业银行金融服务创新》,《浙江金融》2008 年第 12 期。

［83］王珂薇:《信息技术视域下的我国银行业信息化发展》,《经营管理者》2009 年第 9 期。

［84］王珊珊、田金信:《基于专利地图的 R&D 联盟专利战略制定方法研究》,《科学学研究》2010 年第 6 期。

［85］王勇:《商业银行的消费金融服务创新》,《银行家》2007 年第6 期。

［86］王月霞:《金融技术革命的新产物:网上银行》,《中国金融》1999 年第 12 期。

［87］王紫：《插上创新翅膀　打造一流银行——中国建设银行服务创新凸显"合力效应"》，《中国金融家》2008 年第 8 期。

［88］魏江、王铜安、刘锦：《企业技术能力的要素与评价的实证研究》，《研究与发展管理《2008 年第 3 期。

［89］温英杰、邱洪华、余翔：《中国银行业商业方法专利发展态势及对策研究》，《知识产权》2007 年第 5 期。

［90］温英杰：《银行业商业方法创新的专利保护与运用研究》，博士学位论文，华中科技大学，2008 年。

［91］文庭孝、杨忠、刘璇：《基于专利计量分析的湖南省专利战略研究》，《情报理论与实践》2012 年第 1 期。

［92］吴浪平：《论农业银行个人理财服务创新》，《中南林业科技大学学报》（社会科学版）2006 年第 1 期。

［93］伍绍平：《实用金融知识问答》，广东经济出版社 1999 年版。

［94］夏凤芹：《论银行卡服务创新》，《中国信用卡》1999 年第 1 期。

［95］肖科、夏婷：《国有商业银行金融创新力的评价》，《统计与决策》2006 年第 21 期。

［96］肖祖平：《制定银行专利战略　提升金融产业档次》，《银行家》2003 年第 12 期。

［97］谢祖裕：《关于工商银行的服务创新问题》，《金融论坛》1999 年第 8 期。

［98］徐明华：《企业专利行为及其影响因素——基于浙江的分析》，《科学学研究》2008 年第 2 期。

［99］许庆瑞、吕飞：《服务创新初探》，《科学学与科学技术管理》2003 年第 3 期。

［100］杨静、陈菊红：《供应商参与 NPD 视角下跨组织知识共享对技术创新能力的影响研究》，《科技管理研究》2012 年第 13 期。

［101］杨晏忠：《探析商业银行的服务创新》，《中国信用卡》2009 年第 4 期。

［102］杨雨、朱东华、任志军等：《银行科技创新的专利策略研究》，

《科学学与科学技术管理》2006 年第 4 期。

[103] 杨中楷、孙玉涛：《外国在华专利申请影响因素实证分析》，《科技管理研究》2008 年第 12 期。

[104] 叶枫、叶春明、姚立楠：《中外银行竞争中的网络服务创新——我国网络银行的发展与完善》，《云南财贸学院学报》（社会科学版）2007 年第 3 期。

[105] 易敏、李俊：《以服务创新促进和推动商业银行可持续发展》，《武汉金融》2003 年第 5 期。

[106] 殷克东、丁黎黎：《基于信息技术的银行再造溢出效应研究》，《中国软科学》2003 年第 8 期。

[107] 尹新天：《中国专利法详解》，知识产权出版社 2016 年版。

[108] 雍海英、李学丽、蒋飞：《中资银行商业方法专利战略现状及分析》，《商业研究》2006 年第 5 期。

[109] 于敏、胡诗羽：《利率市场化改革与商业银行差别化服务创新》，《武汉金融》2005 年第 9 期。

[110] 余利民：《论中小商业银行的服务创新》，《特区经济》2006 年第 3 期。

[111] 余翔、邱洪华：《基于判例和立法的美国商业方法专利研究》，《科技进步与对策》2007 年第 3 期。

[112] 袁永静：《论金融机构商业方法专利的保护》，《上海金融》2009 年第 4 期。

[113] 苑路、刘敏：《我国银行业对外开放的测度》，《山西财政税务专科学校学报》2016 年第 1 期。

[114] 翟东升、陈晨、张杰等：《专利信息的技术功效与应用图挖掘研究》，《现代图书情报技术》2012 年第 Z1 期。

[115] 詹爱岚：《企业专利战略理论及应用研究综述》，《情报杂志》2012 年第 5 期。

[116] 张保军：《商业银行知识产权专利与创新策略研究》，《金融论坛》2006 年第 6 期。

[117] 张斌：《全球化视角下的我国企业专利战略研究》，《财政研

究》2013 年第 4 期。

[118] 张慧文、顾宝炎:《基于商业银行核心竞争力评价基础上的服务创新》,《区域经济评论》2008 年第 10 期。

[119] 张建深:《我国商业银行金融产品专利保护问题研究》,《西北民族大学学报》(哲学社会科学版) 2007 年第 5 期。

[120] 张静:《移动银行:迟迟未开的盛宴》,《互联网周刊》2009 年第 5 期。

[121] 张举、张展:《中国金融业专利的发展特征及影响因素分析》,《上海金融》2008 年第 6 期。

[122] 张蕾、陈超、赵艳艳:《我国农业专利申请的影响因素分析》,《科技管理研究》2009 年第 1 期。

[123] 张炜:《商业银行知识产权保护问题研究》,《金融论坛》2014 年第 3 期。

[124] 张玉蓉:《我国金融企业商业方法专利竞争战略研究》,《情报杂志》2013 年第 4 期。

[125] 张兆锋、贺德方:《专利技术功效图智能构建研究进展》,《情报理论与实践》2017 年第 1 期。

[126] 章景:《银行业金融商业方法专利研究》,硕士学位论文,对外经济贸易大学,2005 年。

[127] 章晓仁、丁玲、陈向东:《基于专利地图理论的我国商业银行专利比较研究》,《情报杂志》2011 年第 6 期。

[128] 赵莉晓:《基于专利分析的 RFID 技术预测和专利战略研究——从技术生命周期角度》,《科学学与科学技术管理》2012 年第 11 期。

[129] 赵志宏:《采用科学的方法提升金融创新能力——商业银行金融创新的"六西格玛"解读》,《中国金融》2007 年第 15 期。

[130] 郑平安、赵铃莉:《基于 SWOT 模型的中小型制药企业专利战略制定研究》,《知识产权》2015 年第 1 期。

[131] 中国银监会厦门银监局课题组:《国内中资商业银行产品创新能力分析》,《上海金融》2005 年第 7 期。

[132] 钟铭:《金融产品的知识产权保护》，硕士学位论文，山东大学，2012 年。

[133] 周方召、谢玉梅、徐明华:《金融创新的"光明"与"黑暗"：国外最新文献的综述》，《浙江社会科学》2012 年第 11 期。

[134] 周五七、聂鸣:《中国低碳技术创新企业专利战略研究》，《情报杂志》2011 年第 6 期。

[135] 朱军林:《金融创新——网络银行——未来银行业发展的方向》，《国际经济评论》2000 年第 3 期。

[136] 朱雪忠、万小丽:《竞争力视角下的专利质量界定》，《知识产权》2009 年第 4 期。

[137] Acs Z. J. , Anselin L. , Varga A. , Patents and innovation counts as measures of regional production of new knowledge. *Research Policy*, 2002, 31 (7) .

[138] Anderson R. W. , Harris C. J. , A Model of Innovation with Application to New Financial Products. *Oxford Economic Papers*, 1986, 38 (Suppl. Nov.) .

[139] Arundel A. , The relative effectiveness of patents and secrecy for appropriation. *Research Policy*, 2001, 30 (4) .

[140] B. Lytle, P. Signore, Finance companies rush to patent business methods, available at: http://www. oblon. com/content/uploads/2015/04/211. pdf, visited date: 2017 – 09 – 08.

[141] Bader M. A. , Managing intellectual property in the financial services industry sector. *Technovation*, 2008, 28 (4) .

[142] Bátiz – Lazo B. and Wood D. , Corporate Strategy, Centralization and Outsourcing in Banking: Case Studies on Paper Payments Processing, *International Association of Management Journal*, 1997 (3) .

[143] Bátiz – Lazo B. and Wood D. , Information Technology Innovations and Commercial Banking: A Review and Appraisal from a Historical Perspective, available at: http://econwpa. repec. org/eps/eh/papers/0211/0211002. pdf, visited date: 2017 – 09 – 08.

［144］ Brian B. , Greg F. , Tim S. , Information Content of Business Methods Patents. *Financial Review*, 2006, 41（3）.

［145］ Bright Ameme, Joseph Wireko, Impact of technological innovations on customers in the banking industry in developing countries, *The Business and Management Review*, 2016, 7（3）.

［146］ Camus C. , Brancaleon R. , Intellectual assets management：from patents to knowledge. *World Patent Information*, 2003, 25（2）.

［147］ Carl Shapiro. Injunctions, Hold – Up, and Patent Royalties. *American Law and Economics Review*, 2010, 12（2）.

［148］ Caskey, John. The Evolution of the Philadelphia Stock Exchange：1964 – 2002. *Business Review*, 2003（Q2）.

［149］ Chang P. L. , Wu C. C. , Leu H. J. , Investigation of technological trends in flexible display fabrication through patent analysis. *Displays*, 2012, 33（2）.

［150］ Chen Y. H. , Chen C. Y. , Lee S. C. , Technology forecasting and patent strategy of hydrogen energy and fuel cell technologies. *International Journal of Hydrogen Energy*, 2011, 36（12）.

［151］ Chen Y. M. , Ni Y. T. , Liu H. H. et al. , Information – and rivalry – based perspectives on reactive patent litigation strategy. *Journal of Business Research*, 2015, 68（4）.

［152］ Cho T. S. , Shih H. Y. , Patent citation network analysis of core and emerging technologies in Taiwan：1997 – 2008. *Scientometrics*, 2011, 89（3）.

［153］ Dangelico R. M. , Garavelli A. C. , Petruzzelli A. M. , A system dynamics model to analyze technology districts' evolution in a knowledge – based perspective. *Technovation*, 2010, 30（2）.

［154］ David – west O. , "Information technology（IT）integration in banks' consolidation", *Zenith Bank Economics Quarterly*, 2005, Vol. 3.

［155］ DengZhen, LevBaruch, NarinFrancis. Science and Technology as

Predictors of Stock Performance. *Financial Analysts Journal*, 1999, 55 (3).

[156] Drew S. A. W. , Accelerating innovation in financial services. *Long Range Planning*, 1995, 28 (4).

[157] Eelena Gilardoni, Basic Approaches to PatentsStrategy. *International Journal of Innovation Management*, 2007, 11 (03).

[158] Ernst H. , Conley J. , Omland N. , How to create commercial value from patents: the role of patent management. *R & D Management*, 2016, 46 (S2).

[159] Ernst H. , Patent information for strategic technology management. *World Patent Information*, 2003, 25 (3).

[160] Ernst H. , Patent portfolios for strategic R&D planning. *Journal of Engineering & Technology Management*, 1998, 15 (4).

[161] Forum on the Development of Electronic Payment Technologies and Its Implications for Monetary Policy, Technological Innovation and Banking Industry/Monetary Policy, available at: https://www.imes. boj. or. jp/english/publication/mes/2001/me19 – 3 – 1. pdf, visited date: 2017 – 08 – 09.

[162] Gadrey J. , Gallouj F. , Weinstein O. , New Modes of Innovation: How Services Benefit Industry. *Post – Print*, 1995, 6 (3).

[163] Gërguri Shqipe, Rexhepi Gadaf, Ramadani Veland, Innovation strategies and competitive advantages, available at: https://www.researchgate. net/publication/256065426_ Innovation_ Strategies_ and_ Competitive_ Advantages, visited date: 2017 – 09 – 03.

[164] Gerry McNamara, Philip Bromiley. Decision Making in an Organizational Setting: Cognitive and Organizational Influences on Risk Assessment in Commercial Lending. *The Academy of Management Journal*, 1997, 40 (5).

[165] Granstrand O. , Strategic Management of Intellectual Property. *Technovation*, 2004, 45 (3).

[166] Griliches Z. , Patent Statistics as Economic Indicators: a Survey. *Journal of Economic Literature*, 1990 (4) .

[167] Grimaldi M. , Cricelli L. , Giovanni M. D. et al. , The patent portfolio value analysis: A new framework to leverage patent information for strategic technology planning. *Technological Forecasting & Social Change*, 2015, 94 (1) .

[168] Grindley P. C. , Teece D. J. , Managing Intellectual Capital: Licensing and Cross – Licensing in Semiconductors and Electronics. *California Management Review*, 1997, 39 (2) .

[169] Hannan T. H. , Mcdowell J. M. , Market Concentration and the Diffusion of New Technology in the Banking Industry. *Review of Economics & Statistics*, 1984, 66 (4) .

[170] Harry Scarbrough, Ronnie Lannon. The Management of Innovation in the Financial Services sector: A case study. *Journal of Marketing Management*, 1989, 5 (1) .

[171] Huang G. L. , Murray F. E. , Does Patent Strategy Shape the Long – Run Supply of Public Knowledge? . *Academy of Management Journal*, 2009, 52 (6) .

[172] Hunt R. M. , Business Method Patents and U. S. Financial Services, [EB/OL], Available at: http://www. philadelphiafed. org/ files/ wps/2008/wp08 – 10. pdf, 2012 – 2 – 15.

[173] Ian Alam. Innovation Strategy, Process and Performance in the Commercial Banking Industry. *Journal of Marketing Management*, 2003, 19 (9 – 10) .

[174] Ibikunle F. & James O. , Impact of Information Technology on Nigeria Banking Industry: a case Study of Skye Bank. Covenant University, Ota, Nigeria, International Journal of Computing Academic Research (IJCAR), 2012, 1 (1) .

[175] Ihnen J. L. , A patent strategy for genomic and research tool patents: are there any differences between the USA, Europe and Ja-

pan? . *Drug Discovery Today*, 2000, 5 (12).

[176] Ilo, Joseph V. C., Ani Wilson U., and Chioke, Nnanyelugo Samuel, Impact of Technological Innovation on Delivery of Banking Services in Nigeria, available at: http://icehm. org/upload/ 6786ED1214048. pdf, visited date: 2017 – 11 – 15.

[177] Josiah A. & Nancy K., The Relationship Between Electronic Banking and Financial Performance Among Commercial Banks in Kenya. *Journal of Finance and Investment Analysis.* 2012, 1 (3).

[178] Kavesh R. A., Garbade K. D., Silber W L. Technology, Communications and the Performance of Financial Markets: 1840 – 1975. *Journal of Finance*, 1978, 33 (3).

[179] Kim G., Bae J., A Novel Approach to Forecast Promising Technology Through Patent Analysis. *Technological Forecasting & Social Change*, 2017.

[180] Kim S., Lee B., Park B. and Oh K., The Effect of R&D, Technology Commercialization Capabilities and Innovation Performance. *Technological and Economic Development of Economy*, 2011, 17 (4).

[181] K. M. Baird, Business Method Patents: Chaos at the USPTO or Business as Usual, available at: http://heinonline. org/HOL/ Page?handle = hein. journals/jltp2001&div = 20&g_ sent = 1&casa_ token = &collection = journals, visited date: 2017 – 10 – 27.

[182] Knight H. J., Patent Strategy: For Researchers and Research Managers, *Third Edition.* Wiley, 2013.

[183] Leo J. Raskind, The State Street Bank Decision: the Bad Business of Unlimited Patent Protection for Methods of Doing Business, *Fordham Intellectual Property*, *Media and Entertainment Law Journal*, 1999, 10 (1).

[184] Lerner J., Where Does State Street Lead? A First Look at Finance Patents, 1971 to 2000. *Journal of Finance*, 2002, 57 (2).

［185］ Lerner J. , Two – edged sword: the competitive implications of fi-nancial patents, working pater, http: //www. frbatlanta. org/news/conferen/fm2003/lerner. doc, visited date: 2008 – 03 – 20.

［186］ Lerner, Josh. The New New Financial Thing: The Original Of Fi-nancial Innovations. *Journal of Financial Economics*, 2006, V79 (2).

［187］ Macdonald S. , When Means Become ends: Considering the Impact of Patent Strategy on Innovation. *Information Economics & Policy*, 2004, 16 (1).

［188］ McAndrews, James, Stefanadis, Christodoulos. The Emergence of Electronic Communications Networks in the U. S. Equity Markets. *Current Issues in Economics and Finance*, 2000, 6 (12).

［189］ Merges R. P. , The Uninvited Guest: Patents on Wall Street. *Eco-nomic Review*, 2003, 88 (1087).

［190］ Miles I. , Andersen B. , Boden M. , et al. , Service Production and Intellectual Property. *International Journal of Technology Man-agement*, 2000, 1 (2).

［191］ M. J. Meurer, Business Method Patents and Patent Floods, availa-ble at: http: //heinonline. org/HOL/Page?handle = hein. journals/wajlp8&div = 14&g_ sent = 1&casa_ token = &collection = jour-nals, visited date: 2017 – 10 – 18.

［192］ Morris T. , *Innovations in Banking*, London: Croom Helm, 1986.

［193］ Nameroff T. J, Garant R. J, Albert M. B. Adoption of Green Chem-istry: an Analysis Based on US Patents. *Research Policy*, 2004, 33 (6 – 7).

［194］ Ojokuku R. M. and Sajuyigbe A. S. , The Impact of Electronic Banking on Human Resources Performance in the Nigerian Banking industry. *International Journal of Economic Development Research and Investment*, 2012, 3 (2).

[195] Oliver De Bandt, E. Philip Davis, Competition, Contestability and Market Structure in European Banking Sectors on the Eve of E-MU. *Journal of Banking & Finance*, 2000, 24 (6).

[196] Paci R., Sassu A., Usai S., International Patenting and National Technological Specialization. *Technovation*, 1997, 17 (1).

[197] Pavitt K., R&D, Patenting and Innovative Activities: A statistical Exploration. *Research Policy*, 1982, 11 (1).

[198] Pinto S. and Ferreira F., Technological dissemination in the Portuguese payments system: An empirical analysis to the region of Santarém. *International Journal of Human Capital and Information Technology Professionals*, 2010, 1 (4).

[199] Rabino S., Enayati E., Intellectual property: The double – edged sword. *Long Range Planning*, 1995, 28 (5).

[200] Ragatz G. L., Handfield R. B., Scannell T. V., Success Factors for Integrating Suppliers into New Product Development. *Journal of Product Innovation Management*, 1997, 14 (3).

[201] Reis J., Ferreira F., Monteiro Barata J., Technological Innovation in Banking Services: an Exploratory Analysis to Perceptions of the Front Office Employee. *Problems and Perspectives in Management*, 2013, 11 (1).

[202] Reitzig M., Strategic Management of Intellectual Property. *Mit Sloan Management Review*, 2004, 45 (3).

[203] Robert M. Hunt, Business Method Patents and U. S. Financial Services. *Contemporary Economic Policy*, 2010, 28 (3).

[204] Scherer F. M., Firm Size, Market Structure, Opportunity, and the Output of Patented Inventions. *American Economic Review*, 1965, 55 (5).

[205] Scherer F. M., Inter – industry Technology Flows in the United States. *Research Policy*, 1993, 11 (4).

[206] Scherer F. M., The Propensity to Patent. *International Journal of*

Industrial Organization, 1983, 1 (1).

[207] Shu – Min Chang, Shann – Bin Chang. Exploring Technolgic Characters of Finance Group in Business Methods: Using Patent Content Analysis and Citation Network. *The Business Review*, *Cambridge*, 2006, 5 (2).

[208] S. L. Friedman, T. S. Biemer, C. M. Callahan, State Street Bank and Trust Company v. Signature Financial Group Inc. – At the Intersection of Technology, Commerce and the Law, available at: http://heinonline.org/HOL/Page? handle = hein.journals/iprolane17&div = 21&g_ sent = 1&casa_ token = &collection = journals, visite date: 2017 – 09 – 23.

[209] Smith K., Measuring Innovation in European Industry. *International Journal of the Economics of Business*, 1998, 5 (3).

[210] Somaya D., Patent Strategy and Management. *Journal of Management*, 2012, 38.

[211] Sun Y., Lu Y., Wang T., et al., Pattern of Patent – based Environmental Technology Innovation in China. *Technological Forecasting & Social Change*, 2008, 75 (7).

[212] Sundbo J., Gallouj F., Innovation as a Loosely Coupled System in Services Innovation Systems in the Service Economy. Springer US, 2000.

[213] Trappey A. J. C., Trappey C. V., Wu C. Y., et al., A Patent quality Analysis for Innovative Technology and Product Development. *Advanced Engineering Informatics*, 2012, 26 (1).

[214] Tseng F. M., Hsieh C. H., Peng Y. N., et al., Using Patent Data to Analyze Trends and the Technological Strategies of the Amorphous Silicon Thin – film Solar Cell Industry. *Technological Forecasting & Social Change*, 2011, 78 (2).

[215] Tufano P., Financial Innovation and First – mover Advantages. *Journal of Financial Economics*, 1989, 25 (2).

[216] Walker D. A. , Economies of Scale in Electronic Funds Transfer Systems, *Journal of Banking and Finance*, 1978, 2 (1) .

[217] Wardley P. , The Commercial Banking Industry and Its Part in the Emergence and Consolidation of the Corporate Economy in Britain Before 1940. *Journal of Industrial History*, 2000, 3 (2) .

[218] Young Gil Kim, Jong Hwan Suh, Sang Chan Park. Visualization of Patent Analysis for Emerging Technology. *Expert Systems with Applications*, 2008 (34) .

[219] Zekos, Gi, Developments on Business Method Patents. *The Journal of World Intellectual Property*, 2004, 7 (5) .

后 记

　　一眨眼,人已不惑。几十年前的事情,大多都已随风飘散,但仍有些岁月片断,越久越清晰。1989 年小学三年级的暑假,我在河边放牛,看着河对面公路上时而经过的汽车,当时最大的理想是当一名司机,感觉很轻松,还可以去很多地方;1991 年我初中一年级,冬天里某个周五下了场大雪,第二天进行语文作文比赛;1993 年我初中二年级,春天里某个周日提着鞋光着脚踩着泥泞的乡村小道去上学;1997 年香港回归我第一次高考,之后,每一次听到和香港回归有关的歌曲,都能挑起心底那根脆弱的神经;2003 年元旦,在中国银行行长秘书办公室接到父亲去世的消息,当场痛哭。父亲是一位只知辛苦劳作的农民,在我大学毕业刚半年就离开了我们,"子欲养而亲不在"的那份痛彻心扉将会伴随我的一生。朋友都说,我太感性了,可以活得更加简单随性些,其实我自己也明白。

　　一本专业著作的后记,我也不知道该写些什么,但有一点我觉得是不可或缺的,就是感恩。感谢我攻读硕士学位和博士学位期间的指导老师,华中科技大学中欧知识产权研究院院长、华中科技大学管理学院中德知识产权研究所所长、欧洲自然科学与社会科学院院士余翔教授。余老师治学严谨,具有开阔的国际视野,对自己的教育事业饱含热情,最重要的是对我一直以来学业及工作上的指导,生活上的关爱和信任。可惜学生天生的愚钝和惰性,总是让老师操心。余老师多年的培养,学生将铭记在内心最深处。本书是笔者在德国慕尼黑马克斯·普朗克创新与竞争研究所(马普所)公派访学期间修订完成,感谢合作导师 Harhoff 教授在笔者访学期间所给予的学术指导和提供的良好的办公环境。

感谢华中科技大学管理学院中德知识产权研究所各位同门兄弟姐妹金泳锋、詹爱岚、张玉蓉、刘珊、武兰芬和罗立国等，相信我们都不会忘记共同度过、一起成长的几年喻园时光，感谢邓宗禹给了我兄弟般的情谊和关心。感谢生活中的挚友：河南大学商学院邓传军，华中科技大学管理学院副教授赵玲和韩晓辉，华中师范大学法学院副教授周莹，湘潭大学法学院副教授刘铁光，中国邮政储蓄银行广西（防城港）分行副行长廖汝志。岁月如歌，人生如茶。有友如斯，才不再畏惧生活中种种艰辛困苦。感谢西北大学法学院各位领导、同人的关爱，尤其是院长王思锋教授、刘丹冰教授、副院长郑辉副教授、成剑副院长、刘蕾副教授、张建军副教授、王钢副教授、田海副教授、杜路老师、傅强老师、闵凯老师和崔玲玲老师等，与你们一起共事生活，让我很快融入了新的单位，成了真正的西安乡党。

感谢厦门大学知识产权研究院 2017 级硕士研究生金南桥同学和西北大学法学院 2016 级硕士研究生李程博同学在修订书稿过程中协助进行专利数据的整理工作。感谢我的研究生团队，李程博、刘鲁歌、郭文卓、卢念腾、杜佳音和王志哲等等，他们在我出国访学期间仍能保持积极向上的心态面对学习和科研，不仅在司法考试、专利代理人考试和日常学习当中取得优异成绩，而且在各项课题研究当中也发挥了生力军的作用。尤其感谢李程博和刘鲁歌，在我出国期间，协助我处理国内诸多相关事宜。

感谢中学时代的人生挚友。陈中贵和蔡扬芳夫妇、吴玉明和莫晓妍夫妇、黄文新、吴刚、温超胜、李海源、莫小芳和曾小兰，等等。中学那一段美好而又艰辛的成长时光，能够有你们最朴实的陪伴和鼓励，最终成就了我们一生的友谊。无论岁月如何变迁，也即便平日里因为生活的种种而没有常常联系，但我坚信，中学时代彼此最纯真的感情都会留在我们心里最深处。每当夜深人静的时候，每每想起，都倍感温暖。

最后，感谢我的亲人，谢谢你们让我内心有了牵挂，这就是生活的全部意义。

于德国慕尼黑

马克斯·普朗克创新与竞争研究所 322 办公室

2017 年 12 月 17 日星期日